桥梁下部结构施工技术

主 编 赵丽荣
参 编 李建红 张 勇 余馥丽
主 审 郝志强

北京理工大学出版社
BEIJING INSTITUTE OF TECHNOLOGY PRESS

内 容 提 要

本书是以工程项目施工过程为建设思路，按照项目化教学方法编写的、涵盖当前主要桥梁下部结构的设计计算、施工工艺、质量检验等内容的教学用书，具有较强的针对性和实用性。全书分为绪论，单元一桥梁下部结构认知，单元二桥梁下部结构设计计算，单元三桥梁下部施工准备与测量，单元四桥梁基础施工，单元五桥梁墩（台）施工，单元六桥梁附属工程施工，单元七涵洞认知与施工；主要内容包括常用桥梁下部结构认知、桥墩设计计算、桥台设计计算、桥梁下部施工准备与测量、刚性扩大浅基础施工、桩基础施工、就地砌筑墩（台）施工、就地浇筑墩（台）施工、附属工程施工、涵洞认知、涵洞施工等11个项目。全书按照《公路工程质量检验评定标准 第一册 土建工程》（JTG F80/1—2017）及其他相关规范、标准进行编写。

本书可作为高等院校道路桥梁与渡河工程、土木工程等土木工程类相关专业的教学用书，也特别适用于公路工程施工员岗位从业人员及初学者学习参考。

版权专有　侵权必究

图书在版编目(CIP)数据

桥梁下部结构施工技术/赵丽荣主编.—北京：北京理工大学出版社，2020.6
ISBN 978-7-5682-8605-3

Ⅰ.①桥… Ⅱ.①赵… Ⅲ.①桥梁结构-下部结构-桥梁施工　Ⅳ.①U443 ②U445

中国版本图书馆CIP数据核字（2020）第110997号

出版发行 / 北京理工大学出版社有限责任公司	
社　　址 / 北京市海淀区中关村南大街5号	
邮　　编 / 100081	
电　　话 / （010）68914775（总编室）	
（010）82562903（教材售后服务热线）	
（010）68948351（其他图书服务热线）	
网　　址 / http://www.bitpress.com.cn	
经　　销 / 全国各地新华书店	
印　　刷 / 北京紫瑞利印刷有限公司	
开　　本 / 787毫米×1092毫米　1/16	
印　　张 / 13.5	责任编辑 / 游　浩　江　立
字　　数 / 359千字	文案编辑 / 江　立
版　　次 / 2020年6月第1版　2020年6月第1次印刷	责任校对 / 周瑞红
定　　价 / 58.00元	责任印制 / 边心超

图书出现印装质量问题，请拨打售后服务热线，本社负责调换

前　言

　　本课程是高等院校道路桥梁与渡河工程专业必修的专业核心课程。桥梁施工技术员岗位的职业能力要求从业人员熟悉常用桥梁下部结构的专业知识，具备常用桥梁下部结构的施工能力和技能。在本课程中，学生学习了桥梁下部结构构造、施工方法与工艺、施工测量、施工组织管理、工程计量和检测评定等基本知识。

　　本书根据高等院校道路桥梁与渡河工程专业培养目标和职业能力要求进行编写，由学校专任教师、行业和企业专家合作选择课程内容。全书变学科型课程体系为任务引领型项目课程体系，紧紧围绕完成任务的需要来选择课程内容；变知识学科本位为职业能力本位，从"任务与职业能力"分析出发，设定课程能力培养目标；变书本知识的传授为动手能力的培养，以"工作项目"为主线，从简单到复杂，从单一到综合，依照认知规律，创设工作情境，将"教、学、做"融为一体，提高学生的施工技术能力；结合执业资格考试中的相关考核要求，确定本课程学习内容。

　　为推进线上线下混合教学，本书在"学银在线"（www.xueyinonline.com）平台配套开设了"工程的奥妙——解析《桥梁施工技术》"精品在线开放课程，读者可通过扫描右侧的二维码或登陆以下网址进行学习：http://www.xueyinonline.com/detail/207257028（第1期）或http://www.xueyinonline.com/detail/214209655（第2期）。

第1期

第2期

　　本书由赵丽荣担任主编，李建红、张勇、余馥丽参与了本书的编写工作。具体编写分工为：绪论、单元一、单元二、单元四、单元五由赵丽荣编写；单元三由李建红编写；单元六由张勇编写；单元七由余馥丽编写。全书由郝志强主审。

　　限于编者水平及能力，书中错误和不足在所难免，恳请读者提出宝贵意见。

编　者

目 录

绪论 ……………………………………… 1

单元一 桥梁下部结构认知 …………… 4

项目一 常用桥梁下部结构认知 ……… 4

任务一 基础构造 …………………… 6
 一、浅基础的类型与构造 ………… 6
 二、桩基础的类型与构造 ………… 10
任务二 桥墩构造 …………………… 16
 一、梁桥桥墩构造 ………………… 17
 二、拱桥桥墩构造 ………………… 24
任务三 桥台构造 …………………… 26
 一、梁桥桥台构造 ………………… 26
 二、拱桥桥台构造 ………………… 34

单元二 桥梁下部结构设计计算 ……… 36

项目二 桥墩设计计算 ………………… 36

任务一 桥墩作用及其作用效应组合 … 36
 一、桥墩计算作用 ………………… 37
 二、作用布置与作用效应组合 …… 38

任务二 重力式桥墩设计计算 ……… 40
 一、重力式桥墩主要尺寸的拟订 … 41
 二、墩身截面的内力计算 ………… 43
 三、墩身截面承载力和偏心验算 … 43
 四、基础底面地基土的承载力和偏心
  距验算 ………………………… 45
 五、桥墩稳定性验算 ……………… 47
 六、墩顶水平位移验算 …………… 48
任务三 桩柱式桥墩设计计算 ……… 49
 一、盖梁计算 ……………………… 49
 二、桩柱计算 ……………………… 50

项目三 桥台设计计算 ………………… 52

任务一 重力式U形桥台的设计计算 … 52
 一、桥台计算作用的特点 ………… 52
 二、作用布置与作用效应组合 …… 52
 三、桥台强度、偏心和稳定性验算 … 54
任务二 梁桥轻型桥台的设计计算 … 54
 一、桥台作为竖梁时的强度验算
  （按单位宽度）………………… 55

· 1 ·

二、桥台在横桥向竖直平面内的
　　弯曲验算 ·············· 56
三、地基承载力计算 ············ 57

单元三　桥梁下部结构施工准备与测量 ·············· 59

项目四　桥梁下部结构施工准备与测量 ··· 59
任务一　桥梁下部结构施工准备 ······ 59
一、技术准备 ················ 60
二、劳动组织准备 ············ 61
三、物资准备 ················ 61
四、施工现场准备 ············ 61
五、各种图表、报表、施工表格准备 ·················· 62
任务二　桥梁下部结构施工测量 ······ 62
一、平面控制测量 ············ 63
二、桥位中线测量 ············ 66
三、桥梁施工高程控制测量 ···· 68
四、墩台定位及其轴线测设 ···· 70
五、桥梁竣工测量与变形观测 ··· 73

单元四　桥梁基础施工 ············ 74

项目五　刚性扩大浅基础施工 ······ 74
任务一　复核刚性扩大浅基础施工图 ··· 75
任务二　基础施工 ·················· 76
一、施工准备 ················ 77
二、基坑开挖及围护 ·········· 78
三、基坑检验与处理 ·········· 85
四、基础砌筑和基础浇筑 ······ 86
五、基坑回填 ················ 88
任务三　明挖扩大浅基础施工质量检测 ··· 88

一、基础砌体 ················ 88
二、混凝土扩大基础 ·········· 89

项目六　桩基础施工 ················ 90
任务一　复核桩基础施工图 ·········· 90
一、桩基础施工图组成 ········ 90
二、桩基础施工图复核 ········ 91
任务二　钻孔灌注桩施工 ············ 95
一、钻孔灌注桩施工工艺流程 ··· 95
二、钻孔灌注桩施工准备 ······ 96
三、钻孔施工 ················ 100
四、清孔 ···················· 105
五、钢筋笼安放 ·············· 106
六、灌注水下混凝土 ·········· 106
任务三　钻孔灌注桩的施工质量检验与评定 ·············· 109
任务四　桩基础的施工计量 ·········· 110
一、工程量的计量 ············ 110
二、图纸 ···················· 113
三、工程变更 ················ 113
四、税金和保险 ·············· 113
五、各支付项的范围 ·········· 114
六、计量和支付 ·············· 114
任务五　编制钻孔灌注桩基础施工方案 ·················· 115
一、工程资料 ················ 115
二、编制依据 ················ 115
三、编制原则 ················ 115
四、编制内容及方法 ·········· 116
任务六　挖孔灌注桩施工 ············ 118
一、挖孔灌注桩施工工艺流程 ··· 118
二、挖孔灌注桩施工工艺 ······ 119

三、挖孔灌注桩质量检验·················121
　　四、挖孔灌注桩计量和支付·············122
 任务七　承台施工···························122
　　一、承台施工工艺流程·····················122
　　二、承台施工工艺与质量检验···········123

单元五　桥梁墩（台）施工············127

项目七　就地砌筑墩（台）施工···········127
 任务一　复核墩（台）施工图·············127
 任务二　就地砌筑墩（台）施工·········130
　　一、施工准备·································130
　　二、墩（台）身砌筑施工················131
 任务三　石砌墩（台）身施工质量
　　　　　评定与工程计量·················134
　　一、石砌墩（台）身的质量检测·······134
　　二、石砌墩（台）身工程计量··········135
 任务四　编制石砌墩（台）身专项施工
　　　　　方案·································136
　　一、工程概述·································136
　　二、编制依据·································136
　　三、施工准备·································136
　　四、施工方案·································137
　　五、质量控制指标、检验频率方法···138
　　六、安全及环保要求·····················138

项目八　就地浇筑墩（台）施工···········140
 任务一　复核墩（台）施工图·············140
 任务二　就地浇筑墩（台）施工方法···141
　　一、施工准备·································142
　　二、墩（台）身施工·····················143
　　三、墩（台）帽施工·····················150

 任务三　就地浇筑墩（台）施工质量检测
　　　　　与计量·····························152
　　一、就地浇筑墩（台）质量评定······152
　　二、就地浇筑墩（台）施工计量······153
 任务四　编制就地浇筑墩（台）专项
　　　　　施工方案··························154
　　一、工程概述·································154
　　二、编制依据·································154
　　三、施工准备·································155
　　四、施工方案·································156
　　五、质量控制指标、检验频率方法···157
　　六、安全及环保要求·····················157
 任务五　高桥墩施工························158
　　一、滑动模板的构造·····················158
　　二、滑动模板的提升工艺···············159
　　三、滑动模板施工工序要点···········161

单元六　桥梁附属工程施工···········163

项目九　附属工程施工·······················163
 任务一　锥形护坡施工·····················163
　　一、锥形护坡构造介绍··················163
　　二、锥形护坡施工准备··················164
　　三、锥形护坡施工························166
　　四、锥坡施工质量检验与评定·······166
 任务二　桥头搭板施工·····················167
　　一、桥头搭板介绍说明··················167
　　二、台后搭板施工要点··················168
　　三、施工工艺流程方法··················168
　　四、施工质量检验标准··················169
 任务三　台背回填施工·····················169
　　一、施工准备工作························170

二、桥（涵）台背回填施工工艺
　　　　流程 ……………………………… 171
　　三、台背回填施工注意事项 ……… 171
　　四、施工质量控制要点说明 ……… 171

单元七　涵洞认知与施工 ……… 172

项目十　涵洞认知 ……………………… 172
任务一　涵洞分类 …………………… 172
　　一、按建筑材料分类 ……………… 173
　　二、按构造形式分类 ……………… 173
　　三、按洞顶填土情况分类 ………… 173
　　四、按水力性能分类 ……………… 173
任务二　涵洞构造 …………………… 174
　　一、洞身构造 ……………………… 174
　　二、洞口建筑 ……………………… 178
　　三、山坡涵洞的构造特点 ………… 180
任务三　涵洞长度计算 ……………… 183
　　一、正交涵洞的长度计算 ………… 183
　　二、斜交涵洞的长度计算 ………… 183
　　三、路基有超高加宽时正交涵洞的
　　　　长度计算 ……………………… 184

　　四、涵洞与路线斜交，考虑路基纵坡影
　　　　响时涵洞的长度计算 ………… 185
任务四　洞口建筑工程数量计算 …… 186
　　一、八字翼墙 ……………………… 186
　　二、锥形护坡 ……………………… 188

项目十一　涵洞施工 …………………… 190
任务一　管涵施工 …………………… 190
　　一、管涵施工工艺 ………………… 190
　　二、管座及涵管安装质量的检测 …… 196
任务二　拱涵施工 …………………… 196
　　一、拱涵施工工艺 ………………… 196
　　二、拱涵质量检测 ………………… 201
任务三　盖板涵施工 ………………… 202
　　一、盖板涵施工工艺 ……………… 202
　　二、盖板涵施工质量检测 ………… 203
任务四　箱涵施工 …………………… 204
　　一、箱涵施工工艺 ………………… 204
　　二、箱涵施工质量检测 …………… 205

参考文献 …………………………………… 206

绪 论

桥梁是跨越江、河、湖、海、沟谷、道路等地物，并克服高程而使道路连接的构造物。正如毛泽东同志所说"一桥飞架南北，天堑变通途"，桥与其他工业和民用建筑物有着相似的空间形体概念。人类为了满足自身需求，自古以来在不同生产力条件下建造了无数规模不一、千姿百态的桥梁，其中有些已成为人类文明历史的丰碑。如举世闻名的河北省赵县的赵州桥（又称安济桥，图 0-1），就是我国古代石拱桥的杰出代表。赵州桥在隋大业初年（公元 605 年左右）为李春所创建，是一座空腹式的圆弧形石拱桥，全桥长为 50.82 m，净跨为 37.02 m，宽为 9 m，拱矢高度为 7.23 m，在拱圈两肩各设有两个跨度不等的腹拱，1991 年美国土木工程师学会（ASCE）将该桥选定为第 12 个"国际历史土木工程的里程碑"，并列入世界文化遗产。

法国加德桥（图 0-2）高为 49 m，长为 273 m，位于法国境内的尼姆附近，于公元前 19—公元 20 年为了长约 50 km 的高架渠横跨加德河所建。该桥采用不可思议的三层拱桥叠成，设计巧妙，1985 年列入世界文化遗产。

图 0-1 赵州桥　　　　　　　　　　　图 0-2 加德桥

桥梁不仅是一个国家文化的象征，还是生产力发展和科学进步的写照，也是人类才智和社会进步的标志。如 1957 年建成的武汉长江大桥（图 0-3），结束了我国万里长江无桥的状况，标志着我国建造大跨度钢桥的现代化桥梁技术提高到了一定水平。武汉长江大桥的正桥为三联 3 m×128 m 的连续钢桁梁，下层为双线铁路，上层公路桥面宽为 18 m，两侧各设 2.25 m 人行道，包括引桥在内全桥总长为 1 670.4 m。1968 年，我国又建成了举世瞩目的南京长江大桥（图 0-4），这是我国自行设计、制造、施工，并使用国产高强度钢材的现代化大型桥梁。南京长江大桥上层为公路，下层为双线铁路，包括引桥在内，铁路桥梁全长为 6 772 m，公路桥梁全长为 4 589 m。桥址处水深流急，河床地质极为复杂，大桥桥墩基础的施工非常困难。南京长江大桥的建成，显示出我国的建桥技术已达到世界先进水平，也是我国桥梁史上又一个重要的里程碑。

图 0-3　武汉长江大桥

图 0-4　南京长江大桥

2008年我国建成苏通大桥(图 0-5)，总长为 8 206 m，为双塔双索面钢箱梁斜拉桥。斜拉桥主孔跨径为 1 088 m，列当时世界第一；主塔高度为 300.4 m，列当时世界第一；最长斜拉索达 577 m，比日本多多罗大桥斜拉索长 100 m，列当时世界第一；群桩基础平面尺寸为 113.75 m×48.1 m，列当时世界第一。2010年3月26日，苏通大桥荣获美国土木工程师学会颁发的 2010 年度土木工程杰出成就奖，这也是中国土木工程首次获此殊荣。

2008年5月建成的杭州湾跨海大桥(图 0-6)，北起浙江省嘉兴市海盐郑家埭，南至宁波市慈溪水路湾，全长为 36 km，是当时世界上最长的跨海大桥。

图 0-5　苏通大桥

图 0-6　杭州湾跨海大桥

日本明石海峡大桥(图 0-7)于 1998 年建成，坐落在日本神户市与淡路岛之间，全长为 3 911 m，主桥墩跨度为 1 991 m，是目前世界上跨径最长的悬索桥。

还有一些桥梁则成为城市地标，构筑了城市亮丽的风景，如同凝聚空间的乐章和乐器，如屹立在广州珠江之上的猎德大桥(图 0-8)。

图 0-7 日本明石海峡大桥

图 0-8 猎德大桥夜景

本书是以桥梁下部结构构造体的整体概念及其施工方法和工艺为主线而设计和编写的，与项目实际工作过程相吻合，具有重要的指导意义。

单元一　桥梁下部结构认知

单元简介

本单元主要讲述桥梁墩台及基础的结构类型、构造特点。通过学习本单元的内容，学生应掌握常用桥梁下部结构的基本组成、分类、作用、要求、发展概况、构造，为桥梁下部结构的设计计算、施工、计量提供依据，使学生具有桥梁施工员、设计员、计量员的能力和素质。

本单元只有常用桥梁下部结构认知一个项目。

项目一　常用桥梁下部结构认知

项目描述

桥梁下部结构认知主要是通过仿真模型，掌握常用桥梁下部结构构造、分类、作用、要求、发展概况，以及桥梁附属设施的种类及设置要求。通过学习和锻炼，能准确判断桥梁下部结构功能及构造特点，正确组织施工，为桥梁下部结构的设计计算、施工、计量提供依据，使学生具有桥梁施工员、设计员、计量员的能力和素质。

本项目共分为三个任务：基础构造、桥墩构造和桥台构造。

传统意义上的桥梁一般为跨水建筑物，但随着社会经济的发展和科学技术的进步，桥梁的建造也有了新的内涵，出现了各种功能齐全、造型美观的立交桥、高架桥和人行天桥等新桥型，这些实体工程常常给人们带来美感，激发人们的自豪感，成为人们生活环境中印象深刻的标志性建筑。因此，桥梁建筑也常作为一种空间艺术结构存在于社会中。

桥梁在道路交通系统中处于枢纽地位，也是保证全线通车的关键。桥梁的上部结构构造物使其拥有跨越障碍物的能力，而下部结构构造是实现这种能力，并保证道路畅通的关键和支撑。桥梁的上部结构和下部结构组成完美的整体。图1-1和图1-2所示为最具代表性的梁桥和拱桥的基本组成。桥梁上部结构一般是支座（拱桥起拱线或刚架桥主梁底线以上）跨越桥孔构造物的总称，是线路中断时跨越障碍的主要承重结构。桥梁下部结构一般是指支座及支座以下的桥梁构造物，包括桥墩、桥台、基础，斜拉桥和悬索桥的塔柱是桥体墩身的延续，因此塔柱也视为桥梁下部结构。

桥梁墩台是桥梁的重要组成部分，称为桥梁的下部结构。它主要由墩帽、墩身和基础三个部分组成(图1-3)。

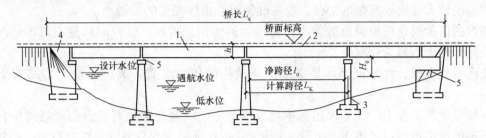

图 1-1　梁桥的基本组成
1—主梁；2—桥面；3—桥墩；4—桥台；5—锥形护坡

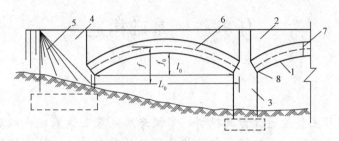

图 1-2　拱桥的基本组成
1—拱圈；2—拱上建筑；3—桥墩；4—桥台；5—锥形护坡；6—拱轴线；7—拱顶；8—拱脚
f—计算长矢高；f_0—净矢高；l_0—净跨径；L_0—计算跨径

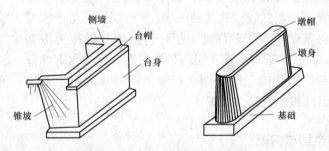

图 1-3　重力式墩台

桥梁墩台承担着桥梁上部结构所产生的作用，并将作用有效地传递给地基，桥台还与路堤相连接，承受着桥头填土的土压力。墩台主要决定着桥梁的高度和平面上的位置，受地形、地质、水文和气候等自然因素影响较大。

桥墩是指多跨桥梁中的中间支承结构物，它除了承受上部结构作用的受力外，还承受风力、流水压力及可能发生的冰压力、船只和漂流物的撞击力等。桥台是设置在桥的两端，除了支承桥跨结构作用的受力外还与两岸接线路堤衔接的构造物；既要挡土护岸，又能承受台背填土及填土上车辆作用所产生的附加土侧压力。因此，桥梁墩台不仅自身应具有足够的强度、刚度和稳定性，而且对地基的承载能力、沉降量，地基与基础之间的摩擦阻力等提出一定的要求，以避免在作用下产生危害桥梁整体结构的位移。这一点对超静定桥梁结构尤为重要。

桥墩和桥台底部与地基相接触的部分称为基础。基础承受从桥墩或桥台传来的全部荷载、地震作用及船舶撞击墩身等引起的外力。由于基础往往深埋于水下土层之中，是桥梁施工中难度较大且比较复杂的部分，也是确保桥梁整体安全的关键。

墩台的造价通常在桥梁总造价中占有很大的比例。同时，墩台的修建在很多情况下较建造桥跨结构更为复杂和艰巨。

支座设置在墩、台的顶部，是支撑上部结构的传力装置，又是适应上部结构变位的结构。

在桥梁建筑工程中，除了上述基本组成部分外，一般在路堤与桥台衔接处的桥台两侧设置石砌的锥形护坡，如图1-1和图1-2所示，以保证迎水部分路堤边坡的稳定。另外，应根据需要进行桥台搭板、桥台台背回填、台后泄水盲沟及导流结构物等附属工程的修筑。

任务一 基础构造

※任务描述

基础构造的学习主要是通过仿真模型，掌握天然地基上浅基础、桩基础、沉井基础等的构造特点、分类及应用，为桥梁下部结构的设计计算、施工、计量提供依据，使学生具有桥梁施工员、设计员、计量员的能力和素质。

桥梁基础根据埋置深度分为浅基础和深基础两类。浅基础是在桥台或桥墩下直接修建且埋置较浅的基础（一般小于5 m）；由于浅层土质不良，有时需将基础埋置于较深的土层，这样的基础称为深基础（一般埋深大于5 m）。基础埋置在土层内虽然较浅，但在水下部分较深，称为深水基础。浅基础一般采用明挖施工；深基础施工方法较多，如打入桩、灌注桩、沉井、沉箱等。

桥梁基础常用类型

一、浅基础的类型与构造

浅基础是埋入地层深度较浅，施工一般采用敞开挖基坑修筑的基础。

天然地基浅基础的特点：由于埋深浅，结构形式简单，施工方法简便，造价也较低，因此是建筑物最常用的基础类型。

（一）浅基础常用类型及适用条件

根据受力条件及构造，天然地基浅基础的分类如下：

（1）刚性基础：基础在外力（包括基础自重）作用下，基底的地基反力为σ，此时基础的悬出部分，a—a断面左端，相当于承受着强度为σ的均布荷载的悬臂梁，在荷载作用下，a—a断面将产生弯曲拉应力和剪应力。当基础圬工具有足够的截面使材料的容许应力大于由地基反力产生的弯曲拉应力和剪应力时，a—a断面不会出现裂缝。这时，基础内不需配置受力钢筋，这种基础称为刚性基础[图1-4(a)]。它是桥梁、涵洞和房屋等建筑物常用的基础类型。其形式有刚性扩大基础（图1-5）、单独柱下刚性基础、条形基础等。

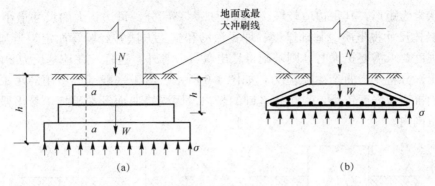

图 1-4 基础类型
(a)刚性基础;(b)柔性基础

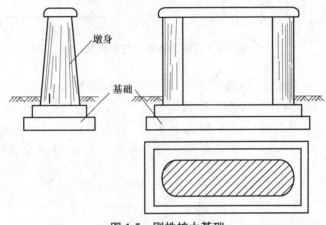

图 1-5 刚性扩大基础

1)刚性基础常用的材料:主要有混凝土、粗料石和片石。其中,混凝土是修筑基础最常用的材料,它的优点是强度高、耐久性好,可浇筑成任意形状的砌体,混凝土强度等级一般不宜小于 C15。对于大体积混凝土基础,为了节约水泥用量,可掺入不多于砌体体积 25%的片石(称为片石混凝土)。

2)刚性基础的特点:稳定性好、施工简便、能承受较大的荷载。它的主要缺点是自重大,并且当持力层为软弱土时,由于扩大基础面积有一定限制,需要对地基进行处理或加固后才能采用,否则会因所受的荷载超过地基强度而影响建筑物的正常使用。所以,对于荷载大或上部结构对沉降差较敏感的建筑物,当持力层的土质较差又较厚时,刚性基础作为浅基础是不适宜的。

(2)柔性基础:基础在基底反力作用下,在 $a—a$ 断面产生弯曲拉应力和剪应力若超过了基础圬工的强度极限值,为了防止基础在 $a—a$ 断面开裂甚至断裂,可将刚性基础尺寸重新设计,并在基础中配置足够数量的钢筋,这种基础称为柔性基础[图 1-4(b)]。柔性基础主要是用钢筋混凝土浇筑,常见的形式有柱下扩展基础、条形基础和十字形基础、筏形基础及箱形基础,其整体性能较好,抗弯刚度较大。

(二)浅基础的构造

1. 刚性扩大基础

将基础平面尺寸扩大以满足地基强度要求,这种刚性基础又称为刚性扩大基础(图 1-5)。

其平面形状常为矩形，其每边应较墩、台底面扩大一部分，每边扩大的尺寸最小为 0.20～0.50 m，具体尺寸视土质、基础厚度、埋置深度和施工方法并经验算而定。当基础底面为满足地基强度要求需要扩大时，则基础将悬出墩（台）身外。这样，在地基反力 σ 的作用下，基础的悬出部分将受挠曲产生拉应力，如图 1-6 所示。由于一般基础所用的圬工材料抗压强度大，而抗弯拉强度较小，为防止基础的悬出段因受挠曲而开裂破坏，悬出段长度应控制在一定范围内。

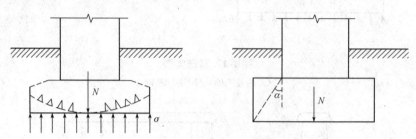

图 1-6　基础挠曲变形与刚性角

作为刚性基础，每边扩大的最大尺寸应受到材料刚性角的限制。对于片石和粗料石砌体，当用强度等级为 M5 的砂浆砌筑时，不应大于 30°；当用 M5 以上的砂浆砌筑时，不应大于 35°；对于混凝土，不应大于 40°。当基础较厚时，可在纵横两个剖面上都做成台阶形（图 1-7），以减小基础自重，节省材料。它是桥涵及其他建筑物常用的基础形式。

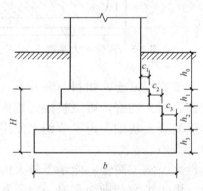

图 1-7　台阶扩大基础

基础顶面超出墩、台底面边缘的部分，称为襟边。襟边的主要作用如下：
(1) 考虑到基础施工较差，基础砌成后的位置可能会有所偏差，襟边的设置可以留有调整余地，弥补这种偏差，使墩、台仍能按正确的位置定位。
(2) 便于施工操作，设置墩、台模板及机具支撑。

2. 单独和联合基础

单独基础是立柱式桥墩和房屋建筑常用的基础形式之一。它的纵横剖面均可砌筑成台阶式 [图 1-8(a)、(c)]，但柱下单独基础用石或砖砌筑时，则在柱子与基础之间用混凝土墩连接形成联合基础 [图 1-8(b)]。个别情况下，柱下基础用钢筋混凝土浇筑时，其剖面也可浇筑成锥形 [图 1-8(d)]。

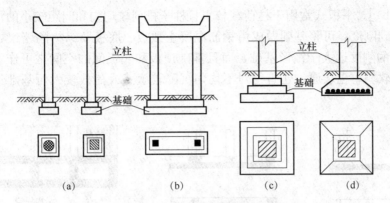

图 1-8 单独和联合基础
(a)、(c)台阶式单独基础；(b)台阶式联合基础；(d)锥形基础

3. 条形基础

条形基础分为墙下条形基础和柱下条形基础。墙下条形基础是挡土墙下或涵洞下常用的基础形式(图 1-9)。其横剖面可以是矩形或将一侧筑成台阶形。如挡土墙较长，为了避免在沿墙长方向因沉降不匀而开裂，可根据土质和地形予以分段，设置沉降缝。有时，为了增强桥柱下基础的承载能力，将同一排若干个柱子的基础联合起来，也就成为柱下条形基础(图 1-10)。其构造与倒置的 T 形截面梁相似，在沿柱子的排列方向的剖面可以是等截面的，也可以是在柱位处加腋的。在桥梁基础中，一般做成刚性基础，个别的也可做成柔性基础。

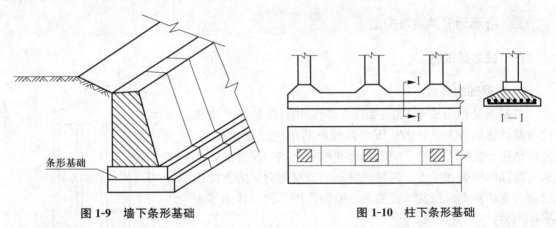

图 1-9 墙下条形基础　　　　图 1-10 柱下条形基础

如果地基土很软，基础在宽度方向需进一步扩大面积，同时要求基础具有空间的刚度来调整不均匀沉降时，可在柱下纵、横两个方向均设置条形基础，成为十字形基础。这是房屋建筑常用的基础形式，也是一种交叉条形基础。

4. 筏形基础和箱形基础

筏形基础和箱形基础都是房屋建筑常用的基础形式。

当立柱或承重墙传来的荷载较大，地基土质软弱又不均匀，采用单独基础或条形基础均不能满足地基承载力或沉降的要求时，可采用筏形钢筋混凝土基础，这样既扩大了基底面积，增加了基础的整体性，又避免了建筑物局部发生不均匀沉降。

筏形基础在构造上类似于倒置的钢筋混凝土楼盖，它可以分为平板式[图 1-11(a)]和梁板式[图 1-11(b)]。平板式常用于柱荷载较小且柱子排列较均匀和间距较小的情况。

为增大基础刚度,可将基础做成由钢筋混凝土顶板、底板及纵横隔墙组成的箱形基础(图 1-12),它的刚度远大于筏形基础,而且基础顶板和底板间的空间常可作为地下室。它适用于地基较软弱,土层厚,建筑物对不均匀沉降较敏感或荷载较大而基础建筑面积不太大的高层建筑。

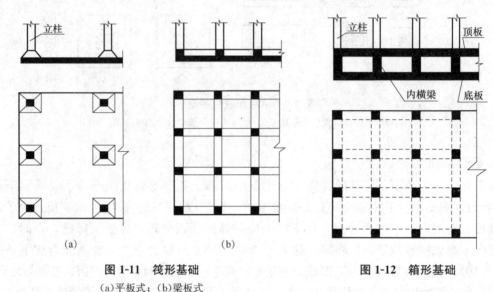

图 1-11　筏形基础
(a)平板式;(b)梁板式

图 1-12　箱形基础

二、桩基础的类型与构造

(一)桩基础概述

1. 桩基础的概念

桩基础又称为桩基(图 1-13),其作用主要是把建筑物的荷载传递到较为坚硬的、压缩性较小的土层或者岩层上。通过作用于桩侧土(岩)层的摩阻力和桩尖土(岩)层的端阻力来支撑轴向压力和拉力,通过桩侧土(岩)层侧向阻力支撑建筑物所受的侧向风荷载、波浪力、撞击作用、地震作用等水平作用力。

目前我国桩基最大入土深度已超过 100 m。

2. 桩基础的适用范围

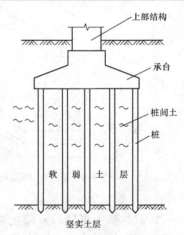

图 1-13　桩基示意图

与其他基础相比较,桩基应用范围较广,对工程地质条件建筑类型无任何限制。对下述情况,一般可优先考虑选用桩基础方案:

(1)软弱地基不宜采取加固措施,或某些特殊性土(可液化土层、自重湿陷性黄土)上的各类永久性建筑物不允许地基有过大沉降和不均匀沉降;

(2)地基上层土质较差而下层土质较好,或地基软硬不均不能满足上部结构对不均匀变形的要求;

(3)对桥梁、码头、烟囱、输电塔等结构,桩基除承受较大垂直荷载外,还有较大的水平力和上拔力;

(4)对精密或大型的设备基础,需要减小基础振幅、减弱基础振动对结构的影响;

(5)在地震区,以桩基作为地震区结构抗震措施或穿越可液化土层;

(6)水上基础,当施工水位较高或河床冲刷较大,采用其他基础施工困难或不能保证安全时。

3. 桩基础的优缺点

桩基础作为荷载较大的建筑物基础,具有承载力高、稳定性好、沉降量小而均匀、沉降速率低而收敛快等优点。但也存在自身的缺点,如工程造价高、成孔和灌注施工复杂、打入桩噪声大、泥浆污染环境等。因此在进行结构设计时,应根据具体情况选择适宜的基础形式。例如,在北京奥运会开幕前期,某地外环路部分台背回填为了加快工期,防止跳车现象,采用桩基础形式,虽效果显著,但造价过高,引发诸多学者争议。

(二)桩的分类

1. 按桩的承载性状分类

桩顶承受的竖向外荷载由桩侧摩阻力和桩端阻力共同承担,达到承载力极限状态时,摩阻力和端阻力的发挥程度及分担外荷载的比例主要由桩侧和桩端地基土的物理力学性质、桩身尺寸、桩与土的刚度比及施工工艺等决定。因此,桩可分为摩擦型桩和端承型桩。

(1)摩擦型桩。摩擦型桩是指沉入软弱土层一定深度,通过桩侧土的摩擦作用,将上部荷载传递扩散于桩周围土中,桩端土也起一定的支承作用。桩尖支承的土不很密实,桩相对于土有一定的相对位移时,即具有摩擦的作用,如图1-14(a)所示。根据荷载分担比例,摩擦型桩又可分为摩擦桩和端承摩擦桩两类。

1)摩擦桩。桩顶荷载完全由桩侧阻力承受,桩端阻力可忽略不计。例如,桩长径比很大,桩顶荷载只通过桩身压缩产生的桩侧阻力传递给桩周土,桩端土层分担荷载很小;桩端下无较坚实的持力层;桩底残留虚土或沉渣的灌注桩;打入邻桩导致先打入的桩体上抬,甚至出现脱空的打入桩等。

2)端承摩擦桩。桩顶荷载主要由桩侧阻力承受,桩端阻力承受小部分荷载。例如,桩端为较坚硬的黏性土、粉土、砂类土,且长径比不大时采用较多。

(2)端承型桩。端承型桩是指穿过软弱土层并将建筑物的荷载通过桩传递到桩端坚硬土层或岩层上,桩侧较软弱土对桩身的摩擦作用很小,如图1-14(b)所示。根据荷载分担比例,端承型桩又可分为端承桩和摩擦端承桩两类。

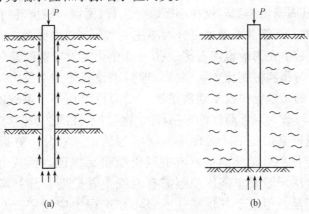

图1-14 桩的承载能力分类

(a)摩擦型桩;(b)端承型桩

1) 端承桩。桩顶荷载完全由桩端阻力承受,桩侧阻力可忽略不计,又称柱桩。例如,当桩的长径比较小(一般小于10),桩端设置在密实砂类、碎石类土层中或位于中、微风化及新鲜基岩中时。

2) 摩擦端承桩。桩顶荷载主要由桩端阻力承受,桩侧阻力承受小部分荷载。通常桩端进入中密以上的砂类、碎石类土层中或位于中、微风化及新鲜基岩顶面。这类桩的侧阻力虽属次要,但不可忽略。

2. 按成桩方法分类

成桩(孔)方式对桩基工程性状有很大影响,随设置方法(打入或钻孔成桩)不同,桩孔处的排土量和桩周土所受的排挤也有很大差异,土的结构、应力状态和性质都会随之改变,影响桩的承载能力和变形性质,这些影响统称为桩的设置效应。

(1) 非挤土桩。挖孔桩、泥浆护壁钻(冲)孔桩、先钻孔后打入的预制桩,在成桩过程中基本上对桩相邻土不产生挤土效应,称为非挤土桩。此类桩周土可能向桩孔内移动,使土的抗剪强度降低,承载能力有所减小。

(2) 部分挤土桩。冲击成孔灌注桩、H型钢桩、底端开口钢管桩和开口预应力混凝土管桩等,在沉桩过程中对桩周土体稍有排挤作用,但土的强度和变形性质变化不大,可以原状土测得的强度指标为准。

(3) 挤土桩。打入式的实心预制桩或下端封闭沉管灌注桩,在成桩过程中,桩周土体被压密或挤开,使周围土层受到严重挠动,土的原始结构会遭到破坏。因此,必须以原状土扰动后再恢复的强度指标为准。

3. 按桩径大小分类

(1) 小直径桩,$d \leqslant 250$ mm,多用于基础加固及复合桩基础。

(2) 中等直径桩,250 mm $< d < 800$ mm,在各类工程中较为常见。

(3) 大直径桩,$d \geqslant 800$ mm,主要为现场成孔灌注桩,单桩承载力较高,常见于重型构造物和大型桥梁基础。

4. 按桩体材料分类

按桩体材料分类,桩常见类型有木桩、钢筋混凝土桩、钢桩、散体桩,以及其他材料组成的柔性和半柔性桩。

(1) 木桩。木桩已属淘汰类型,仅在小型临时工程(围堰、栈桥)偶有使用。

(2) 钢筋混凝土桩。钢筋混凝土桩可分为灌注桩和预制桩两大类。

1) 灌注桩。灌注桩是在工地现场直接成孔,再在孔内放置钢筋笼(也有省去钢筋的)并浇灌混凝土而成的。与预制桩相比,灌注桩一般只需设置使用期受力配置钢筋,用钢量较省。同时,桩长可在施工过程中根据地质情况、受力特点在某一范围内取定。常用的灌注桩按成孔方式,大体可分为沉管灌注桩和钻(冲、磨、挖)孔灌注桩两类。

2) 预制桩。预制桩是指在工厂或现场预制成型的桩。它分为普通钢筋混凝土预制桩和预应力钢筋混凝土预制桩。预制桩具有混凝土质量易保证、承载力高等优点,但也存在造价较高、分节接头质量要求高、预制需有混凝土养护期和预制场地以及需大型吊装设备等问题。虽有不足,但由于其优越性明显,在工程中应用广泛。近十几年来,国内生产的C80先张法预应力混凝土管桩(PHC管桩)也很普遍,单节长度可达55 m,以适应海洋环境中第一个接头在土层的嵌固点以下的要求。后张法预应力混凝土管桩(雷蒙特桩)在水工建筑中也有普遍使用。此外，路桥工程中积极推广的大直径钻埋空心桩，最大桩径可达6 m。

(3)钢桩。常见形式有三种：钢管桩、H型钢桩和钢板桩。

1)钢管桩由钢板卷焊而成，壁厚通常是按使用阶段应力设计的，约10 mm。它具有强度高、抗冲击疲劳性能好、贯入能力强、抗弯曲刚度大、单桩承载力高、便于割接、质量可靠、便于运输、沉桩速度快以及挤土影响小等优点；但它抗腐蚀性能较差，须做表面防腐蚀处理且价格较高。因此，在我国一般只在必须穿越砂层或其他桩型无法施工和质量难以保证，或必须控制挤土影响，或工期紧迫等情况下及重要工程才选用。

2)H型钢桩属一次轧制成型，与钢管桩相比，其挤土效应更弱，割焊与沉桩更便捷，穿透性能更强；缺点是侧向刚度较弱，打桩时桩身易向刚度较弱的一侧倾斜，甚至产生施工弯曲。因此，它主要用于工业与民用建筑及临时工程。

(4)散体桩。散体桩有碎石桩、砂桩等形式，起着置换、挤土和排水固结等作用，主要用于地基加固、挤密土壤。

(5)柔性和半柔性桩。柔性、半柔性桩主要有水泥搅拌桩、水泥粉喷桩、石灰桩、旋喷桩、树根桩、水泥粉煤灰碎石桩等。其介于刚性桩和散体桩之间，可以传递上部结构物的荷载。

5. 按施工方法分类

预制桩按施工方法分类，分为打入桩、静压桩、振动沉桩、水冲桩等。由于预制桩在预制场制作，所以施工中主要考虑成孔方法。打入桩通常采用锤击形式，沉桩的实际深度应根据桩位处桩端土层的深度而确定。施工时以最后贯入度和桩尖设计标高两个方面控制。最后贯入度是指沉至某标高时，每次锤击的沉入量，通常以最后每阵的平均贯入量表示。静压桩的施工参数是不同深度的压桩力。

灌注桩有沉管桩、钻孔桩、冲孔桩、挖孔桩、爆扩桩等。钻(冲)孔灌注桩是在所设计桩位处用专用机械和设备成孔，在孔内下放钢筋笼(也有直接插筋或省去钢筋的)再浇灌混凝土而成的。其横截面呈圆形，可以做成大直径和扩底桩。挖孔桩可采用人工或机械挖掘成孔，逐段边开挖边支护，达到所需深度后再进行扩孔、安装钢筋笼及浇灌混凝土而成。

其施工具体方法会在后面的项目中具体介绍。

(三)桩基础构造

不同材料修筑的不同类型的桩基础具有不同的构造特点，为了保证桩的质量和桩基础正常工作能力，在设计桩基础时首先应满足其构造的基本要求。现将目前国内桥梁工程中最常用到的桩与桩基础的构造特点与要求简述如下。

1. 各种基桩的构造

(1)就地灌注钢筋混凝土桩。钻(挖)孔桩及沉管桩是采用就地灌注的钢筋混凝土桩，桩身常为实心断面，混凝土强度等级不低于C20，对仅承受竖直力的桩基础可用C15(但水下混凝土仍不应低于C20)。钻孔桩设计直径一般为0.80～1.50 m，挖孔桩的直径或最小边宽度不宜小于1.20 m，沉管桩设计直径一般为0.30～0.60 m。

桩内钢筋应根据桩身弯矩分布情况分段配置，短摩擦桩和柱桩也可按桩身最大弯矩通长均匀配筋。当按内力计算桩身不需要配筋时，应在桩顶3～5 m内设置构造钢筋。为了保证钢筋骨架有一定的刚性,便于吊装及保证主筋受力后的纵向稳定,主筋不宜过细、过少(直径不宜小于 14 mm,每根桩不宜少于 8 根)。主筋净距不宜小于 8 cm,保护层厚度不宜小于 5 cm。主筋若需焊接,需保证轴线通直,焊接长度应符合规定:双面焊缝大于 $5d$(d 为钢筋直径),单面焊缝大于 $10d$,箍筋应适当加强,箍筋直径一般不小于 8 mm,中距为 200~400 mm。对于直径较大桩或较长钢筋骨架,可在钢筋骨架上每隔 2.0~2.5 m 设置一道加劲箍筋(直径为 14~18 mm),如图 1-15 所示。

钻(挖)孔桩的柱桩根据桩底受力情况需嵌入岩层时,嵌入深度应根据计算确定,并不得小于 0.5 m。由于较少配置吊装拼接钢筋,钻孔灌注桩含筋率为 0.2%~0.6%,比预制桩含筋率低。

大直径的空心灌注桩是今后发展的方向,可以进一步发挥材料的潜力,节约水泥用量,目前在一些工程中已经采用。

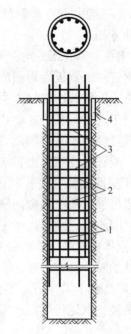

图 1-15 就地灌注钢筋混凝土桩
1—主筋;2—箍筋;3—加强筋;4—护筒

(2)钢筋混凝土预制桩。沉桩(打入桩和振动下沉桩)采用预制的钢筋混凝土桩,有实心的圆桩和方桩(少数为矩形桩),有空心的管桩,另外还有管柱(用于管柱基础)。

钢筋混凝土方桩可以就地灌注预制。通常方桩横断面为 20 cm×20 cm~50 cm×50 cm,桩身混凝土强度等级不低于 C25,桩身配筋应考虑制造、运输、施工和使用各阶段的受力要求。主筋一般为 12~25 mm,主筋净距不小于 50 mm;箍筋直径为 6~8 mm,其间距一般为 10~20 cm(在两端处间距宜减小为 5 cm)。桩顶处为了承受直接的锤击应设钢筋网加固,为了便于吊运,应预设吊耳,通常由直径为 20~25 mm 的圆钢制成。由于桩尖直接受到锤击,故在桩顶需设置方格网片以增加强度,钢筋保护层厚度不小于 3.5 cm,如图 1-16 所示。

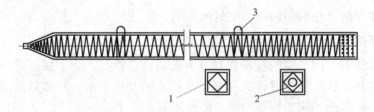

图 1-16 预制钢筋混凝土方桩
1—实心方桩;2—空心方桩;3—吊环

管桩由预制工厂以离心旋转机生产,有普通钢筋混凝土或预应力钢筋混凝土两种,直径为 400 mm、550 mm,管壁厚为 80 mm,混凝土强度等级为 C25~C40,每节管桩两端装有连接钢盘(法兰盘)以供接长。管桩在实质上是一种大直径薄壁钢筋混凝土圆管节,在工厂分节制成,施工时逐节用螺栓接长,它的组成部分是法兰盘、主钢筋、螺旋筋,管壁混凝土强度等级不低于 C25,厚为 100~140 mm,最下端的管桩具有钢刃脚,用薄钢板制成。

常采用的管桩直径为1.50~5.80 m，由钢筋混凝土制成。当管桩入土深度大于25 m时，一般采用预应力钢筋混凝土管桩。

预制钢筋混凝土管桩的分节长度，应根据施工条件决定，并应尽量减少接头数量。接头强度不应低于桩身强度，并有一定的刚度，以减少锤击能量的损失。接头法兰盘的平面尺寸不得凸出管壁之外。

(3)钢管桩。钢管桩的分段长度按施工条件确定，不宜超过12~15 m；常用直径为400~1 000 mm。钢管桩的设计厚度由有效厚度和腐蚀厚度两个部分组成。有效厚度为管壁抵抗外力作用下所需厚度，可按使用阶段的应力计算确定。腐蚀厚度为建筑物在使用年限内管壁腐蚀所需要的厚度，可通过钢管桩的腐蚀情况实测或调查确定。钢管桩防腐处理可采用外表涂防腐层(图1-17)、增加腐蚀余量或阴极保护等方法。当钢管桩内壁同外界隔绝时，可不考虑内壁防腐。

图1-17　钢管桩外表涂防腐层

钢管桩按桩端构造，可分为开口桩和闭口桩两类，如图1-18所示。开口钢管桩穿透土层的能力较强，但沉桩过程中桩底端的土将涌入钢管内腔形成土芯。当土芯的自重和惯性力及其与管内壁间的摩阻力之和超过底面土反力时，将阻止进一步涌入而形成"土塞"，此时开口桩就像闭口桩一样贯入土中，土芯长度也不再增长。"土塞"形成和土芯长度与地基土性质和桩径密切相关，它对桩端承载能力和桩侧挤土程度均会有影响，在确定钢管桩承载力时应考虑这种影响。开口桩进入砂层时的闭塞效应较明显，宜选择砂层作为开口桩的持力层，并使桩底端进入砂层一定深度。

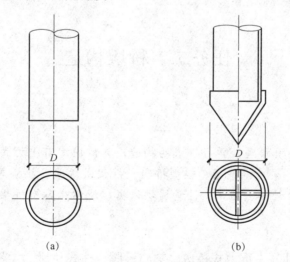

图1-18　钢管桩的端部构造形式
(a)开口桩；(b)闭口桩

分节钢管桩应采用上下节桩对焊连接。若按需要，为了提高钢管桩承受桩锤冲击力和穿透或进入坚硬地层的能力，可在桩顶和桩底端管壁设置加强箍。

2. 桩的布置和间距

桩基础内基桩的布置方案应根据地基土质、荷载情况、基桩承载力等决定，对于中小型桥梁的基桩布置常用单排式(桩柱式墩台)，如图 1-19(a)所示；对于大型桥梁或桥墩(台)水平推力较大时，则采用多排式(行列式或梅花式)，如图 1-19(b)、(c)所示。

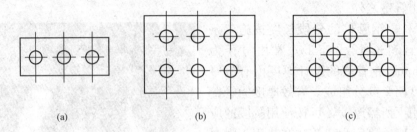

图 1-19 桩的承台布置
(a)单排式；(b)行列式；(c)梅花式

考虑桩与桩侧土的共同工作条件和施工的需要，钻(挖)孔桩的摩擦桩中心距不得小于 2.5 倍成孔直径，支撑或嵌固在岩层上的柱桩不得小于 2.0 倍的成孔直径(矩形桩为边长，下同)，桩的最大中心距一般也不超过 6 倍桩径。沉入桩的中心距不应小于桩径(或边长)的 3 倍，在软土地区还需适当增加。管柱的中心距一般为管柱外径的 2.5～3.0 倍(摩擦桩)或 2.0 倍(柱桩)。如设有斜桩，桩的中心距在桩底处不应小于桩径的 3.0 倍，在承台底面不应小于桩径的 1.5 倍；若用振动法沉入砂土内的桩，在桩尖处的中心距不应小于桩径的 4.0 倍。

为了避免承台边缘距桩身过近而发生破裂，边桩外侧到承台边缘的距离，对于桩径小于或等于 1 m 的桩，不应小于 50%桩径且不小于 250 mm；对于桩径大于 1 m 的桩，不应小于 30%桩径并不小于 500 mm。

任务二　桥墩构造

※任务描述

本任务主要通过仿真模型，学习桥墩的构造，具体内容有重力式桥墩、空心桥墩、柱式桥墩、桩柱式桥墩、柔性排架墩、轻型桥墩、框架式桥墩、拱桥单向推力墩等的构造，为桥梁下部结构的设计计算、施工、计量提供依据，使学生具有桥梁施工员、设计员、计量员的能力和素质。

桥墩按其构造，可分为重力式桥墩、空心桥墩、柱式桥墩、柔性排架墩、轻型桥墩、框架式桥墩等类型；按其受力特点，可分为刚性墩和柔性墩；按其截面形状，可分为矩形、圆形、圆端形、尖端形及各种截面组合而成的空心墩，如图 1-20 所示；按施工工艺，可分为就地砌筑或浇筑桥墩和预制安装桥墩。

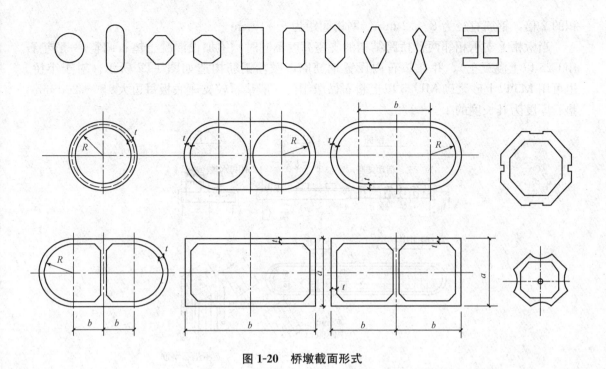

图 1-20 桥墩截面形式

一、梁桥桥墩构造

(一)重力式桥墩

桥墩常用类型和构造(一)

桥墩常用类型与构造(二)

重力式桥墩主要依靠自身重力(包括桥跨结构重力)来平衡外力,从而保证桥墩的稳定。它往往是用圬工材料修筑而成,具有刚度大、防撞能力强等优点;但同时存在阻水面积大、圬工数量大、对地基承载力要求高等缺点。其适用于荷载较大的大、中型桥梁或流冰、漂浮物多的河流中,以及砂石料丰富的地区和基岩埋深较浅的地基。

重力式桥墩由墩帽、墩身和基础三个部分组成(图 1-21)。

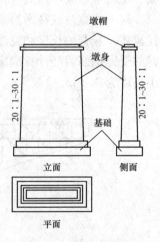

图 1-21 重力式桥墩

1. 墩帽

墩帽是桥墩的顶端,它通过支座支承上部结构,并将相邻两孔桥上的荷载传到墩身上。由于它受到支座传来的集中应力作用的影响,所以要求它有足够的厚度和强度。对于特大、大跨径的梁桥,墩帽最小厚度一般不小于 0.5 m,中小跨径的梁桥也不应小于 0.4 m。其顶面常做成 10% 的排水坡。墩帽一般要用 C25 以上的混凝土浇筑,加配构造钢筋;小跨径梁桥非严寒地区可不设构造钢筋。构造钢筋直径一般取 8~12 mm,采用间距 20 cm 左右的网格布置。支座下墩帽内应布置一层或多层加强钢筋网,其平面分布范围取支座支承垫板面积的 2 倍，钢筋直径为 8～12 mm，网格间距为 5～10 cm。

当墩帽上支承相邻两孔桥跨结构的支座高度不同时，须加设混凝土垫石调整（一般垫石用 C25 以上混凝土），并在垫石内设置钢筋网，墩帽钢筋构造如图 1-22 所示。对于小桥，也可用 M5 以上砂浆砌 MU25 以上料石做墩帽。一般垫石较支座底板每边大 150～200 mm，垫石厚度为其长度的 1/3～1/2。

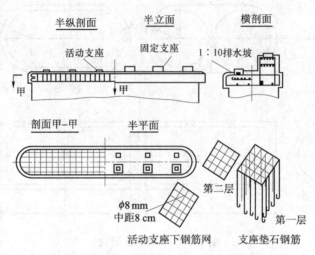

图 1-22　墩帽钢筋构造

当桥面的横向排水坡不用桥面三角垫层调整时，可在墩帽顶面从中心向两端横桥向做成一定的排水坡，四周应挑出墩身 5～10 cm 作为滴水（檐口）。

对一些宽桥或高墩桥梁，为了节省墩身圬工体积，常常将墩帽做成悬臂式（图 1-23）或托盘式。悬臂的长度和宽度根据上部结构的形式、支座的位置及施工荷载的要求确定，悬臂的受力钢筋需经计算确定。一般要求悬臂式墩帽的混凝土强度等级高些，悬臂端部的最小高度为 0.3 m。

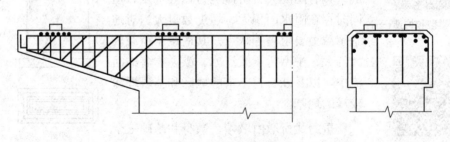

图 1-23　悬臂式墩帽

2. 墩身

墩身是桥墩的主体部分，石砌桥墩应采用强度等级不低于 MU25 的石料，大中桥墩用 M5 以上砂浆砌筑，小桥涵用不低于 M2.5 砂浆砌筑。混凝土桥墩多用 C20 或 C20 以上混凝土浇筑，并可掺入不多于 25% 的片石。混凝土预制块不低于 C20。用于梁式桥的墩身顶宽，小跨径桥不宜小于 80 cm，中跨径桥不宜小于 100 cm，大跨径视上部结构类型而定。墩身侧坡一般采用 20∶1～30∶1，小跨径桥桥墩不高时也可以不设侧坡，做成直坡。

实体桥墩的截面形式有圆形、圆端形、尖端形、矩形、菱形等，如图 1-24 所示。为了便于水流和漂流物通过，墩身平面形状可以做成圆端形或尖端形。圆形截面对各方向的水流阻力和导流情况相同，适用于水流与桥梁斜交、潮汐河流或流向不定的桥位。矩形截面主要用于无水的岸墩或高架桥墩。

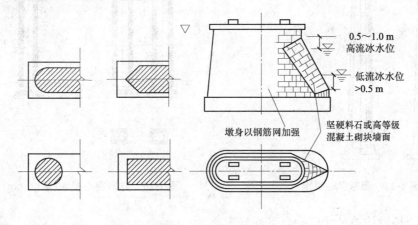

图 1-24　实体重力式桥墩图

在流水甚急或有大量漂浮物的河道上（冰厚大于 0.5 m，流冰速度大于 1 m/s），桥墩的迎水端应做成破冰棱体（图 1-24）。破冰棱体可由强度较高的石料（强度等级不小于 MU60 的石材）砌成或 C40 混凝土预制块镶面，镶面砌体的砂浆强度等级不小于 M20，也可用强度等级高的混凝土辅以钢筋加固。破冰棱体的设置范围，应从最低流冰水位以下 0.5 m 到最高流冰水位以上 1.0 m 处，破冰棱体的倾斜度宜为 3∶1～10∶1。破冰棱体与桥墩应构成一体，自基底或承台底至最高流冰水位以上 1.0 m 处，混凝土墩台应避免设水平施工缝；当不可避免时，其接合面应用型钢或钢筋加强。

3. 基础

基础是桥墩与地基直接接触的部分，其类型与尺寸往往取决于地基条件，尤其是地基承载力。最常见的是刚性扩大基础（其构造详见基础构造部分相关知识）。

（二）空心桥墩

空心桥墩有两种形式：一种为部分中心镂空桥墩；另一种为薄壁空心桥墩。

（1）部分中心镂空桥墩，是在重力式桥墩基础上镂空中心一定数量的圬工体积，旨在减少圬工数量，使结构更经济，减轻桥墩自重，降低对地基承载力的要求。但镂空有一个基本前提，即保证桥墩截面强度和刚度足以承担和平衡外力，从而保证桥墩的稳定性。具体镂空部位受到一定条件限制，在墩帽下一定高度范围内应设置实体过渡段，以保证上部结构荷载有效地传递给墩身壁；为避免墩身传力过程中局部应力过于集中，应在空心部分与实体部分连接处设倒角或配置构造钢筋；对于受船只、漂流物或流冰撞击的墩身部分，一般不宜镂空。

（2）薄壁空心桥墩，是强度高、墩身壁较薄的钢筋混凝土构件。其最大特点是大幅度削减了墩身圬工体积和墩身自重，减小了地基负荷，因而适用于桥梁跨径较大的高墩和软弱地基桥墩。常见的两种空心桥墩如图 1-25 和图 1-26 所示。

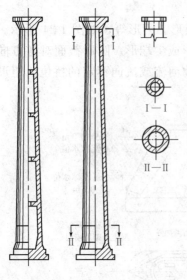
图 1-25 圆形空心桥墩

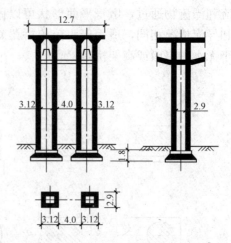
图 1-26 方形空心桥墩(单位：m)

薄壁空心桥墩构造尺寸应符合下列规定：

1)墩身混凝土强度等级一般采用 C20～C30，墩身壁厚一般不宜小于 30 cm。

2)墩身内构造除应满足部分镂空式桥墩规定的要求外，为了降低薄壁墩身内外温差或避免冻胀，应在墩身周围设置适当的壁孔(通风孔)与泄水孔。壁孔在墩身周围交错布置，其尺寸或直径宜为 0.2～0.3 m。墩顶实体段下应设置带门的进人洞或相应的检查设备。

3)为保证墩壁稳定和施工方便，应按适当间距设置水平横隔板，对于 40 m 以上的高墩，按 6～10 m 的间距设置横隔板。

4)墩顶实体段高度不小于 1.0 m；主筋按计算配筋，一般配筋率在 0.5％左右，并应配置承受局部应力或附加应力的钢筋。

(三)柱式桥墩和桩柱式桥墩

柱式桥墩和桩柱式桥墩是目前公路桥梁中广泛采用的桥墩形式，由分离的两根或多根柱式墩身和盖梁组成，一般可分为单柱式、双柱式、多柱式、哑铃式、混合式等形式。这种桥墩的优点是能减轻墩身重力，节约圬工材料，施工方便，外形轻巧又较美观，特别适用于桥宽较大的桥梁和立交桥。

柱式桥墩适用于多种基础形式，可以在桩顶设置承台，再在承台上设立柱，如图 1-27(a)所示；或在浅基础上设立柱，如图 1-27(b)所示。为了增强墩柱间抗撞击的能力，可在两柱间加隔墙，如图 1-27(c)所示。当桥墩较高时，也可以把水下部分做成实体式，以上部分仍为柱式，如图 1-27(d)所示。

桩柱式桥墩的基础只适用于桩基，在桩基础顶部以上(或柱桩连接处以上)称为柱，以下称为桩。如图 1-27(e)所示，为单柱式桩墩，适用于斜交桥；图 1-27(f)所示为等截面双柱式桩墩，桩位施工的精度要求高；图 1-27(g)所示为变截面双柱式桩墩，为了增加桩柱的横向刚度，在桩柱之间设置横系梁。

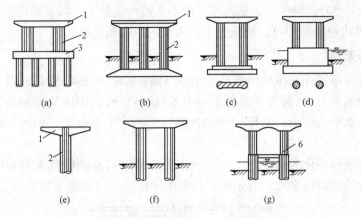

图 1-27 柱式桥墩和桩柱式桥墩
(a)承台上设立柱；(b)浅基础上设立柱；(c)两柱间加隔墙；
(d)水下做实体；(e)单柱式桩墩；(f)等截面双柱式桩墩；(g)变截面双柱式桩墩
1—盖梁；2—立柱；3—承台；4—悬臂盖梁；5—单立柱；6—横系梁

盖梁是柱式桥墩和桩柱式桥墩的墩帽，一般采用C20～C30的钢筋混凝土就地浇筑，也有采用预制安装或预应力混凝土的。盖梁的横截面形状一般为矩形或者T形。盖梁宽度由上部构造形式、支座间距和尺寸等确定，高度一般为梁宽的80%～120%。盖梁的长度应保证上部构造设置与抗震构件设置需要的距离，并应满足上部构造安装时的要求，另外设置橡胶支座的桥墩应考虑预留更换支座所需位置。盖梁各截面尺寸与配筋需要通过计算确定，悬臂端高度应不小于30 cm。

墩柱一般采用C20～C30的钢筋混凝土，直径为0.6～1.5 m的圆柱或方形、六角形柱，其构造如图1-28所示。墩柱配筋由计算确定，纵向受力钢筋的直径应不小于12 mm，纵向受力钢筋截面面积的配筋率应不小于混凝土计算截面的0.4%，纵向受力钢筋之间净距应不小于5 cm，净保护层度厚不小于2.5 cm。箍筋直径不小于6 mm，在受力钢筋接头处，箍筋间距应不大于纵向钢筋直径的10倍或构件横截面的较小尺寸，也不应大于40 cm。

为使桩柱与盖梁或承台有较好的整体性，桩柱顶一般应嵌入盖梁或承台15～20 cm，露出柱顶与柱底的主筋可弯成与铅垂线约15°倾斜角的喇叭形，伸入盖梁或承台，喇叭形主筋外围应设置直径不小于8 mm的箍筋，间距一般为10～20 cm。单排桩基的主筋应与盖梁主筋连接。

当用横系梁加强桩柱的整体性时，横系梁的高度可取为桩（柱）径的80%～100%，宽度

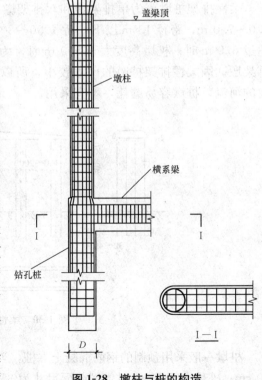

图 1-28 墩柱与桩的构造

可取为桩(柱)径的60%~100%。横系梁一般不直接承受外力,可不做内力计算,按横截面积的0.10%配置构造钢筋即可。构造钢筋伸入桩内与主筋连接。

(四)柔性排架墩

柔性排架墩由单排或双排的钢筋混凝土桩与钢筋混凝土盖梁连接而成。其主要特点是,上部结构传来的水平力(制动力、温度影响力等)按各墩台的刚度分配到各墩台,作用在每个柔性墩台上的水平力较小,而作用在刚性墩台上的水平力较大,因此,柔性桩墩截面尺寸得以减小。

柔性墩是桥墩轻型化的途径之一,一般布设在两端具有刚性较大桥台的多跨桥中。全桥除一个中墩设置活动支座外,其余墩台均采用固定支座,如图1-29所示。

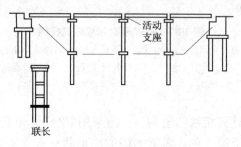

图1-29 柔性排架墩布置

多跨长桥采用柔性墩时宜分成若干联,每联设置一个刚性墩(台),两个活动支座间或刚性台与第一个活动支座间称为一联,以减小设置固定支座的墩顶位移,避免刚性桥台的支座所受水平力过大。

柔性排架桩墩分为单排架墩和双排架墩,如图1-30所示。柔性排架桩墩多用于墩高5.0~7.0 m、跨径13 m以下、桥长50~80 m的中小型桥中。单排架墩一般用于高度不超过5.0 m时;桩墩高度大于5.0 m时,为避免行车时可能发生的纵向晃动,宜设置双排架墩。因柔性排架桩墩的尺寸较小,所以对于山区河流、流冰或漂浮物严重和流速较大的河流,桩墩容易磨耗,不宜采用。

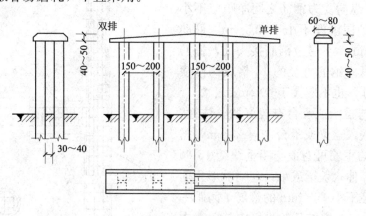

图1-30 柔性排架桩墩构造

桩墩一般采用预制的钢筋混凝土方桩,当桩长在10 m以内时,横截面尺寸为30 cm×30 cm;桩长大于10 m时,横截面尺寸为35 cm×35 cm;桩长大于15 m时,横截面尺寸为 40 cm×40 cm。桩与桩之间的中距不应小于桩径的 3 倍或 1.5 m。盖梁一般为矩形截面，单排桩盖梁的宽度为 60～80 cm，盖梁的高度一般采用 40～50 cm。

盖梁与梁的接触面之间垫 1 cm 的油毛毡。为使全桥形成框架体系，可用锚栓将上下部构造连接起来，锚栓的直径为 25～28 mm，预埋在盖梁内。两孔的接缝处用水泥砂浆填实，最好设置桥面连续装置。桥台背墙与梁端接缝填以水泥砂浆，不设伸缩缝。

(五)轻型桥墩

当地基土质条件较差时，为了减轻地基的负担，或者为了减轻墩身重力，节约圬工材料，常采用轻型桥墩。轻型桥墩一般用于中小跨径的桥梁，与重力式桥墩相比，其圬工体积显著减小，自重减小，因而其抗冲击能力较低，不宜用于流速大并夹有大量泥砂的河流或可能有航船、冰等漂浮物撞击的河流中。

墩帽用混凝土浇筑，厚度不小于 30 cm。墩帽四周挑檐宽度为 5 cm，周边做成 5 cm 倒角。当桥面的横向排水不用三角垫层调整时，可在墩帽顶面以中心向两端加做三角垫层，如图 1-31 所示。墩帽上要预埋栓钉，位置与上部结构块件的栓孔相适应。

墩身用混凝土、浆砌块石或钢筋混凝土材料做成，其中钢筋混凝土薄壁桥墩最为典型，如图 1-32 所示，墩身宽度不小于 60 cm，两边坡度为直立，两头做成圆端形。

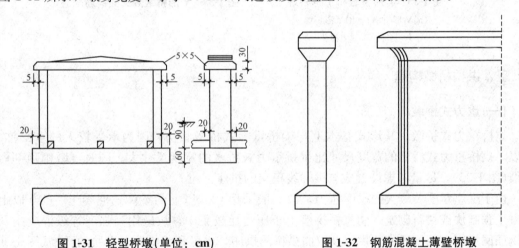

图 1-31　轻型桥墩(单位：cm)　　　　图 1-32　钢筋混凝土薄壁桥墩

基础采用 C15 混凝土或 M5 浆砌片石(或块石)做成，平面尺寸较墩身底面尺寸略大(一般大 20 cm)。基础多做成单层式的，其高度在 60 cm 上下。

(六)框架式桥墩

框架式桥墩采用钢筋混凝土或预应力混凝土等压挠或挠曲构件组成平面框架代替墩身，支承上部结构，必要时可做成双层或多层框架。框架式桥墩结构可采用顶部分开、底部连在一起的 V 形桥墩[图 1-33(a)]和顶部分开底部与直立桥墩连在一起的 Y 形桥墩[图 1-33(b)]。这类桥墩结构不仅轻巧、美观，给桥梁建筑增添了新的艺术造型，而且使桥梁的跨越能力提高，缩短了主梁的跨径，降低了梁高。但其结构复杂，施工比较麻烦。

框架式桥墩形式较多，均为压弯构件，所有钢筋均应通过计算确定。

对于有分叉的桥墩来说，可有墩帽，也可无墩帽。无墩帽时，分叉张开角一般应小于 90°；有墩帽时，张开角可略大些，视受力情况而定。

墩帽内的配筋可参照柱式墩盖梁配筋。桥墩按计算配置抗拉、抗压主筋，并应特别重视分叉处钢筋的配置与连接。分叉处的钢筋应与帽顶面(上)或柱侧面(下)外层主筋相连接，并在分叉附近加密箍筋(用多肢或减小箍筋间距)。墩柱中的主筋对纵、横两个方向应有不同的考虑，并与分叉上足够数量的主筋连接在一起，如图1-34所示。

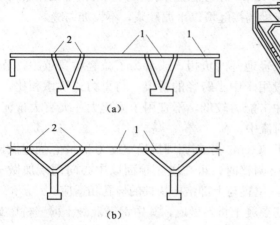

图1-33　V形桥墩和Y形桥墩　　图1-34　Y形桥墩分叉处钢筋配置
(a)V形桥墩；(b)Y形桥墩
1—预制梁；2—接头

二、拱桥桥墩构造

(一)重力式桥墩

拱桥重力式桥墩，其形式基本上与梁桥重力式桥墩相仿。因为承受较大的水平推力，所以，拱桥重力式桥墩的宽度尺寸比梁桥重力式桥墩的宽度尺寸大。同时，墩帽顶部做成斜坡(图1-35)，尽量考虑设置成与拱轴线正交的拱座。

由于拱座承受着较大的拱圈压力，故一般采用C20以上的整体式混凝土、C40以上的混凝土预制块或块石砌筑。肋拱桥拱座由于压力比较集中，故应用高强度等级混凝土及数层钢筋网加固；装配式的肋拱以及双曲拱桥的拱座，也可预留供插入拱肋的孔槽(图1-36)，就位后再浇混凝土封固。为了加强肋底与拱座的连接，底部可设U形槽浇灌混凝土，其强度等级不低于C25。有时，孔底或孔壁还应增设一些加固钢筋网。

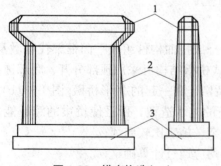

图1-35　拱座构造(一)
1—墩帽；2—墩身；3—基础

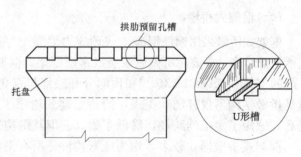

图1-36　拱座构造(二)

当桥墩两侧的孔径相等时，则拱座均设置在桥墩顶部的起拱线高程上。有时，考虑桥面的纵坡，两侧的起拱线高程可以略有不同。当桥墩两侧的孔径不相等，恒载水平推力不平衡时，将拱座设置在不同的起拱线高程上。此时，桥墩墩身可在推力小的一侧变坡或增大边坡。从外形美观上考虑，变坡点一般设在常水位以下(图1-37)。墩身两侧边坡和梁桥的一样，一般也为20∶1～30∶1。

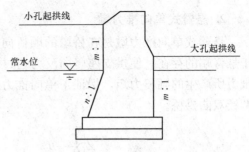

图1-37 拱桥墩身边坡的变化

拱桥墩身体积较大，除了用块石砌筑外，还有用片石混凝土浇筑。有时，为了节省圬工砌体，可将墩身做成空心，中间填以砂石。

拱桥桥墩基础与梁桥桥墩基础相同。

(二)柱式桥墩和桩柱式桥墩

拱桥的柱式桥墩和桩柱式桥墩与梁桥的柱式桥墩和桩柱式桥墩相同，如图1-38所示。图1-38(a)是桩与柱整体相连，而图1-38(b)是在柱与桩之间设有承台。当桩墩较高时，应在桩间设置横系梁，以增强桩柱刚性。由于承受较大的水平推力，柱和桩的直径比梁桥大，根数也比梁桥多。当跨径较大(40～50 m)时，可以采用双排桩。在桩顶设置承台，与墩柱连成整体。如果桩与柱直接连接，则应在接合处设置横系梁。若柱高大于6 m时，还应在柱的中部设置横系梁。拱座(盖梁)采用钢筋混凝土，构造与重力式桥墩拱座基本相同。

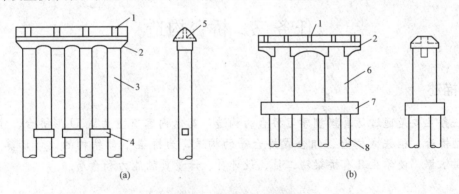

图1-38 拱桥桩柱式桥墩

(a)桩与柱整体相连；(b)在柱与桩之间设有承台

1—预留孔槽；2—盖梁；3—桩柱；4—横系梁；5—拱肋预留孔槽；6—墩柱；7—承台；8—钻孔灌注桩

(三)单向推力墩

多跨拱桥根据施工和使用要求，每隔3～5孔设置单向推力墩。目前常用的单向推力墩有以下几种形式。

1. 带三角杆件的单向推力墩

带三角杆件的单向推力墩是在普通墩柱上对称增设一对钢筋混凝土斜撑和水平拉杆(图1-39)，以提高其抵抗单向水平推力的能力。接头只承受压力而不承受拉力。为了提高构件的抗裂性，可以采用预应力混凝土结构。在基础埋置深度不大、地基条件较好时，也可把桥墩基础加宽成土字形的单向推力墩。这种桥墩只在不太高的旱地桥上采用。

2. 悬臂式单向推力墩

悬臂式单向推力墩是在桥墩的顺桥向双向挑出悬臂(图1-40)。当邻孔遭到破坏后,由于悬臂端的存在,使拱支座竖向反力通过悬臂端而成为稳定力矩,以此来平衡由拱的水平推力所产生的倾覆力矩,保证了单向推力墩不致遭到损坏。这种形式的单向推力墩适用于两铰双曲拱桥。

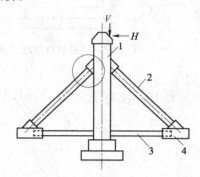

图1-39 带三角杆件的单向推力墩
1—立柱;2—斜撑;3—拉杆(用预应力);4—基础板

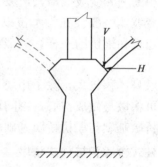

图1-40 悬臂式单向推力墩

3. 实体单向推力墩

当桥墩较矮及单向推力不大时,只需加大实体墩身的尺寸即可。

任务三 桥台构造

※任务描述

本任务主要是通过仿真模型学习桥台的构造,具体内容有重力式U形桥台、埋置式桥台、轻型桥台、框架式桥台、组合式桥台等的构造,为桥梁下部结构的设计计算、施工、计量提供依据,使学生具有桥梁施工员、设计员、计量员的能力和素质。

一、梁桥桥台构造

桥台通常按其形式,划分为重力式U形桥台、埋置式桥台、轻型桥台、框架式桥台和组合式桥台。

(一)重力式U形桥台

重力式U形桥台一般采用砌石、片石混凝土或混凝土等圬工材料就地砌筑或浇筑而成,主要依靠自重来平衡台后土压力,从而保证自身的稳定。U形桥台构造简单,基础底承压面大,应力较小,但圬工体积大,并由于自身重力而增加了对地基的压力,一般宜在填土高度不大而且跨径在8 m以上的桥梁中采用。

桥台常用类型和构造

重力式U形桥台由台帽、台身(前墙和侧墙)和基础组成,在平面上呈U形,如图1-41所示。前墙除承受上部结构传来的荷载外,还承受路堤的水平压力。前墙顶部设置台帽,以放置支座和安设上部构造，其构造要求与墩帽基本相同。台顶部分用防护墙(雉墙)将台帽与填土隔开，侧墙用以连接路堤并抵挡路堤填土向两侧的压力。

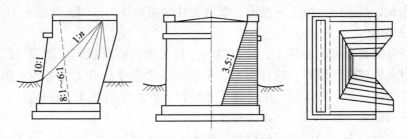

图 1-41　重力式 U 形桥台

重力式 U 形桥台台身由前墙(含上端的防护墙)和侧墙组成。

重力式 U 形桥台防护墙顶宽，对片石砌体不小于 50 cm，对块石、料石砌体及混凝土不小于 40 cm。前墙任一水平截面的宽度，不宜小于该截面至墙顶高度的 40%，背坡坡度一般采用 5∶1~8∶1，前坡坡度为 10∶1，桥台前墙的下缘一般与锥坡下缘相齐。侧墙长度可根据锥形护坡长度决定。尾端上部做成垂直，下部按一定坡度缩短，前端与前墙相连，改善了前墙的受力条件。侧墙外侧直立，内侧为 3∶1~5∶1 的斜坡，侧墙顶宽一般为 60~100 cm。任一水平截面的宽度，对片石砌体不小于该截面至墙顶高度的 40%，对块石、料石砌体及混凝土不小于 35%；如桥台内填料为透水性良好的砂性土或砂砾，则上述两项可分别相应减少为 35% 和 30%。侧墙尾端应有不小于 75 cm 的长度伸入路堤内，以保证与路堤有良好的衔接。台身宽度通常与路基相同(图 1-42)。

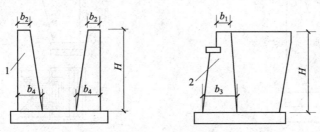

图 1-42　重力式 U 形桥台构造
(a)侧面；(b)正立面
1—前墙；2—侧墙

桥台内的填土容易积水，应注意防水，防止冻胀，以免桥台结构开裂。为了排除桥台前墙后面的积水，应于侧墙间略高于高水位的平面上铺一层向路堤方向设有斜坡的夯实黏土作为防水层，并在黏土层上再铺一层碎石，将积水引向设于桥台后横穿路堤的盲沟内。

基础尺寸可参照桥墩拟定。

桥台两侧设锥坡，坡度由纵向的 1∶1 逐渐变到横向的 1∶1.5，锥坡的平面形状为 1/4 椭圆，用土夯实填筑，其表面用片石砌筑。

(二)埋置式桥台

当路堤填土高度超过 6 m 时，可采用埋置式桥台，如图 1-43 所示。它是将台身埋在锥形护坡中，只露出台帽，以安放支座和上部结构。由于台身埋入土中，利用台前锥坡产生的土压力来抵消部分台后填土压力，可以增加桥台的稳定性，桥台的尺寸也相应减小，不需另设翼墙，桥台圬工数量较省。但埋置式桥台的锥坡挡水面积大，对桥孔下的过水面积有所压缩，因此，仅适用于桥头为浅滩、溜坡受冲刷面积较小、填土高度在 10 m 以下的中等跨径的多跨桥中。

埋置式桥台的台身可用混凝土、片石混凝土或浆砌块石筑成，台帽及耳墙用钢筋混凝土做成。台身常做成向后倾斜，这样可减小台后土压力和基底合力偏心距。但施工时应注意桥台前后均匀填土，以防倾倒。由于作用在桥台上的水平力较 U 形桥台小，在拟订尺寸后，台身底部可略大于顶部尺寸，再由验算确定。

埋置式桥台台顶部分的内角到路堤锥坡表面的距离不应小于 50 cm，否则应在台顶缺口的两侧设置横隔板，使台顶部分与路堤锥坡的填土隔开，防止土壅到支承平台上。埋置式桥台通过耳墙与路堤衔接，耳墙长度一般不超过 4 m，厚度为 0.15～0.3 m，高度为 0.5～2.5 m，其主筋伸入台帽或背墙借以锚固。耳墙伸进路堤的长度一般不小于 50 cm。

埋置衡重式高桥台，利用衡重台及其上的填土重力平衡部分土压力，在高桥中圬工较省，如图 1-44 所示。它适用于跨径大于 20 m、高度大于 10 m 的跨深沟及山区特殊地形的桥梁。

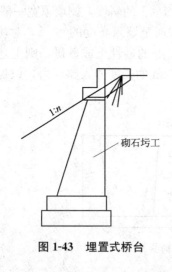

图 1-43　埋置式桥台

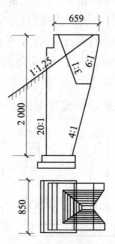

图 1-44　埋置衡重式高桥台
（单位：mm）

（三）轻型桥台

轻型桥台通常用钢筋混凝土或圬工材料砌筑。圬工轻型桥台只限于桥台高度较小的情况，而钢筋混凝土轻型桥台应用范围更广泛。从结构形式上分，轻型桥台可分为薄壁轻型桥台和支撑梁轻型桥台。

1. 薄壁轻型桥台

薄壁轻型桥台常用的形式有悬臂式、扶壁式、撑墙式和箱式等，如图 1-45 所示。其主要特点是利用钢筋混凝土结构的抗弯能力来减少圬工体积，从而使桥台轻型化。相对而言，悬臂式桥台的柔性较大，钢筋用量较大，而撑墙式和箱式桥台刚度大，但模板用量多。用得较多的钢筋混凝土薄壁轻型桥台，是由扶壁式挡土墙和两侧的薄壁侧墙构成的。挡土墙由厚度不小于 15 cm 的前墙和间距为 2.5～3.5 m 的扶壁组成。其顶帽及背墙成 L 形，并与其下的倒 T 形竖墙台身及底板连成钢筋混凝土整体结构。

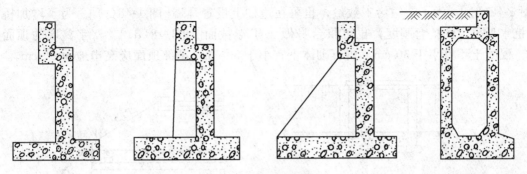

图 1-45 薄壁轻型桥台

2. 支撑梁轻型桥台

支撑梁轻型桥台用于跨径不大于 13 m 的板(梁)桥，且不宜多于 3 孔，全长不大于 20 m。在墩台基础间设置支撑梁，在上部结构与台锚之间设置锚固栓钉连接，使上部结构与支撑梁共同支撑桥台承受台后土压力(图 1-46)，减小桥台尺寸，节省圬工数量。其主要特点是：利用上部结构及下部的支撑梁作为桥台的支撑，以防止桥台向跨中移动或倾覆；整个构造物成为四铰刚构系统；除台身按上下铰接支承的简支竖梁承受水平土压力外，桥台还应作为弹性地基上的梁加以验算。

台帽用钢筋混凝土浇筑，混凝土强度等级不低于 C20，厚度不小于 30 cm，并应设 5～10 cm 的挑檐。当填土高度较高或跨径较大时，宜采用有台背的台帽。当上部构造不设三角垫层时，可在台帽上做成有斜坡的三角垫层。

上部构造与台帽间应用栓钉连接，栓钉孔、上部结构与台背之间需用小石子混凝土(强度等级同上部结构)或砂浆(强度等级为 M10)填实(图 1-47)。栓钉直径不宜小于上部构造主筋的直径，锚固长度为台帽厚度加上三角垫层和板厚。

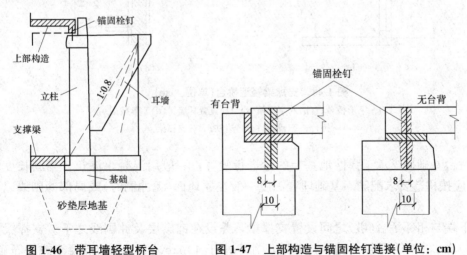

图 1-46 带耳墙轻型桥台　　图 1-47 上部构造与锚固栓钉连接(单位：cm)

台身可用混凝土或浆砌块石砌筑，混凝土强度等级不低于 C15，砂浆强度等级不低于 M5，块石强度等级不低于 MU25。台身厚度(含一字翼墙)，块石砌体不宜小于 60 cm，混凝土不宜小于 30 cm，两边坡度为直立。两边翼墙与桥台连成整体，成为一字形桥台[图 1-48(a)]，也有把翼墙与桥台设缝分离，翼墙与水流方向成 30°，成为八字形桥台

[图 1-48(b)]。为了节约圬工数量,也可在边柱上设置耳墙[图 1-48(c)]。为了增加桥台抵抗水平推力的抗弯刚度,也可将台身做成 T 形截面[图 1-48(d)]。八字翼墙的顶面宽度,混凝土不宜小于 30 cm,块石砌体不宜小于 50 cm,端部顶面应高出地面 20 cm。

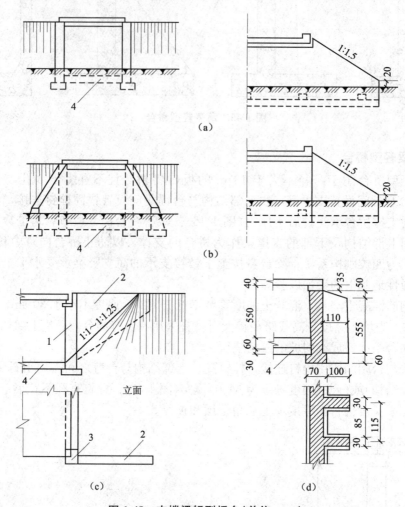

图 1-48 支撑梁轻型桥台(单位:cm)
(a)一字形桥台;(b)八字形桥台;(c)设置耳墙;(d)T形截面
1—桥台;2—耳墙;3—边柱;4—支撑梁

　　轻型桥台基础按支承于弹性地基上的梁进行验算,一般用混凝土浇筑。当其长度大于 12 m 时,应按构造要求配筋。基础埋置深度一般在原地面(无冲刷时)或局部冲刷线以下不小于 1 m。

　　桥台下端与相邻桥台(墩)之间设置支撑梁,并设在铺砌层及冲刷线之下。支撑梁可用 20 cm×30 cm 的钢筋混凝土筑成,或用尺寸不小于 40 cm×40 cm 的混凝土或块石砌筑。支撑梁按基础长度的中线对称布置,其间距为 2~3 m。当基础能嵌入风化岩层 15~25 cm 时,可不设支撑梁。

(四)框架式桥台

　　框架式桥台由台帽、立柱和基础组成,是一种在横桥向呈框架式结构的钢筋混凝土轻型桥台。它采用埋置式,台前设置溜坡,所受的土压力较小,适用于多种基础形式、台身较高、跨径较大的梁桥,是目前桥梁中采用较多的桥台形式。其构造形式有柱式、肋板式、半重力式、双排架式、板凳式等。

(1)柱式桥台是指台帽置于立柱上,台帽两端设耳墙以便与路堤衔接,台身与基础的构造与柱式和桩柱式桥墩相似,可以在浅基础上设立柱,形成柱式桥台;也可以在桩基础顶部直接设立柱形成桩柱式桥台,这种结构的特点是构造简单、圬工数量小,适用于填土高度小于 5 m 的情况,如图 1-49 所示。柱式框架桥台的立柱可采用双柱式或多柱式,根据桥宽确定,尺寸可参照桩柱式桥墩拟订并通过计算配筋。钢筋的上、下端分别伸入台帽和桩基与浅基。立柱一般用普通箍筋柱。

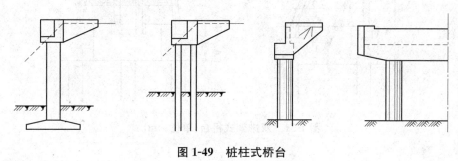

图 1-49 桩柱式桥台

(2)填土高度大于 5 m 时,用钢筋混凝土薄墙(肋板)代替立柱支承台帽,即成为肋板式桥台,可以在浅基础上设置肋板;也可以在桩基础顶部设承台,承台上设置肋板支承台帽,当水平力较大时,桩基础设置成双排或多排桩。台帽两端同样设耳墙便于同路堤衔接,必要时在台帽两侧设置挡土板,如图 1-50 所示。肋板式桥台,墙厚一般为 0.4~0.8 m,通过计算配筋。

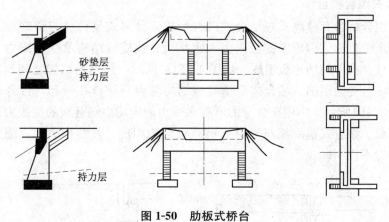

图 1-50 肋板式桥台

(3)半重力式桥台与肋板式桥台相似,只是墙更厚,不设钢筋,尺寸也通过计算确定。半重力式桥台与墙式桥台常用桩做基础,桩径一般为 0.6~1.0 m,桩数根据受力情况结合地基承载力决定。

(4)当水平力较大时,桥台可采用双排架式(图 1-51)或板凳式,它由台帽、台柱和承台组成。

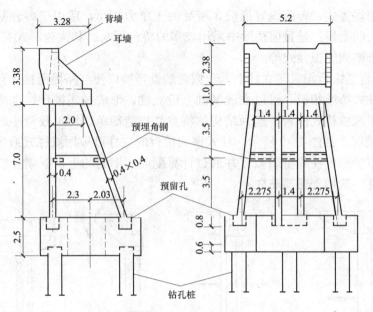

图 1-51 双排架式桥台(单位：m)

(五)组合式桥台

为使桥台轻型化，可以将桥台上的外力分配给不同对象来承担，桥台本身主要承受桥跨结构传来的竖向力和水平力，而台后的土压力由其他结构来承担，这就形成了由分工不同的结构组合而成的桥台，即组合式桥台。常见的组合式桥台有锚碇板式、过梁式、框架式以及桥台与挡土墙组合式等。

1. 锚碇板式组合桥台

锚碇板式组合桥台有分离式与结合式两种形式。分离式是台身与锚碇板、挡土结构分开，台身主要承受上部结构传来的竖向力和水平力，锚碇板结构承受土压力。锚碇板结构由锚碇板、立柱、拉杆和挡土板组成，如图 1-52(a)所示，桥台与结构之间预留空隙，基础分开，互不影响，受力明确。结合式是锚碇板结构与台身结合在一起，台身兼做立柱和挡土板，如图 1-52(b)所示。作用在台身的所有水平力假定均由锚碇板的抗拔力来平衡，台身仅承受竖向荷载。结合式锚碇板与分离式锚碇板结构相比，其结构简单、施工方便、工程量较小，但受力不很明确。

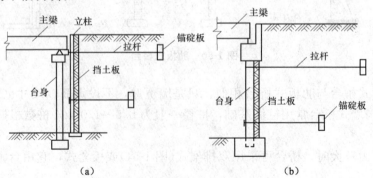

图 1-52 锚碇板式组合桥台
(a)分离式；(b)结合式

2. 过梁式、框架式组合桥台

桥台与挡土墙用梁结合在一起的桥台为过梁式组合桥台，桥台与桥墩的受力相同。当梁与桥台、挡土墙刚结，则形成框架式组合桥台(图1-53)。

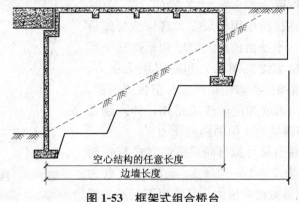

图 1-53　框架式组合桥台

3. 桥台与挡土墙组合桥台

桥台与挡土墙组合桥台是由轻型桥台支承上部结构，台后设挡土墙承受土压力的组合式桥台。台身与挡土墙分离，上端做伸缩缝，使受力明确。当地基条件比较好时，也可将桥台与挡土墙放在同一基础上(图1-54)。这种桥台的主要优点是可以不压缩河床，但构造比较复杂，是否经济需通过比较确定。

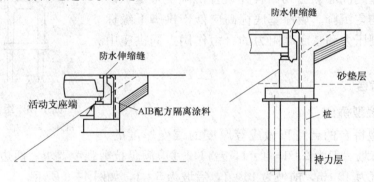

图 1-54　桥台与挡土墙组合桥台

在梁桥中，除上述桥台以外，还有一些特殊形式的桥台，如根据上部结构需要及受力要求，具有承压和承拉功能的承拉桥台(图1-55)；桥台下土质比较密实，河床比较稳定，无冲刷，直接搁于地基上的枕梁式桥台(图1-56)等。

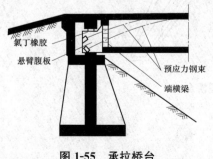

图 1-55　承拉桥台

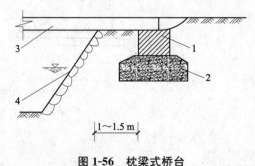

图 1-56　枕梁式桥台

1—枕梁；2—碎石垫层；3—梁；4—护坡

二、拱桥桥台构造

(一) 重力式 U 形桥台

重力式 U 形桥台在拱桥中用得最多，其构造与梁桥重力式 U 形桥台相仿，也是由前墙、侧墙和基础三个部分组成(图 1-57)。前墙承受拱圈推力和路堤填土压力。前墙上设有台帽，构造和拱桥墩帽相同。对空腹式拱桥，在前墙顶设有防护墙。侧墙和前墙连成整体，伸入路堤锥坡内 75 cm，并抵挡路堤填土向两侧的压力。

拱桥重力式 U 形桥台尺寸拟订同梁桥重力式 U 形桥台，只有前墙背坡改为 2∶1～4∶1，前坡坡度改为 20∶1～30∶1，前墙顶宽比梁桥大，其值可用经验公式 $b=0.15L_0$ 估算(b 为起拱线至前墙背坡顶间的水平距离)。

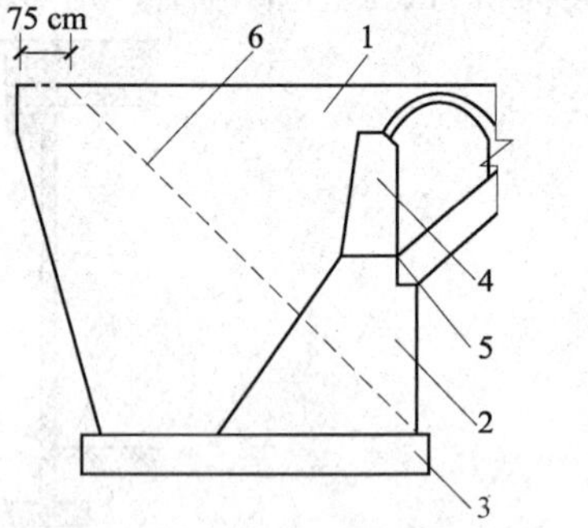

图 1-57 拱桥重力式 U 形桥台
1—侧墙；2—前墙；3—基础；4—防护墙；5—拱座；6—锥坡

(二) 组合式桥台

组合式桥台由台身和后座两个部分组成(图 1-58)。台身基础承受竖向力，一般采用桩基础。拱的水平推力则主要由后座基底摩阻力及台后的土侧压力来平衡。组合式桥台的承台与后座之间必须密切贴合并设置沉降变形缝，以适应两者的不均匀沉降。后座基底标高应低于拱脚下缘标高，承台后土侧压力和基底摩阻力的合力作用点同拱座中心标高一致。

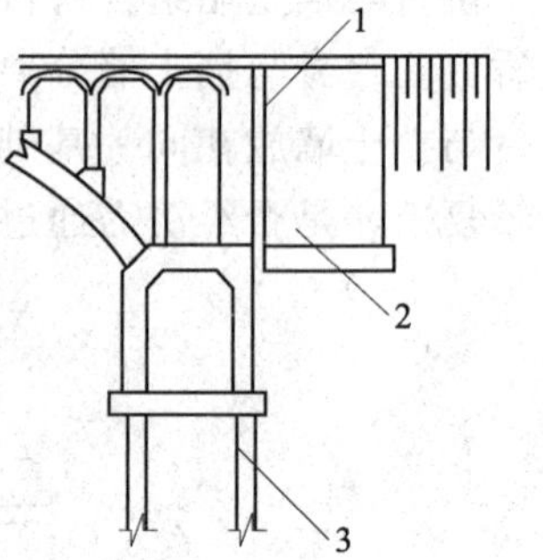

图 1-58 组合式桥台
1—沉降变形缝；2—后座；3—基桩

(三) 轻型桥台

1. 八字形轻型桥台

八字形轻型桥台的台身可做成等厚度的或变厚度的。变厚度的台身背坡一般为 2∶1～4∶1，台口尺寸应满足抗剪强度要求。两边八字翼墙与台身分开，其顶宽为 40 cm，前坡为 10∶1，后坡为 5∶1，如图 1-59 所示。

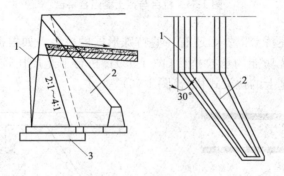

图 1-59 八字形轻型桥台
1—台身；2—八字翼墙；3—基础

2. 前倾式轻型桥台

前倾式轻型桥台由于台身向桥孔方向倾斜，因此比直立台身的受力情况要好，用料要省。前倾式台身可做成等厚度的，前倾坡度可达 4∶1。其缺点是施工比较麻烦。图 1-60 所示为前倾式一字形桥台。

此外，拱桥轻型桥台还有多种形式，如 U 形桥台(图 1-61)，由前墙(等厚度的)和平行于行车方向的侧墙组成。当桥台宽度较大时，为了保证前墙和侧墙的整体性，可在 U 形桥台的中间加一道背撑，成为山字形桥台。当拱桥在软土地基而桥台本身不高时可采用空腹 L 形桥台(图 1-62)、履齿式桥台、屈膝式桥台等。

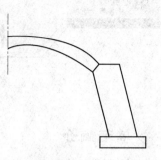

图 1-60 前倾式一字形桥台

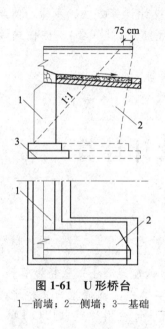

图 1-61 U 形桥台

1—前墙；2—侧墙；3—基础

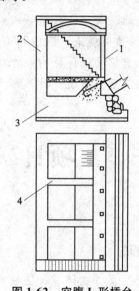

图 1-62 空腹 L 形桥台

1—前墙；2—后墙；3—基础；4—撑墙

单元二 桥梁下部结构设计计算

 单元简介

桥梁下部结构包括桥墩和桥台(包括基础)。

桥梁下部结构设计计算主要是通过案例或理实一体化教学模式，掌握重力式墩(台)(天然地基上浅基础、墩身、墩帽等)、桩柱式墩(台)等的设计计算方法、步骤，使学生能依据《公路桥涵设计通用规范》(JTG D60—2015)等规范进行重力式墩(台)、桩柱式墩(台)等的设计计算，具有桥梁设计员的能力和素质。

本单元共包括桥墩设计计算和桥台设计计算两个项目。

项目二 桥墩设计计算

 项目描述

桥墩主要有重力式桥墩、桩柱式桥墩、轻型桥墩、钢筋混凝土薄壁桥墩等。

桥墩的设计计算主要是通过案例或理实一体化教学模式，掌握重力式桥墩、桩柱式桥墩等的设计计算方法、步骤，使学生能依据《公路桥涵设计通用规范》(JTG D60—2015)进行重力式桥墩、桩柱式桥墩等的设计计算，具有桥梁设计员的能力和素质。

本项目包括桥墩作用及其作用效应组合、重力式桥墩设计计算和桩柱式桥墩设计计算三个任务。

任务一 桥墩作用及其作用效应组合

※任务描述

本任务学习的主要目的是掌握桥墩上的作用类型以及梁桥和拱桥常见作用效应的不利组合等知识，使学生能根据实际工程情况分析和判断桥墩上的作用类型，并进行作用效应不利组合，增强学生的基本能力。

在桥墩设计计算过程中，应根据桥墩的受力与工作阶段，给出可能同时作用的效应组合,以确定出最不利的受力状态。

一、桥墩计算作用

公路桥墩上的作用有永久作用、可变作用、偶然作用和地震作用四类。

(一) 永久作用

作用于桥墩的永久作用如下:

(1)上部结构重力,包括桥面系、主梁及其他附属物重力对墩帽或拱座产生的支承反力。

(2)上部结构混凝土收缩、徐变的作用。

(3)桥墩重力(包括基础襟边上土的重力)。

(4)桥墩内预加力。

(5)基础变位作用,对超静定结构桥墩,基础的变位对桥墩产生的附加内力或基础变位使上部结构产生附加内力对桥墩产生的影响力。

(6)水的浮力。

上述永久作用中,水的浮力有必要加以说明。在《公路桥涵设计通用规范》(JTG D60—2015)中,水的浮力对不同的土质和不同的计算内容有不同的规定。位于透水性地基上的桥墩,当验算稳定时,应考虑设计水位时的浮力;当验算地基承载力时,仅考虑低水位时的浮力,或不考虑水的浮力;基础嵌入不透水性地基的桥墩,可不考虑水的浮力;当地基的透水性难以确定时,分别按透水和不透水两种情况,以最不利的作用效应组合进行计算。

永久作用采用标准值为代表值。

(二)可变作用

(1)作用在上部结构上的汽车荷载、人群荷载。

(2)汽车冲击力,对钢筋混凝土柱式桥墩应计入冲击力,对于重力式实体桥墩,由于冲击力作用衰减很快,所以不计冲击力。

(3)汽车离心力,对弯道半径小于或等于250 m的弯桥桥墩应计离心力。

(4)作用在上部结构和墩身上的纵横向风荷载。

(5)汽车制动力,是桥墩承受的主要纵向水平力之一,其方向与车辆行进方向相同。对于梁式桥桥墩,其作用位置可移至支座铰中心或支座的底座面上。

(6)温度作用,主要是指上部结构受温度变化发生伸缩而对桥墩产生的水平力。

(7)支座摩阻力(适用于梁桥计算)。

(8)作用在墩身上的流水压力,计算时假定河底流速为零,作用力呈倒三角形分布,因而其合力作用点在设计水位以下1/3水深处。

(9)冰压力,主要是指作用在墩身上的流冰压力。

可变作用应根据不同的极限状态分别采用标准值、频遇值或准永久值。

(三)偶然作用

(1)作用在墩身上的船只或漂浮物的撞击作用。

(2)作用在墩身上的汽车撞击作用。

(四)地震作用

公路桥梁地震作用应符合现行行业标准《公路工程抗震规范》(JTG B02—2013)和《公路

桥梁抗震设计细则》(JTG/T 2231—01—2020)的规定。

上述各种作用效应的计算方法可参见《公路桥涵设计通用规范》(JTG D60-2015)。

二、作用布置与作用效应组合

在所有桥墩的计算作用中，有的是主要的，有的是次要的；有的是经常出现的，有的是在特殊条件下出现的，它们不可能同时以最大数值、最不利的位置作用于桥墩上，因此，应根据实际荷载作用于桥墩的可能性进行布载。不过，布置在桥墩上的各种作用的位置、大小和方向应该使桥墩处于该作用的最不利受力状态之下。也就是说，用这样组合起来的作用，应该产生相应的最大内力。这样的作用组合称为"最不利的作用效应组合"。桥墩计算一般需验算墩身截面承载力、作用在墩身截面上的合力偏心距，基底承载力、偏心距以及桥墩的稳定性等，那么可能的作用布置与组合有以下情况。

(一)梁桥桥墩计算作用布置及作用效应组合

1. 作用布置

(1)桥墩在顺桥向承受最大竖向荷载。它是用来验算顺桥向墩身承载力和偏心距、地基承载力和偏心距的，因此除了有关的永久作用外，应在相邻两孔都布满汽车荷载和人群荷载，同时可能作用着其他纵向力，如制动力和温度作用、纵向风荷载、船只或漂浮物的撞击作用和汽车撞击作用等[图 2-1(a)]。

(2)桥墩各截面在顺桥向可能产生最大偏心弯矩。它是用来验算顺桥向墩身承载力和偏心距、地基承载力和偏心距以及桥墩稳定性的，因此除了永久作用外，应在相邻两孔的一孔上布置汽车荷载和人群荷载，若为不等跨时，则在较大跨径的一孔布置汽车荷载和人群荷载，同时还可能作用着其他纵向力，如制动力和温度作用、支座摩阻力、纵向风荷载、船只或漂浮物的撞击作用和汽车撞击作用等[图 2-1(b)]。

(3)桥墩各截面在横桥向可能产生最大偏心弯矩。它是用来验算在横桥方向上墩身承载力、偏心距、地基承载力以及桥墩稳定性的。布载时，除了永久作用外，要注意将汽车荷载和人群荷载按照与流水压力等产生同向偏心而偏于桥面的一侧布置，此外，应考虑其他可变作用，如横向风荷载、流水压力、冰压力等，或者偶然作用中的船只或漂浮物的撞击力和汽车撞击作用等[图 2-1(c)]。

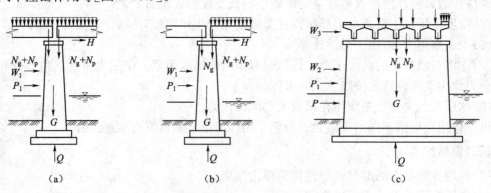

图 2-1 作用在梁桥桥墩上的荷载

(a)顺桥向竖向荷载；(b)顺桥向偏心弯矩；(c)横桥向偏心弯矩

2. 作用效应组合

(1)顺桥向作用效应组合(双孔布置和单孔布置分别组合)如下：

1)上部结构重力＋计算截面以上桥墩重力＋浮力。

2)上部结构重力＋计算截面以上桥墩重力＋浮力＋汽车荷载＋人群荷载。

3)上部结构重力＋计算截面以上桥墩重力＋浮力＋汽车荷载＋人群荷载＋纵向风力＋支座摩阻力(或制动力＋温度影响力)。组合时，制动力＋温度力小于摩阻力时，用制动力＋温度影响力组合；制动力＋温度力大于摩阻力时，用摩阻力组合。

4)上部结构重力＋计算截面以上桥墩重力＋浮力＋汽车荷载＋人群荷载＋船只撞击作用或漂浮物撞击作用。

5)上部结构重力＋计算截面以上桥墩重力＋浮力＋汽车荷载＋人群荷载＋汽车撞击作用。

(2)横桥向(以双车道为例)作用效应组合如下：

1)上部结构重力＋计算截面以上桥墩重力＋浮力＋双孔双行汽车荷载＋双孔单边人群荷载＋横向风荷载＋水压力或冰压力。

2)上部结构重力＋计算截面以上桥墩重力＋浮力＋双孔单行汽车荷载＋双孔单边人群荷载＋横向风荷载＋水压力或冰压力。

3)上部结构重力＋计算截面以上桥墩重力＋浮力＋双孔双行汽车荷载＋双孔单边人群荷载＋船只撞击作用或漂浮物撞击作用。

4)上部结构重力＋计算截面以上桥墩重力＋浮力＋双孔双行汽车荷载＋双孔单边人群荷载＋汽车撞击作用。

5)上部结构重力＋计算截面以上桥墩重力＋浮力＋双孔单行汽车荷载＋双孔单边人群荷载＋船只撞击作用或漂浮物撞击作用。

6)上部结构重力＋计算截面以上桥墩重力＋浮力＋双孔单行汽车荷载＋双孔单边人群荷载＋汽车撞击作用。

(二)拱桥桥墩计算作用布置及作用效应组合

1. 作用布置

(1)桥墩在顺桥向承受最大竖向荷载。它是用来验算墩身承载力和偏心距、地基承载力和偏心距的，即除了永久作用外，相邻两孔都布满汽车荷载和人群荷载，同时可能作用着其他纵向力，如制动力、纵向风荷载、温度作用、拱圈材料收缩作用、船只撞击作用和汽车撞击作用等；当相邻两孔为等跨时，则由上部结构重力、温度作用和拱圈材料收缩作用引起的拱座水平推力和弯矩互相抵消。

(2)桥墩各截面在顺桥向可能产生最大偏心弯矩。它是用来验算顺桥向墩身承载力和偏心距、地基承载力和偏心距以及桥墩稳定性的，即除了永久作用外，只在一孔布置汽车荷载和人群荷载；若为不等跨时，则在较大跨径的一孔布置汽车荷载和人群荷载，同时还作用着其他纵向力，如制动力、纵向风荷载、温度作用、拱圈材料收缩作用、船只撞击作用和汽车撞击作用等(图2-2)。

(3)横桥向。在横桥方向上可能作用于桥墩上的外力有风荷载、流水压力、冰压力、船只或漂浮物撞击作用、汽车撞击作用或地震作用等。但对于公路拱桥，横桥方向的受力验算一般不控制设计，除非桥的长宽比特别大，或者受到地震作用、冰压力和船只撞击作用时才考虑。

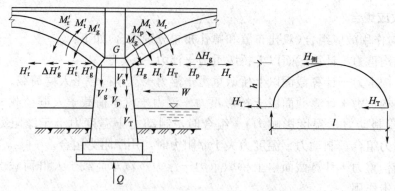

图 2-2　作用在拱桥桥墩上的荷载

2. 顺桥向作用效应组合

双孔布置和单孔布置作用效应组合如下：

(1) 上部结构重力＋计算截面以上桥墩重力＋浮力＋混凝土收缩作用。

(2) 上部结构重力＋计算截面以上桥墩重力＋浮力＋混凝土收缩作用＋汽车荷载＋人群荷载。

(3) 上部结构重力＋计算截面以上桥墩重力＋浮力＋混凝土收缩作用＋汽车荷载＋人群荷载＋纵向风荷载＋制动力＋温度作用。

(4) 上部结构重力＋计算截面以上桥墩重力＋浮力＋混凝土收缩作用＋汽车荷载＋人群荷载＋船只撞击作用或漂浮物撞击作用。

(5) 上部结构重力＋计算截面以上桥墩重力＋浮力＋混凝土收缩作用＋汽车荷载＋人群荷载＋汽车撞击作用。

需要特别强调的是，以上各种荷载组合均应满足《公路桥涵设计通用规范》(JTG D60—2015)中所规定的安全系数、容许偏心距和稳定系数；而且，有的荷载不能同时组合，如汽车制动力不能与流水压力、冰压力和支座摩阻力中任意一种同时组合，见表 2-1。

表 2-1　可变作用不同时组合表

作用名称	不与该作用同时参与组合的作用
汽车制动力	流水压力、冰压力、波浪力、支座摩阻力
流水压力	汽车制动力、冰压力、波浪力
波浪力	汽车制动力、流水压力、冰压力
冰压力	汽车制动力、流水压力、波浪力
支座摩阻力	汽车制动力

任务二　重力式桥墩设计计算

※任务描述

本任务学习的主要目的是掌握重力式桥墩设计计算的方法、步骤等知识，通过案例教学模式使学生能根据实际工程情况完成重力式桥墩的设计计算，增强学生进行桥梁设计的基本能力。

桥墩计算可按以下步骤进行：根据构造要求和经验拟订各部分尺寸；计算作用在桥墩上的荷载；进行作用布置与作用效应组合，并选取截面，计算各截面的内力；验算墩身截面承载力和偏心距；验算地基承载力和偏心距；验算桥墩倾覆和滑动稳定性。除此之外，还应结合施工情况进行必要的验算。如拱桥在施工过程中可能产生的单向水平推力，此时砌体强度和基底土的承载能力可以提高，倾覆和滑动稳定性系数可以降低。

一、重力式桥墩主要尺寸的拟订

(一)梁桥桥墩尺寸拟订

1. 墩帽

梁桥桥墩的平面尺寸首先应满足上部结构支座布置的要求，如图 2-3 所示。

(1)纵桥向墩帽最小宽度：

$$b \geqslant f + \frac{a}{2} + 2c_1 + 2c_2 + \frac{a'}{2}$$

式中　f——相邻两跨支座的中心距离，$f = e_1 + e_0 + e_1'$；

　　　e_1、e_1'——支座中心轴到桥跨结构端部的距离；

　　　a、a'——支座的纵桥向宽度；

　　　c_1——出檐宽度，一般为 5～10 cm；

　　　c_2——为了避免支座过于靠近墩身侧面边缘，造成应力集中，以及考虑施工的要求，支座边缘到墩身顶部边缘的最小距离应按表 2-2 的规定值采用(图 2-4)；

　　　e_0——相邻两桥跨结构间的伸缩缝宽，中小跨径桥梁为 2～5 cm，大跨径桥梁应根据具体情况确定。

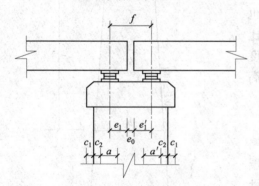

图 2-3　墩帽纵桥向宽度

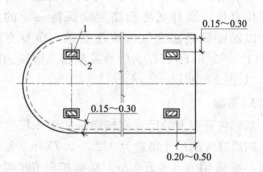

图 2-4　支座边缘至墩身顶部边缘最小距离(单位：m)

1—垫板；2—支座

表 2-2　支座边缘至墩身顶部边缘最小距离　　　　cm

桥向 跨径	顺向桥	横向桥	
		圆弧形端头(自支座边角量起)	矩形端头
大桥	25	25	40
中桥	20	20	30

续表

桥向 跨径	顺向桥	横向桥	
		圆弧形端头（自支座边角量起）	矩形端头
小桥	15	15	20

注：1. 采用钢筋混凝土悬臂式墩台帽时，上述最小距离为支座至墩台帽边缘的距离；
　　2. 100 m 跨径及以上的桥梁，应按实际情况另定。

(2) 横桥向墩帽最小宽度：
$$B = 桥跨结构两边梁中心 + 支座横向宽度 + 2c_1 + 2c_2$$
对于圆头形墩帽，c_2 值应根据圆弧形端头至支座边角之间的最小距离确定。

(3) 墩帽厚度。大跨径桥梁的墩帽厚度不小于 50 cm，中小跨径桥梁的墩帽厚度不小于 40 cm。

2. 墩身

由于重力式桥墩墩身一般比较庞大，其墩身尺寸主要根据构造要求而确定，再对强度及稳定性等进行必要的校核。

$$墩身顶截面尺寸 = 墩帽尺寸 - 2c_1（墩帽檐口宽度）$$
$$墩身任意截面尺寸 = 墩身顶截面尺寸 + 2Hi$$

式中　H——任意截面至墩身顶截面高度；
　　　i——墩身坡度。

墩身顶宽，小跨径桥不宜小于 80 cm（轻型桥墩不宜小于 60 cm）；中跨径桥不宜小于 100 cm；大跨径桥应视上部构造类型而定。墩身的侧坡坡度一般采用 20∶1～30∶1，小跨径桥的墩身也可采用直坡。墩身宽度和高度应保持一定的比例，以保证满足稳定性和强度要求，墩身宽度 $b_1 = (1/5 \sim 1/6)H_1$（H_1 为墩身某截面至墩顶的高度），如图 2-5 所示。

3. 基础

基础在平面上的尺寸宜较墩身底面积尺寸略大，四周放大的尺寸每边为 0.25～0.75 m。每层高度一般采用 0.5～1.0 m。基础扩散角（刚性角），用 M5 以下砂浆砌筑的砌体不大于 30°，用 M5 及 M5 以上砂浆砌筑的砌体不大于 35°，用混凝土浇筑的砌体不大于 40°。

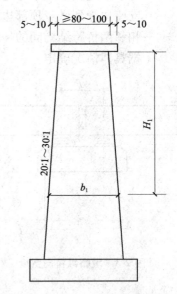

图 2-5　梁桥重力式桥墩（单位：cm）

(二) 拱桥桥墩尺寸拟订

等跨拱桥实体桥墩的顶宽（单向推力墩除外），对混凝土砌可按拱跨的 1/15～1/30 估算；对石砌可按拱跨的 1/10～1/25（其值随跨径增大而减小）估算，且不宜小于 80 cm。墩身两侧的坡度常用 20∶1～30∶1，一般对称布置。只有承受不对称推力时，才考虑用不对称的墩身坡度。

拱桥桥墩的墩帽和基础尺寸可参考梁桥的尺寸拟定，但拱座的纵横宽度需结合拱脚的布置情况确定。

二、墩身截面的内力计算

对于重力式桥墩的作用效应计算，虽然在作用效应组合的内容上稍有不同，但是就某个截面而言，依然是根据不同的作用效应结果，经过分析得出最不利作用效应组合，由此算出作用于验算截面上竖向力总和 $\sum N_d$、水平力总和 $\sum H$ 和竖向力、水平力对该截面 $x-x$ 轴、$y-y$ 轴的总弯矩 $\sum M_{xd}$ 和 $\sum M_{yd}$，如图 2-6 所示，再对墩身进行承载力验算。

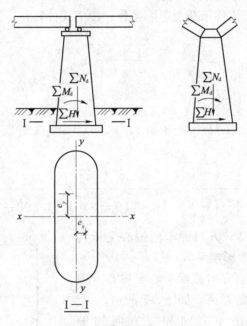

图 2-6 墩身截面强度验算

三、墩身截面承载力和偏心验算

桥墩验算截面的选择，对矮桥桥墩，因墩身尺寸一般都比较大，各截面承载力往往都能满足要求，所以通常只验算墩身底截面；对高桥桥墩，其危险截面不一定在墩身底截面，这时应多选择几个截面进行验算，一般可相距 2~3 m 取一截面。

(一) 墩身截面承载力验算

重力式桥墩主要采用圬工材料建造，一般为偏心受压构件，截面承载力的设计验算采用极限状态法。在不利效应组合作用下，验算桥墩各控制截面的作用效应组合设计值（内力）应小于或等于构件承载力的设计值，用方程表示为

$$\gamma_0 S \leqslant R(f_d, a_d) \tag{2-1}$$

依据公式(2-1)采用下式计算：

$$\gamma_0 \sum N_d \leqslant \varphi A f_{cd} \tag{2-2}$$

式中 S——作用(或荷载)效应(其中汽车荷载应计入冲击系数)的组合设计值;
R——结构承载力设计值;
$R(\cdot)$——结构承载力函数;
f_d——材料强度设计值;
a_d——几何参数设计值,可采用几何参数标准值 a_k,即设计文件规定值;
γ_0——结构的重要性系数,按公路桥涵的设计安全等级,一级、二级和三级分别取用1.1、1.0和0.9;
N_d——作用效应不利组合轴向力设计值;
A——墩身截面面积;
f_{cd}——砌体或混凝土强度设计值;
φ——双向偏心受压构件承载力影响系数,按下式计算:

$$\varphi = \frac{1}{\frac{1}{\varphi_x}+\frac{1}{\varphi_y}-1} \tag{2-3}$$

$$\varphi_x = \frac{1-\left(\frac{e_x}{x}\right)^m}{1+\left(\frac{e_x}{i_y}\right)^2} \times \frac{1}{1+\alpha\beta_x(\beta_x-3)\left[1+1.33\left(\frac{e_x}{i_y}\right)^2\right]} \tag{2-4}$$

$$\varphi_y = \frac{1-\left(\frac{e_y}{y}\right)^m}{1+\left(\frac{e_y}{i_x}\right)^2} \times \frac{1}{1+\alpha\beta_y(\beta_y-3)\left[1+1.33\left(\frac{e_y}{i_x}\right)^2\right]} \tag{2-5}$$

φ_x、φ_y——x 方向和 y 方向的单向偏心受压构件承载力影响系数;

x、y——x 方向和 y 方向截面重心至偏心方向截面边缘的距离,如图2-7所示;

e_x、e_y——竖向力在 x 方向和 y 方向的偏心距;

m——墩身截面形状系数,圆形截面取2.5,T形截面取3.5,箱形和矩形截面取8;

i_x、i_y——在弯曲平面内截面(换算截面)的回转半径;

α——当砂浆强度等级大于或等于 M5 时,α 为0.002;当砂浆强度等级为0时,α 为0.013;

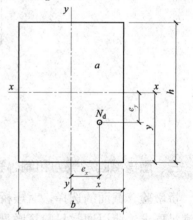

图 2-7 墩身截面偏心受压

β_x、β_y——构件在 x 方向和 y 方向的长细比,按公式(2-6)计算,当 β_x、β_y 小于3时取3。

$$\beta_x = \frac{\gamma_\beta l_0}{3.5 i_y} \qquad \beta_y = \frac{\gamma_\beta l_0}{3.5 i_x} \tag{2-6}$$

式中 γ_β——不同砌体材料构件的长细比修正系数,混凝土砌体或组合构件取1.0,细料石、半细料石砌体取1.1,粗料石、块石、片石砌体取1.3;

l_0——构件计算长度,按表2-3的规定采用。

表 2-3 构件计算长度 l_0

构件及其两端约束情况		计算长度 l_0
直杆	两端固结	$0.5l$
	一端固定，一端为不移动的铰	$0.7l$
	两端均为不移动的铰	$1.0l$
	一端固定，一端不移动的铰	$2.0l$

注：l 为构件支点间长度。

(二) 墩身截面偏心验算

各验算截面在各种作用效应组合下的偏心距：

$$e_x = \sum M_{yd}/\sum N_d \quad e_y = \sum M_{xd}/\sum N_d \tag{2-7}$$

式中 e_x、e_y——竖向力在 x 方向和 y 方向的偏心距，其值不应超过表 2-4 的规定。

表 2-4 偏心受压构件偏心距限值 e

作用组合	偏心距限值	作用组合	偏心距限值
基本组合	$\leqslant 0.6s$	偶然组合	$\leqslant 0.7s$

注：1. 混凝土结构，当设有小于截面面积 0.05% 的纵向钢筋时，表内规定值可增加 $0.1s$；
2. 表中 s 值为截面重心轴至偏心方向截面边缘的距离（图 2-8）。

如果式(2-7)不满足，可按下式重新验算墩身截面尺寸：

单向偏心
$$\gamma_0 N_d \leqslant \varphi \frac{A f_{tmd}}{\dfrac{Ae}{W}-1} \tag{2-8}$$

双向偏心
$$\gamma_0 N_d = \varphi \frac{A f_{tmd}}{\left[\left(\dfrac{Ae_x}{W_y}+\dfrac{Ae_y}{W_x}\right)-1\right]} \tag{2-9}$$

式中 f_{tmd}——受拉边边层的弯曲抗拉强度设计值；
W_y、W_x——截面 x 方向受拉边缘绕 y 轴的截面弹性抵抗矩和截面 y 方向受拉边缘绕 x 轴的截面弹性抵抗矩。

其他符号意义同前。

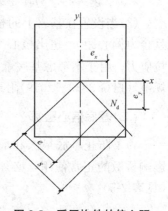

图 2-8 受压构件的偏心距

(三) 直接抗剪验算

当拱桥相邻两孔的推力不相等时，要验算拱座截面的抗剪强度，按下式计算

$$\gamma_0 V_d \leqslant A f_{vd} + \frac{1}{1.4}\mu_f N_k \tag{2-10}$$

式中 各符号的意义及取值见《公路圬工桥涵设计规范》(JTG D61—2005)中的规定。

四、基础底面地基土的承载力和偏心距验算

(一) 基底承载力验算

(1) 基底承载力验算一般按顺桥向和横桥向分别进行。当偏心荷载的合力作用在基底截

面的核心半径以内时，应按下式验算基底应力：

$$p_{\min}^{\max} = \frac{\sum N}{A} \pm \frac{\sum M}{W} \leqslant \gamma_R [f_a] \tag{2-11}$$

(2)当设置在基岩上的基底承受单向偏心荷载，其偏心距 e_0 超过核心半径时，可仅按受压区计算基底最大压应力(不考虑基底承受拉应力，如图 2-9 所示)。基底为矩形截面的最大压应力 $p_{\max}$ 按下式计算：

顺桥向 $p_{\max} = \dfrac{2N}{ac_x} \leqslant \gamma_R [f_a] \tag{2-12}$

横桥向 $p_{\max} = \dfrac{2N}{bc_y} \leqslant \gamma_R [f_a] \tag{2-13}$

式中 N——作用于基础底面合力的垂直分力；
  a、b——横桥方向、顺桥方向基础底面边长；
  c_x——基底受压面积在顺桥方向的宽度，即 $c_x = 3\left(\dfrac{b}{2} - e_x\right)$；
  c_y——基底受压面积在横桥方向的长度，即 $c_y = 3\left(\dfrac{a}{2} - e_y\right)$；
  e_x、e_y——合力在 x 轴和 y 轴方向的偏心距。

(3)当设置在基岩上的桥墩基底承受双向偏心压应力且合力偏心距 e_0 超出核心半径 ρ 时，基底的一边会出现拉应力，由于不考虑基底承受拉应力，故墩台基底最大应力可按《公路桥涵地基与基础设计规范》(JTG 3363—2019)附录 G 的方法确定。

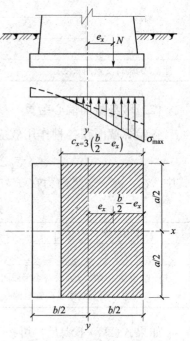

图 2-9 基底应力重分布图

(二)基底偏心验算

为了防止基底最大和最小应力差距过大(即荷载偏心过大)而使基底产生不均匀沉陷，影响桥墩的正常使用，必须进行基底偏心验算，使荷载的偏心距 e_0 控制在容许范围之内(见表 2-5)。

表 2-5 墩台基础合力偏心距的限制

作用情况	地基条件	$[e_0]$	备注
仅承受永久作用标准值组合	非岩石地基	桥墩，0.1ρ	拱桥、刚构桥墩台，其合力作用点应尽量保持在基底重心附近
		桥台，0.75ρ	
承受永久作用标准值组合或偶然作用标准值组合	非岩石地基	ρ	拱桥单向推力墩不受限制，但应符合规范规定的抗倾覆稳定系数
	较破碎~极破碎岩石地基	1.2ρ	
	完整、较完整岩石地基	1.5ρ	

基底以上外力作用点对基底重心轴的偏心距 e_0 按下式计算：

$$e_0 = \frac{M}{N} \leqslant [e_0] \tag{2-14}$$

式中 M——所有外力(竖向力、水平力)对基底截面重心的弯矩(kN·m);
N——作用于基底的竖向力(kN)。

基底承受单向或双向偏心受压的 ρ 值可按下式计算：

$$\rho = \frac{e_0}{1 - \frac{P_{min}A}{N}} \tag{2-15}$$

$$P_{min} = \frac{N}{A} - \frac{M_x}{W_x} - \frac{M_y}{W_y} \tag{2-16}$$

式中 ρ——墩台基础底面核心半径；
P_{min}——基底最小压应力，当为负值时表示拉应力(kPa)；
A——墩台基础底面面积；
N——作用于基底的合力的竖向分力；
e_0——N 作用点距截面重心的距离。

五、桥墩稳定性验算

桥墩稳定性验算图如图 2-10 所示。

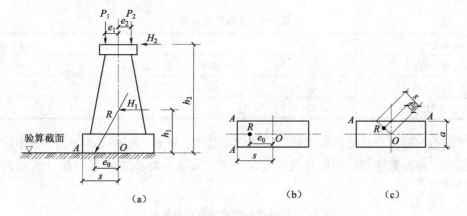

图 2-10 桥墩稳定性验算图
(a)立面；(b)平面(单向偏心)；(c)平面(双向偏心)
O—截面重心；R—合力作用点；A—A 验算倾覆轴

(一)倾覆稳定性验算

抗倾覆稳定系数 K_0 按下式验算：

$$K_0 = \frac{M_{稳}}{M_{倾}} = \frac{s\sum P_i}{\sum (P_i e_i) + \sum (H_i h_i)} = \frac{s}{e_0} \tag{2-17}$$

式中 $M_{稳}$——稳定力矩；
$M_{倾}$——倾覆力矩；
$\sum P_i$——不考虑其分项系数和组合系数的作用标准值组合或偶然作用(地震除外)标准值组合引起的竖向力的总和(kN)；
$P_i e_i$——作用于桥墩上各竖向力与各竖向力到基底重心轴距离的乘积；

$H_i h_i$——作用于桥墩上各水平力与各水平力到基底距离的乘积;

s——在截面重心至合力作用点延长线上,自截面重心至验算倾覆轴距离(m);

e_0——所有外力合力(包括浮力)的竖向分力对基底重心的偏心距;

K_0——抗倾覆稳定系数,只含恒载和活载组合时采用1.5,含其他荷载组合时采用1.3。

(二)滑动稳定性验算

抗滑动稳定系数 K_c 按下式验算:

$$K_c = \frac{\mu \sum P_i + \sum H_{iP}}{\sum H_{ia}} \qquad (2\text{-}18)$$

式中 $\sum P_i$ ——各竖向力的总和(kN);

$\sum H_{iP}$ ——各抗滑稳定水平力的总和(kN);

$\sum H_{ia}$ ——各滑动水平力的总和(kN);

μ——基础底面与地基土之间的摩擦系数,通过试验确定;当缺乏实际资料时,可参照表2-6采用;

K_c——抗滑动稳定系数。

表 2-6 基底摩擦系数

地基土分类	μ	地基土分类	μ
黏性土(流塑~坚硬)、粉土	0.25~0.35	软岩(极软岩~较软岩)	0.40~0.60
砂土(粉砂~砾砂)	0.30~0.40	硬岩(较硬岩~坚硬岩)	0.60~0.70
碎石土(松散~密实)	0.40~0.50		

验算墩台抗倾覆与抗滑动稳定性时,稳定系数 K_0 和 K_c 均不应小于表2-7中所规定的限值。同时,在验算倾覆稳定性和滑动稳定性时,都要分别就常水位和设计水位两种情况考虑水的浮力。

表 2-7 抗倾覆和抗滑动稳定系数限值

	作用组合	验算项目	稳定安全系数限值
使用阶段	仅计永久作用(不计混凝土收缩作用及徐变作用、浮力作用)和汽车、人群作用的标准值组合	抗倾覆	1.5
		抗滑动	1.3
	各种作用的标准值组合	抗倾覆	1.3
		抗滑动	1.2
	施工阶段作用的标准值组合	抗倾覆 抗滑动	1.2

六、墩顶水平位移验算

一般情况下,重力式桥墩不必验算其墩顶水平位移,而当墩高超过20 m时,需进行墩顶水平弹性位移验算。墩顶水平位移容许值为

$$[\Delta] = 0.5\sqrt{L} \qquad (2\text{-}19)$$

式中　[Δ]——墩顶水平位移容许值(mm);
　　　L——相邻墩台间最小跨径(m),小于 25 m 时仍以 25 m 计算。

计算图式:假定墩身是一个固定在基础顶面的悬臂梁,不考虑上部结构对桥墩位移的约束;所考虑的作用包括制动力、风荷载及偏心的竖向支座反力等。

任务三　桩柱式桥墩设计计算

※任务描述

本任务学习的主要目的是掌握桩柱式桥墩设计计算的方法、步骤等知识,通过案例教学模式使学生能根据实际工程情况完成桩柱式桥墩的设计计算,增强学生进行桥梁设计的基本能力。

桩柱式桥墩的计算包括盖梁和桩柱两个部分。

一、盖梁计算

(一)计算图式

(1)当盖梁的刚度与桩柱的刚度比大于 5 时:
1)双柱式桥墩,按简支梁或悬臂梁计算;
2)多柱式桥墩,按连续梁计算。
(2)当盖梁计算跨径与梁高之比,对简支梁大于 2 且小于等于 5,对连续梁或刚构大于 2.5 且小于等于 5 时,按《公路钢筋混凝土及预应力混凝土桥涵设计规范》(JTG 3362—2018)作为一般构件计算。
(3)当盖梁的刚度与桩柱的刚度比小于 5,或桥墩承受较大横向力时,盖梁应作为横向框架的一部分进行验算。

(二)作用

作用在盖梁上的作用(或荷载)主要有上部结构重力引起的支座反力、盖梁自重及活载(含冲击力的汽车荷载和人群荷载)以及施工吊装荷载与桥墩沿纵向的水平力。车道荷载的布置要使各种组合为盖梁最不利情况,求出支点最大反力作为盖梁的活载。当活载对称布置时,按偏心压力法(或刚接板梁法、铰接板梁法)计算。

桥墩沿纵向的水平力有制动力、温度影响力、支座摩阻力以及地震力等。

(三)计算方法

公路桥梁桩柱式桥墩大多采用双柱式,且盖梁与桩柱的刚度比往往大于 5,所以通常都按简支梁或双悬臂梁计算。内力计算时,控制截面一般在支点和跨中,荷载纵横向分布的影响可参照装配式简支梁主梁梁肋内力计算方法予以考虑。

(1)荷载纵向分布的考虑:活载由上部结构通过支座传递给桥墩,所以计算时,首先作盖梁计算截面处上部结构支点反力影响线,然后作最不利布载,即可求得相应最大支座反力。

(2)荷载横向分布的影响：首先作出盖梁控制截面的内力横向影响线，然后作最不利布载。当计算跨中正弯矩时，活载对称布置；当计算支点负弯矩时，活载非对称布置。

(四)配筋验算

盖梁的配筋验算方法与钢筋混凝土梁配筋类同，根据弯矩包络图配置受弯钢筋，根据剪力包络图配置弯起钢筋和箍筋。在配筋时，还应计算各控制截面抗扭所需要的箍筋及纵向钢筋。当采用预应力混凝土盖梁时，预应力钢筋的配置及普通钢筋的配置同预应力混凝土梁。

(五)注意事项

(1)当盖梁为多根柱支承时，其内力计算可按《公路钢筋混凝土及预应力混凝土桥涵设计规范》(JTG 3362—2018)考虑柱支承宽度对削减负弯矩尖峰的影响。

(2)桥墩沿纵向的水平力及当盖梁在纵桥向设置有两排支座时，上部结构活载偏心力将对盖梁产生扭矩，应予以考虑。

二、桩柱计算

桩柱式桥墩一般分为刚性和柔性两种。刚性桩柱式桥墩计算方法同重力式桥墩，柔性桩柱式桥墩受力与桥梁整体结构类型有关。目前国内橡胶支座应用较普遍，这种支座在水平力作用下可有微小的水平位移，一般按在节点处设水平弹簧支承的计算图式，如图 2-11 所示。

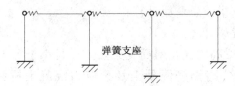

图 2-11　梁桥柔性桥墩计算图式

(一)外力计算

桥墩桩柱上的恒载有上部结构的恒载支反力、盖梁的重量及桩柱自重；桩柱承受的活载按设计荷载进行最不利加载计算，再经永久作用、可变作用等组合，求得最不利的效应组合设计值。桥墩的水平力有温度作用下支座摩阻力和汽车制动力等。

(二)内力计算

随着计算机技术的普及与应用，目前桩柱计算广泛采用有限元法，按桩、土、柱、梁等上、下部结构联合计算，这是一种最合理、最准确、最为简便的方法。对于柔性墩简支梁桥，一次迭代法和三推力方程法方便手算也不太复杂，所以仍然使用。而集成刚度法和柔度传递法主要用于柔性墩连续梁桥计算。

(三)墩顶位移计算

柔性墩墩顶位移验算必不可少。在不考虑桩基变位影响时，等截面桥墩由于墩顶承受弯矩 M、水平力 T 及沿墩高梯形分布的水平荷载所引起的墩顶位移可按下式计算(图 2-12)：

$$\Delta = 1/E_c I (1/2 M H^2 + 1/3 T H^3 + 1/8 q_1 H^4 + 1/30 q_2 H^4) \tag{2-20}$$

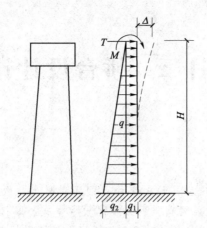

图 2-12 桥墩弹性水平位移

式中 M——作用在墩顶的弯矩(MPa)，包括制动力和永久作用、可变作用偏心等引起的弯矩；

T——作用在墩顶的水平力(kN)；

q_1——由于风荷载等沿墩高均匀分布的水平分力(kN)；

q_2——由于风荷载和其他水平外力沿墩高呈三角形分布的水平荷载(墩顶为零，基础顶面为 q_2)(kN)；

I、E_C——桥墩截面材料的截面惯性矩(m^4)、抗压弹性模量(MPa)；

H——桥墩高度。

对于变截面桥墩顶水平位移，近似计算公式为

$$\Delta = 1/E_C I [MH^2(1/2+k/3) + TH^3(1/3+k/6) + q_1 H^4(1/8+k/24) + q_2 H^4(1/30+k/144)] \tag{2-21}$$

式中 $k = [1 - I_{1/2}]/I_{1/2}$；

I——桥墩底截面惯性矩；

$I_{1/2}$——桥墩墩高 1/2 处截面惯性矩；

其他符号意义同前。

计入桩基变位(水平位移 Δ_0、转角 ϕ_0)，则桥墩顶总的水平位移为

$$\Delta_总 = \Delta_总 + \Delta_0 + \phi_0 H + \Delta$$

(四)桩基础计算

桩基础计算略。

项目三　桥台设计计算

项目描述

桥台主要有重力式U形桥台、轻型桥台、钢筋混凝土肋板式桥台等。

桥台设计计算主要是通过案例或理实一体化教学模式，掌握重力式U形桥台、轻型桥台等的设计计算方法、步骤，使学生能依据《公路桥涵设计通用规范》(JTG D60—2015)等规范进行重力式U形桥台、轻型桥台等的设计计算，具有桥梁设计员的能力和素质。

本项目包括重力式U形桥台的设计计算和梁桥轻型桥台的设计计算两个任务。

任务一　重力式U形桥台的设计计算

※任务描述

本任务学习的主要目的是掌握重力式U形桥台设计计算的方法、步骤等知识，通过案例教学模式使学生能根据实际工程情况完成重力式U形桥台的设计计算，增强学生进行桥梁设计的基本能力。

一、桥台计算作用的特点

重力式桥台与重力式桥墩相比，其计算作用基本相同，不同的主要是桥台要考虑车辆荷载引起的土侧压力，而桥墩不需考虑；以及桥台不需考虑纵横向风荷载，流水压力、冰压力、船只或漂浮物的撞击等，但桥墩需要考虑。

台后土侧压力，一般按主动土压力计算，其大小与土的压实程度有关。在计算桥台前端的最大应力、向桥孔一侧的偏心和向桥孔方向的倾覆与滑动时，台后填土按尚未压实考虑(摩擦角取小值)；当计算桥台后端的最大应力、向路堤一侧的偏心和向路堤方向的倾覆与滑动时，则台后填土按已经压实考虑(摩擦角取较大值)。土压力的计算范围，当验算台身和地基承载力时，计算基础顶至桥台顶面范围内的土压力；当验算桥台稳定性时，计算基础底至桥台顶面范围内的土压力。

二、作用布置与作用效应组合

(一)梁桥桥台的作用布置及作用效应组合

1. 作用布置(只考虑顺桥向)

(1)在桥跨结构上布置车辆荷载，设温度下降，制动力向桥孔方向，并考虑台后土侧压力[图 3-1(a)]。

(2)在台后破坏棱体上布置车辆荷载,设温度下降,并考虑台后土侧压力[图 3-1(b)]。

(3)在桥跨结构上和台后破坏棱体上都布置车辆荷载(当桥台尺寸较大时,还要考虑在桥跨结构上、台后破坏棱体上和桥台上同时布置车辆荷载的情况),设温度下降,制动力向桥孔方向,并考虑台后土侧压力[图 3-1(c)]。

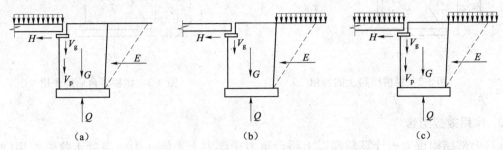

图 3-1 梁桥桥台上的作用
(a)桥跨结构上布置车辆荷载;(b)台后破坏棱体上布置车辆荷载;
(c)桥跨结构上和台后破坏棱体上都布置车辆荷载

2. 作用效应组合

根据上述的作用布置,可进行如下几种作用效应组合(只列出第一种和第二种情况的组合):

(1)上部结构重力+计算截面以上桥台重力+浮力+土侧压力(此组合是验算地基受永久作用时的合力偏心距)。

(2)上部结构重力+计算截面以上桥台重力+浮力+作用在桥跨结构上的汽车荷载和人群荷载+土侧压力。

(3)上部结构重力+计算截面以上桥台重力+浮力+作用在桥跨结构上的汽车荷载和人群荷载+土侧压力+制动力+温度作用。

(4)上部结构重力+计算截面以上桥台重力+浮力+作用在桥跨结构上的汽车荷载和人群荷载+土侧压力+支座摩阻力。

(5)上部结构重力+计算截面以上桥台重力+浮力+土侧压力(包括作用在破坏棱体上的汽车荷载所引起的土侧压力)。

(6)上部结构重力+计算截面以上桥台重力+浮力+土侧压力(包括作用在破坏棱体上的汽车荷载所引起的土侧压力)+支座摩阻力。

(7)上部结构重力+计算截面以上桥台重力+浮力+土侧压力(包括作用在破坏棱体上的汽车荷载所引起的土侧压力)+温度影响力。

(二)拱桥桥台的作用布置及作用效应组合

1. 作用布置(只考虑顺桥向)

(1)在桥跨结构上布置车辆荷载,使拱脚水平推力 H_p 达到最大值,设温度上升,制动力向路堤方向,并考虑台后土侧压力、拱圈材料收缩力(图 3-2)。

(2)在台后破坏棱体上布置车辆荷载,设温度下降,并考虑台后土侧压力、拱圈材料收缩力(图 3-3)。

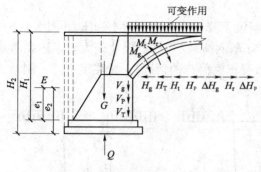
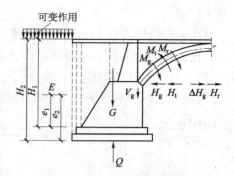

图 3-2　拱桥桥跨上的作用　　　　　　图 3-3　拱桥桥台后的作用

2. 作用效应组合

(1)上部结构重力+计算截面以上桥台重力+浮力+土侧压力+混凝土收缩作用(此组合是验算地基承受永久作用时的合力偏心距)。

(2)上部结构重力+计算截面以上桥台重力+浮力+作用在桥跨结构上的汽车荷载和人群荷载+土侧压力+混凝土收缩作用。

(3)上部结构重力+计算截面以上桥台重力+浮力+作用在桥跨结构上的汽车荷载和人群荷载+土侧压力+混凝土收缩作用+向路堤方向的制动力+温度上升作用。

(4)上部结构重力+计算截面以上桥台重力+浮力+土侧压力(包括作用在破坏棱体上的汽车荷载所引起的土侧压力)+混凝土收缩作用。

(5)上部结构重力+计算截面以上桥台重力+浮力+土侧压力(包括作用在破坏棱体上的汽车荷载所引起的土侧压力)+混凝土收缩作用+温度下降作用。

三、桥台强度、偏心和稳定性验算

桥台台身承载力、偏心距和地基土承载力、偏心距验算,以及桥台稳定性验算和桥墩相同。如果 U 形桥台两侧墙宽度不小于同一水平截面前墙全长的 40% 时,桥台台身截面承载力验算应把前墙和侧墙作为整体考虑其受力,否则,台身前墙应按独立的挡土墙进行验算。

任务二　梁桥轻型桥台的设计计算

※任务描述

本任务学习的主要目的是掌握梁桥轻型桥台设计计算的方法、步骤等知识,通过案例教学模式使学生能根据实际工程情况完成梁桥轻型桥台的设计计算,增强学生进行桥梁设计的基本能力。

为了防止桥台受路堤的土侧压力而向河中方向移动,通常利用桥跨结构和底部支撑梁作为桥台与桥台或桥墩与桥台之间的支撑,形成四铰框架体系。这类桥台计算内容主要包括:

(1)将桥台视为在顺桥向纵向竖直平面内上下端铰支,承受竖向荷载和横向荷载作用的竖梁(简支梁),验算墙身圬工的截面承载力和抗剪承载力。

(2)将台身和翼墙(包括基础)视作横桥向竖直平面内弹性地基上的短梁,验算桥台在该平面内的弯曲承载力。

(3)验算地基土承载力。

一、桥台作为竖梁时的强度验算(按单位宽度)

(一)验算截面处的竖向力

计算截面的垂直力:

$$N=N_1+N_2+N_3 \tag{3-1}$$

式中 N_1——上部结构重力引起的支点反力;
  N_2——台帽重力;
  N_3——计算截面以上部分的台身重力。

(二)土压力计算

这种情况的最不利作用状态是:桥跨上除结构恒载外无荷载,台背填土破坏棱体上布置车辆荷载。其计算图式如图3-4所示。

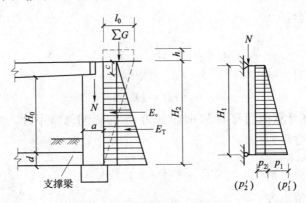

图3-4 土压力计算图式

1. 台后主动土压力计算

(1)单位台宽由填土本身引起的土压力 E_T 呈三角形分布,其计算公式为

$$E_T=\frac{1}{2}\gamma H_2^2 \tan^2\left(45°-\frac{\varphi}{2}\right) \tag{3-2}$$

(2)单位台宽由车辆荷载引起的土压力 E_c 呈均匀分布,其计算公式为

$$E_c=\gamma H_2 h\tan^2\left(45°-\frac{\varphi}{2}\right) \tag{3-3}$$

(3)单位台宽的总土压力 E:

$$E=E_T+E_c \tag{3-4}$$

(4)等代土层厚度 h:

$$h=\frac{\sum G}{Bl_0\times\gamma} \tag{3-5}$$

式中 γ——台后填土表观密度;

φ——土的摩擦角;

$\sum G$——布置在 Bl_0 面积内的车轮重;

B——桥台计算宽度;

l_0——台后填土的破坏棱体长度,计算公式为

$$l_0 = H_2 \tan^2\left(45° - \frac{\varphi}{2}\right) \tag{3-6}$$

2. 台身内力计算

(1)计算图式。台身按上下铰接的简支梁计算。如图3-4所示,对于有台背桥台,因上部结构桥台台背间的缝隙已用砂浆填实,保证有牢靠的支撑作用,因此,台身做简支梁计算。

其计算跨径一般情况下为

$$H_1 = H_0 + \frac{1}{2}d + \frac{1}{2}c \tag{3-7}$$

式中 H_0——桥跨结构与支撑梁间的净距;

d——支撑梁的高度;

c——桥台背墙的高度。

对于无台背的桥台:

$$H_1 = H_0 + \frac{d}{2} \tag{3-8}$$

当验算桥台抗剪时:

$$H_1 = H_0 \tag{3-9}$$

(2)内力计算。在计算截面弯矩 M 时,轴力 N 的影响忽略不计,而是放在承载力验算中考虑。其跨中截面弯矩为

$$M = \frac{1}{8}p_2 H_1^2 + \frac{1}{16}p_1 H_1^2 \tag{3-10}$$

台帽顶部截面的剪力为

$$Q = \frac{1}{2}p_2' H_0 + \frac{1}{3}p_1' H_0 \tag{3-11}$$

支撑梁顶面处的剪力为

$$Q = \frac{1}{2}p_2' H_0 + \frac{2}{3}p_1' H_0 \tag{3-12}$$

式中 p_1、p_2——受弯计算跨径 H_1 处的土压力强度;

p_1'、p_2'——受剪计算跨径 H_0 处的土压力强度。

(三)截面承载力验算

按《公路钢筋混凝土及预应力混凝土桥涵设计规范》(JTG 3362—2018)中的有关公式进行跨中截面的抗压承载力和支点截面的抗剪承载力验算。

二、桥台在横桥向竖直平面内的弯曲验算

轻型桥台竖向荷载作用下在本身平面内发生弯曲的程度与地基的变形系数 α 有关。当

桥台长度 $L>4/\alpha$ 时，把桥台当作支承在弹性地基上的无限长梁计算；当 $L<1.2/\alpha$ 时，把桥台当作支承在弹性地基上的刚性梁计算；当 $4/\alpha>L>1.2/\alpha$ 时，把桥台当作支承在弹性地基上的短梁计算。通常情况下，轻型桥台的长度都在 $4/\alpha$ 和 $1.2/\alpha$ 之间，即属于弹性地基短梁。

弹性地基短梁计算方法介绍如下：

设梁上作用有对称的均布荷载，则梁的最大弯矩产生在中点，其计算公式为

$$M = \frac{p}{\alpha^2} \times \frac{B_{B_1} C_{L/2} - C_{B_1} B_{L/2}}{A_{L/2} B_{L/2} + 4 C_{L/2} D_{L/2}} \tag{3-13}$$

式中 α——变形系数，$\alpha = \sqrt[4]{K_0 b/(4EI)}$；

A——函数值，$A = \text{ch}\alpha x \cos\alpha x$；

B——函数值，$B = (\text{ch}\alpha x \sin\alpha x + \text{sh}\alpha x \cos\alpha x)/2$；

C——函数值，$C = (\text{sh}\alpha x \sin x)/2$；

D——函数值，$D = (\text{ch}\alpha x \sin\alpha x - \text{sh}\alpha x \cos\alpha x)/4$；

p——作用在桥台上的均布荷载（含桥跨结构重力荷载和车辆换算荷载）；

K_0——地基土弹性抗力系数，一般由试验确定；无试验资料时，可按表3-1查用；

b——地基梁宽度，即桥台基础宽度；

E——地基梁（桥台）弹性模量；

I——纵桥向竖剖面的惯性矩，假定整个地基梁的 I 值不变；

B_1——函数脚本，表示 $x = B_1$，α、x 的函数值；

$L/2$——函数脚本，表示 $x = L/2$，α、x 的函数值。

表3-1 非岩石类土的弹性抗力系数

序号	土的分类	$K_0/(\text{kN} \cdot \text{m}^{-3})$
1	流塑黏性土 $l_L \geq 1$，淤泥	100 000 ～ 200 000
2	软塑黏性土 $1 > l_L \geq 0.5$，粉砂	200 000 ～ 450 000
3	硬塑黏性土 $0.5 > l_L \geq 0$，细砂、中砂	450 000 ～ 650 000
4	坚硬、半坚硬黏性土 $l_L < 0$，粗砂	650 000 ～ 1 000 000
5	砾砂、角砾砂、圆粒砂、碎石、卵石	1 000 000 ～ 1 300 000
6	密实粗砂夹卵石	1 300 000 ～ 2 000 000

三、地基承载力计算

桥台的基底应力为桥台重力引起的应力与桥跨结构车辆荷载引起的应力之和。桥台重力引起的基底应力 σ_1 计算是假定桥台因重力不发生弯曲，如图3-5所示。

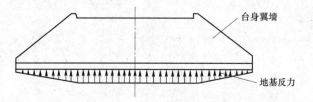

图3-5 桥台重力引起的基底应力分布

桥跨结构和车辆荷载引起的基底最大应力(中点)σ_2可按下式计算：

$$\sigma_2 = \frac{p}{b}\left[\frac{1+\cos\alpha l}{\text{sh}\alpha l+\sin\alpha l}\right]\text{sh}\alpha a\cos\alpha a +$$

$$\frac{\text{ch}\alpha l+1}{\text{sh}\alpha l+\sin\alpha l}\cdot\text{ch}\alpha a\sin\alpha a+1-\text{ch}\alpha a\cos\alpha a \tag{3-14}$$

式中　b——基础宽度；
　　　a——桥中心线至分布荷载边缘的距离；
　　其余符号意义同前。

桥台基底总应力：

$$\sigma = \sigma_1 + \sigma_2 \leqslant [\sigma] \tag{3-15}$$

式中　$[\sigma]$——地基土容许承载力。

单元三 桥梁下部结构施工准备与测量

单元简介

施工准备与测量主要包括施工准备工作的意义和内容,桥位复测、桥梁施工控制测量及桥涵施工放样等内容。

本单元只有桥梁下部结构施工准备与测量一个项目。

项目四 桥梁下部结构施工准备与测量

项目描述

施工准备与测量工作的基本任务是完成技术准备、劳动组织准备、物资准备、施工现场准备,测量桥梁的纵轴线,确定墩(台)的中心位置和纵横轴线,为桥梁下部结构施工提供必要的技术和物资条件支持,统筹安排施工力量和施工现场,保证桥梁施工顺利进行。

本项目包括桥梁下部结构施工准备、桥梁下部结构施工测量两个任务。

任务一 桥梁下部结构施工准备

※任务描述

通过本任务的学习,学生应熟悉桥梁施工准备工作的重要性和具体工作要点;在读懂桥梁下部结构施工图的基础上,会进行现场核对,并组织完成技术交底工作;根据设计文件、设计图样和现场情况,能制定施工方案,会编制施工组织设计和施工预算;能协同完成组织机构的建立,合理设置施工班组,建立健全各项管理制度,能集结施工力量、组织劳动力进场;根据施工计划进行工程材料的准备和试验检测,以及施工机械、施工设备、小型生产工具和配件的准备;能协同完成施工控制网的测量,以及"四通一平"等工作。

施工单位在承接了施工任务后,应根据招标投标文件、施工合同、设计文件及有关规范编制施工组织设计，做好施工现场准备，修建临时设施，安装调试施工机具和标定试验机具，进行施工测量和复核测量资料，做好材料的储存和堆放，做好开工前的试验检测工作。

施工准备通常包括技术准备、劳动组织准备、物资准备和施工现场准备等工作。

一、技术准备

技术准备是施工准备的核心。由于任何技术上的差错和隐患都可能危及人身安全和造成质量事故，带来人身、财产和经济的巨大损失，因此必须认真做好技术准备工作。

（一）熟悉设计文件、研究施工图纸及现场核对

桥梁施工前应组织工程技术人员熟悉、研究所有技术文件和图纸，全面领会设计意图；检查图纸与其各组成部分之间有无矛盾和错误，在几何尺寸、坐标、标高、说明等方面是否一致；技术要求是否正确，并与现场情况进行核对。同时要做详细记录，记录应包括对设计图纸的疑问和有关建议。

（二）施工前的设计技术交底

设计技术交底一般由建设单位主持，设计、监理和施工单位参加。先由设计单位说明工程的设计依据、意图和功能要求，并对特殊结构、新材料、新工艺和新技术提出设计要求，进行技术交底。然后施工单位根据研究图纸的记录以及对设计意图的理解，提出对设计图纸的疑问、建议和变更。最后在统一认识的基础上，对所探讨的问题逐一做好记录，形成"设计技术交底纪要"，由建设单位正式行文，参加单位共同会签盖章，作为与设计文件同时使用的技术文件和指导施工的依据，以及建设单位与施工单位进行工程结算的依据。当工程为设计施工总承包时，应由总承包人主持进行内部设计技术交底。

（三）制定施工方案、进行施工设计

在全面掌握设计文件和设计图纸，正确理解设计意图和技术要求，以及进行以施工为目的的各项调查之后，应根据进一步掌握的情况和资料，对投标时初步拟订的施工方法和技术措施等进行重新评价和深入研究，以制定出详尽的更符合现场实际情况的施工方案。

施工方案一经确定，即可进行各种临时性结构的施工设计，包括模板、支架及其他施工设备。施工设计应在保证安全的前提下尽量考虑使用现有材料和设备，因地制宜，使设计出的临时结构经济适用、装拆简便、实用性强。

（四）编制施工组织设计

施工组织设计是施工准备工作的重要组成部分，也是指导工程施工中全部生产活动的基本技术经济文件。编制施工组织设计的目的在于全面、合理、有计划地组织施工，从而实现设计意图，优质高效地完成施工任务。

（五）编制施工预算

施工预算是根据施工图纸、施工组织设计或施工方案、施工定额等文件进行编制的。施工预算是施工企业内部控制各项成本支出、考核用工、签发施工任务单、限额领料以及基层进行经济核算的依据，也是制定分包合同时确定分包价格的依据。

二、劳动组织准备

(1)建立组织机构。建立组织机构应遵循的原则是：根据工程项目的规模、结构特点和复杂性合理设置职能机构；人员的配备应力求精干，以适应任务的需要；坚持合理分工与密切协作相结合，使之便于指挥和管理，分工明确，责权具体。

(2)合理设置施工班组。施工班组的建立应认真考虑专业和工种之间的合理配置，技工和普工的比例要满足合理的劳动组织要求，并符合流水作业方式的要求，同时制定出该工程的劳动力需要量计划。

(3)集结施工力量，组织劳动力进场。进场后应对工人进行技术、安全操作规程以及消防、文明施工等方面的培训教育。

(4)施工组织设计、施工计划和施工技术的交底。在单位工程或分部分项工程开工之前，应将工程的设计内容、施工组织设计、施工计划和施工技术要求等，详尽地向施工班组和工人进行交底，以保证工程能严格按照设计图纸、施工工艺、安全技术措施和施工验收规范的要求施工。交底还应包括新技术、新材料、新结构和新工艺的实施方案和保证措施，有关部位的设计变更和技术核定等事项。

(5)建立健全各项管理制度。它包括制定桥梁施工安全生产责任制、安全生产规章制度、专项安全技术措施等，加强施工现场安全检查与监督；制定施工技术管理制度，包括图纸会审制度、技术交底制度、测量管理制度、试验管理制度、隐蔽工程验收制度、变更设计制度、质量检验评定制度、技术总结制度、技术档案制度等，加强施工技术管理，保证施工质量；做好施工现场的环境卫生和环境保护，实现文明施工。

三、物资准备

物资准备工作如下：
(1)工程材料准备及试验检测；
(2)工程施工设备的准备；
(3)其他各种小型生产工具、小型配件等的准备。

四、施工现场准备

施工现场准备工作，主要是为工程的施工创造有利的施工条件和物资保证。

(一)施工控制网测量

按照勘测设计单位提供的桥位总平面图和测量控制网中所设置的基线桩、水准点以及重要桩志的保护桩等资料，进行三角控制网的复测，并根据桥梁结构的精度要求和施工方案补充加密施工所需要的各种标桩，建立满足施工要求的平面和立面施工测量控制网。

(二)补充钻探

桥梁工程在初步设计时所依据的地质钻探资料往往因钻孔较少、孔位过远而不能满足施工的需要，因此必须对有些地质情况不甚明了的墩位进行补充钻探，以查明墩位处的地质情况和可能存在的隐蔽物，为基础工程的施工创造有利条件。

(三)搞好"四通一平"

"四通一平"是指水通、电通、通信通、路通和平整场地。冬期施工应考虑蒸汽养护、暖气供热的要求。

(四)建造临时设施

按照施工总平面图的布置,建造所有生产、办公、生活、居住和储存等临时用房,以及临时便道、码头、混凝土拌合站、构件预制场地等。

(五)安装调试施工机具

对所有施工机具都必须在开工前进行检查和试运转。

(六)材料的试验和储存堆放

按照材料的需要量计划,应及时提供材料的试验申请计划,如混凝土、砂浆的配合比和强度,钢材的机械性能等试验。并组织材料进场,按规定的地点和指定的方式进行储存堆放。

(七)新技术项目的试制和试验

按照设计文件和施工组织设计的要求,认真组织新技术项目的试验研究。

(八)特殊季节施工安排

按照施工组织设计要求,落实冬、雨期施工的临时设施和技术措施,做好施工安排。

五、各种图表、报表、施工表格准备

按照施工惯例一般需要准备"六图、四表"及一系列的施工表格。"六图"是指施工平面布置图、纵断面布置图、气象图、施工计划网络图、施工人员机构设置图和方针目标展开图;"四表"是指施工进度计划表、材料进场一览表、机械设备使用一览表和出勤表。施工前要根据需要准备或完善各种图表、报表等。

任务二 桥梁下部结构施工测量

※任务描述

桥梁下部结构施工测量主要是通过模拟施工现场及桥梁施工图,采用理实一体化教学模式,掌握桥位复测、桥梁施工测量控制网点的布设及桥涵施工放样等内容,使学生能依据公路桥涵有关设计标准及规范的相关要求,结合教师讲授并视需要收集相关信息,协作完成桥梁下部结构施工放样任务,为桥梁下部结构的施工做好准备,使学生具有桥梁测量员的能力和素质。

在桥梁工程施工测量前,测量人员应首先熟悉工程设计图纸及要求,理解图样的设计思路,核实有关数据,做好施工测量前的数据准备工作。

施工测量的主要任务是桥梁纵轴线的测量;放出桥墩、桥台的中心位置及其纵横轴线;确定桥梁墩台各部件(构件)的几何尺寸、标高等。对于大型桥梁,需首先建立好平面控制网、高程系统以测量桥位中线长度。桥梁施工测量的内容和要求如下:

(1)桥梁施工准备阶段的测量内容。

1)针对施工现场的地貌形态和地物分布情况,搜集资料,对设计单位所交付的有关桥涵的中线桩、三角网基点桩、水准基点桩测量资料进行检查、核对,若发现桩志不足、不稳妥、被移动过或测量精度不符合要求时,应按《公路桥涵施工技术规范》(JTG/T 3650—

2020)规定,补测加固、移设或重新测校。

2)根据桥梁的形式、跨径及设计要求的施工精度,确定利用原设计网点加密或重新布设控制网点。

3)补充施工需要的水准点、桥涵中心线控制桩、墩台及基础控制桩,并与施工设计图比较,判断位置是否准确。

4)测定锥坡、翼墙的位置,并与施工设计图比较,判断位置是否准确。

以上内容如与图纸有出入,应与设计部门联系予以更正。

(2)桥梁施工过程中的测量和竣工测量。

1)施工过程中,应测定并经常检查桥涵结构浇砌和安装部分的位置与标高,并作出测量记录和结论,如超出允许偏差时,应分析原因,并予以补救和改正。

桥轴线超过 1 000 m 的特大桥梁和结构复杂的桥梁施工过程,应进行主要墩、台(或塔、锚)的沉降变形监测,桥梁控制网每年复测一次,以确保施工安全和质量。

2)桥梁竣工后应进行竣工测量,包括测定桥梁中线,丈量跨径;对结构物的平面位置、各部位尺寸、高程等,按照设计要求进行测量验收及资料汇集、整理。

(3)桥涵放样的测量要求。

1)当有良好的丈量条件时,可采用直接丈量法进行墩台施工定位。直接丈量应对尺长、温度、拉力、垂直度和倾斜度进行改正计算。

2)大、中桥的水中墩台和基础的位置,宜用校检过的电磁波测距仪测量。

3)曲线桥梁的施工测量应按照设计文件参照公路曲线测定方法处理。

4)如图纸上墩台的位置是以坐标形式表示,则应采用全站仪或 GPS 进行施工定位。

5)涵洞测量放样时,应注意核对涵洞纵横轴的地形剖面图是否与设计图相符,应注意涵洞长度、交角及涵底标高的正确性。

6)对于各种高程测量,应根据测量精度要求选择相应精度的测量仪器。

(4)为防止差错,施工测量必须采用"双检制",即要求测量工作必须由两个人相互检查校对并做出测量和检查核对记录。

一、平面控制测量

(一)测量精度评估

根据我国有关规范,各级公路、桥梁和隧道平面控制测量的等级不得低于表 4-1 的规定。各等级平面控制测量,其最弱点点位中误差不得大于±5 mm,最弱相邻点相对点位中误差不得大于±3 mm,最弱相邻点边长相对中误差不得大于表 4-2 的规定。

表 4-1 平面控制测量等级

高架桥、路线控制测量	多跨桥梁总长 L/m	单跨桥梁长度 L_K/m	隧道贯通长度 L_G/m	测量等级
—	$L \geqslant 3\ 000$	$L_K \geqslant 500$	$L_G \geqslant 6\ 000$	二等
—	$2\ 000 \leqslant L < 3\ 000$	$300 \leqslant L_K < 500$	$3\ 000 \leqslant L_G < 6\ 000$	三等
高架桥	$1\ 000 \leqslant L < 2\ 000$	$150 \leqslant L_K < 300$	$1\ 000 \leqslant L_G < 3\ 000$	四等
高速、一级公路	$L < 1\ 000$	$L_K < 150$	$L_G < 1\ 000$	一级
二、三、四级公路	—	—	—	二级

表 4-2 平面控制测量精度要求

测量等级	相邻点间平均边长/km	最弱相邻点边长相对中误差	测量等级	相邻点间平均边长/km	最弱相邻点边长相对中误差
二等	3.0	≤1/100 000	一级	0.5	≤1/20 000
三等	2.0	≤1/70 000	二级	0.3	≤1/10 000
四等	1.0	≤1/35 000			

(二)桥位平面控制测量

在桥梁工程施工中，为了保证桥梁位置精确，减少误差积累，应先在测区内测定少数控制点，建立统一的平面和高程系统。由这些控制点互相联系形成的网络称为控制网。控制测量的主要工作内容有依据控制点的用途和作用在测区内布设控制网；进行外业测量；内业计算出待定点的平面坐标和高程，并对测量成果进行精度评定。

对于跨越无水河道的直线小桥，桥轴线的长度可以直接测定，墩、台位置也可直接利用桥轴线的两个控制点测设，无须建立平面控制网，但跨越有水河道的桥梁及特大型桥梁，桥轴线的长度不能直接测设，墩、台无法直接定位，则必须建立平面控制网。平面控制测量中控制点的平面位置是测定桥轴线长度和交会墩、台位置的依据，也可用于施工过程中的变形观测。

桥梁平面控制网可采用三角网测量、三边测量、导线测量和 GPS 测量等方法。

1. 布设平面控制三角网的要求

(1)三角网的基线不应少于 2 条，依据当地条件，可设于河流的一岸或两岸。

(2)基线一端应与桥轴线相连，并尽量接近垂直。

(3)当桥轴线较长时，应尽可能两岸均设基线，长度一般不小于桥轴线长度的 70%，困难地段不得小于 50%。

(4)三角网基线应选在地势平坦处，纵向坡度应不大于 5%，困难地区可放宽至 10%。

(5)三角网所有角度宜布设为 30°～120°，困难情况下不应小于 25°。

(6)三角网图形要简单，三角点之间视野开阔，通视良好；基桩应稳定牢固，不被淹没和移动。

(7)为了确保桥轴线长度的精度，需要将建立的独立三角网与国家控制点进行联测。为了与路线的坐标取得统一，也需要与路线上的国家平面控制点进行联测。

控制网的常用图形如图 4-1 所示。

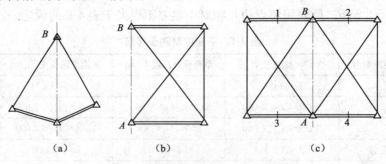

图 4-1 桥梁三角网各种控制图

(a)将基线布设在河流一岸；(b)、(c)河流两岸均布设基线

2. 平面控制测量的误差计算

(1)三角网测角中误差。

$$m_\beta = \sqrt{\frac{(WW)}{3n}} \tag{4-1}$$

式中 m_β——测角中误差(″);
   W——三角形闭合差(″);
   n——三角形的个数。

(2)测边单位权中误差。

$$\mu = \sqrt{\frac{Pdd}{2n}} \tag{4-2}$$

式中 μ——测边单位权中误差;
   d——各边往、返距离的较差(mm),应不超过按仪器标称精度的极限值(2倍);
   n——测距的边数;
   P——各边距离测量的先验权,其值为 $1/\delta_D^2$,δ_D^2 为测距的先验中误差,可按测距仪的标称精度计算。

(3)任一边的实际测距中误差。

$$m_{Di} = \mu \sqrt{\frac{1}{P_i}} \tag{4-3}$$

式中 m_{Di}——第 i 边的实际测距中误差(mm);
   P_i——第 i 边距离测量的先验权;
   μ——测边单位权中误差。

3. 三角网的测量

桥梁三角网的测量又称为外业工作,主要包括角度测量和边长测量。不同等级三角网的具体技术指标见表4-3。

表4-3 桥梁三角网测量技术要求

等级	平均边长/km	测角中误差/(″)	起始边长相对中误差	最弱边长相对中误差	测回数			三角形最大闭合差/(″)
					D_{J1}	D_{J2}	D_{J6}	
二等	3.0	±1.0	≤1/250 000	≤1/100 000	12	—	—	±3.5
三等	2.0	±1.8	≤1/150 000	≤1/70 000	6	9	—	±7.0
四等	1.0	±2.5	≤1/100 000	≤1/35 000	4	6	—	±9.0
一级小三角	0.5	±5.0	≤1/40 000	≤1/20 000	—	3	4	±15.0
二级小三角	0.3	±10.0	≤1/20 000	≤1/10 000	—	1	3	±30.0

角度观测一般采用方向观测法。观测时应选择距离适中、通视良好、成像清晰稳定、竖直角仰俯小、折光影响小的方向为零方向。

三等测量网的基线(起始边)丈量,目前多采用高精度的基线光电测距仪。三等以下则可用全站仪观测,也可用钢尺精密量距的方法测定。

二、桥位中线测量

桥位中线通常叫作桥轴线，桥轴线上控制点的距离称为桥轴线长度，如图 4-2 所示。

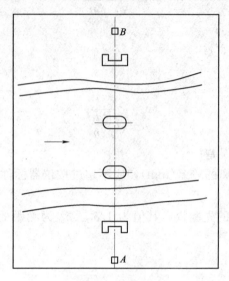

图 4-2 桥轴线

桥轴线及其长度用来作为设计和测设墩台位置的主要依据。所以测量桥位中线的目的是控制中线的长度和方向，从而保证墩台位置的正确。因此，为了确保桥轴线长度的精度，需在桥位处建立独立的三角网并与国家平面控制点进行联测。

(一) 桥轴线的测量方法

测量桥轴线长度，一般采用直接丈量法、三角网法和光电测距仪法。

1. 直接丈量法

当桥位地势平坦、通视良好时，可采用直接丈量法测量桥轴线。该方法设备简单、精度较可靠，是中小型桥梁常用的测量方法。

下面以直线桥为例，介绍直接丈量法步骤，如图 4-3 所示。

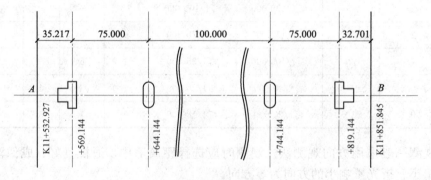

图 4-3 直接丈量法

(1) 沿桥轴线 AB 方向用经纬仪定线，钉出一系列木桩。桩的中心偏离直线最大不得超过 ± 10 mm。

(2)用水准仪测出相邻桩顶间的高差。为了便于校核,应测读两次,两次高差不超过 2 mm。

(3)利用钢尺丈量距离三次,三次结果之差不超过 1~2 mm;同时记录测时温度,以便进行尺长温度修正。

(4)计算桥轴线长度。考虑尺长修正 Δ_l、温度修正 Δ_t 以及倾斜修正 Δ_h 后,桥轴线长度为

$$l_i = l_i' + \Delta_l + \Delta_t + \Delta_h \tag{4-4}$$

式中 l_i——各尺段经过各项修正后的长度;

l_i'——各尺段未经过各项修正前的实测长度;

Δ_l——尺长修正值;

Δ_t——温度修正值,$\Delta_t = l_i' \times \alpha(t-20)$,$\alpha$ 为钢尺线胀系数,t 为测量时温度;

Δ_h——$\Delta_h = -\dfrac{h^2}{2l_i'}$,$h$ 为相邻桩顶高差。

则桥轴线一次测量的总长为

$$L_i = l_1 + l_2 + \cdots + l_n \tag{4-5}$$

(5)评定丈量的精度。

桥轴线的中误差:

$$M = \pm\sqrt{\dfrac{[VV]}{n(n-1)}} \tag{4-6}$$

桥轴线的相对中误差:

$$\dfrac{M}{L} = \dfrac{1}{n} \tag{4-7}$$

式中 L——桥轴线的平均长度;

V——桥轴线的平均长度与每次观测值之差;

n——丈量的次数。

2. 三角网法

在深水大河上测量桥轴线的长度,三角网法是一种传统的方法,如图 4-4 所示。将桥轴线 AB 作为三角网的一个边长,测量基线长度 AC、AD,利用三角网的原理测量并计算,即可得出桥轴线的长度 AB。

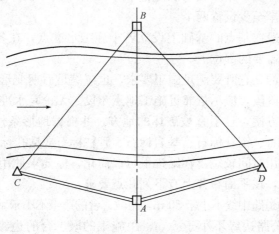

图 4-4 三角网法

3. 光电测距仪法

光电测距仪具有精度高、作业速度快、操作和计算简便等优点，且不受地形条件限制。目前桥梁工程施工中多使用全站仪，能直接测定桥轴线长度，测距可达 3 km，测距精度一般优于 $\pm(5+5\times10^{-6}D)$ mm，D 为距离观测值，单位为 mm。

全站仪测量观测应选在大气稳定、透明度好，附近没有光电信号干扰的情况下进行。观测时应注意不要使反光镜面对太阳。每条边均应进行往返观测。如果所用反射棱镜常数不为零，还应对距离进行修正。

当照准方向时，待显示读数变化稳定后，测 3 次或 4 次，取水平距离平均值。如果往返观测值之差在容许范围以内，则取往返观测值的平均值作为距离观测值。

(二)预估桥轴线长度的精度

在测量桥轴线长度之前，应预先估算桥轴线长度所需要的精度，以便合理地拟订测量方案和规定各项测量的限差。

桥轴线精度取决于桥长、上部结构制造和架设的精度。桥轴线测量相对中误差见表 4-4。

表 4-4 桥轴线测量相对中误差

测量等级	桥轴线相对中误差	测量等级	桥轴线相对中误差
二等	1/150 000	一级	1/40 000
三等	1/100 000	二级	1/10 000
四等	1/60 000		

三、桥梁施工高程控制测量

(一)水准点布设的基本要求

在桥梁施工阶段，除了建立平面控制，还需建立高程控制。一般在桥梁附近布设若干水准基点，作为施工阶段高程放样以及桥梁运营阶段沉陷观测的依据。因此，在布设水准点时，点的密度及高程控制的精度，均应考虑这两个方面的要求。水准点应由国家水准点引入，经复测后使用。

水准基点布设的数量视河宽及桥的大小而异。一般小桥可只布设一个；在 200 m 以内的大、中桥，宜在两岸各设一个；当桥长超过 200 m 时，由于两岸联测不便，为了在高程变化时易于检查，则两岸至少设置两个。

为了施工方便，一般在基点的基础上设立若干施工水准点，在各施工阶段只安置一次仪器可将高程传递到所需要的部位上。

水准基点是永久性的，它既要满足施工要求，也应满足后期变形观测时永久使用要求。施工水准点只用于施工阶段，应尽量靠近施工地点布设。无论是水准基点还是施工水准点，应选在地基稳固、使用方便，且不宜被破坏的地方，并根据地形条件、使用期限和精度要求，分别埋设混凝土标石、钢管标石、基岩标石、管柱标石或钻孔标石。

由于施工水准点使用时间较短，在结构上可以简化，但要求使用方便，也要相对稳定，且在施工时不易被破坏，在平面布置上有下列几点要求：

(1)水准基点距工地道路中线不小于 50 m，距墩、台的边缘不小于基础深度的 2 倍距离。

(2)施工水准点距公路边缘不小于 5 m，距施工的墩、台的边缘不小于基础深度的距离。对高填方或大挖方的路基，其水准点必须设在填或挖方边线外。

(3)在地质不佳或易受破坏地段，水准基点应埋设辅助点明、暗标。点的基础底部应埋于冻土深度以下至少 0.5 m。

(4)特大桥两岸为陡峭的土坡时，则可按一定高差设置辅助施工水准点，便于高桥墩的高程放样。

(二)高程测量误差计算与精度要求

1. 水准测量等级的确定

水准测量等级的确定应符合下列要求：3 000 m 以上的特大桥一般为二等，1 000～3 000 m 的特大桥为三等，桥长 1 000 m 以下的高架桥、高速公路、一级公路上的桥梁为四等，其他为五等(见表 4-5)。

表 4-5 高程控制测量等级

高架桥、路线控制测量	多跨桥梁总长 L/m	单跨桥梁长度 L_K/m	隧道贯通长度 L_G/m	测量等级
—	$L \geq 3\,000$	$L_K \geq 500$	$L_G \geq 6\,000$	二等
—	$1\,000 \leq L < 3\,000$	$150 \leq L_K < 500$	$3\,000 \leq L_G < 6\,000$	三等
高架桥、高速公路、一级公路	$L < 1\,000$	$L_K < 150$	$L_G < 3\,000$	四等
二、三、四级公路	—	—	—	五等

2. 水准测量的主要技术要求

根据《公路勘测规范》(JTG C10—2007)的规定，各等级公路高程控制网最弱点高程中误差不得大于±25 mm；用于跨越水域和深谷的大桥、特大桥的高程控制网最弱点高程中误差不得大于±10 mm；每千米观测高差中误差和附合(环线)水准路线长度应符合表 4-6 的规定。当附合(环线)水准路线长度超过规定时，可采用双摆站的方法进行测量，其长度应符合表 4-6 中水准路线长度的 2 倍。

表 4-6 高程控制测量的技术要求

测量等级	每千米高差中误差/mm		附合或环线水准路线长度/km	
	偶然中误差 M_Δ	全中误差 M_W	路线、隧道	桥梁
二等	±1	±2	600	100
三等	±3	±6	60	10
四等	±5	±10	25	4
五等	±8	±16	10	1.6

各等级水准测量的主要技术要求应符合表 4-7 的规定。

表 4-7 水准测量的主要技术要求

测量等级	往返较差、附合或环线闭合差/mm		检测已测测段高差之差/mm
	平原、微丘	重丘、山岭	
二等	$4\sqrt{l}$	$4\sqrt{l}$	$6\sqrt{L_i}$
三等	$12\sqrt{l}$	$3.5\sqrt{n}$ 或 $15\sqrt{l}$	$20\sqrt{L_i}$
四等	$20\sqrt{l}$	$6.0\sqrt{n}$ 或 $25\sqrt{l}$	$30\sqrt{L_i}$
五等	$30\sqrt{l}$	$45\sqrt{l}$	$40\sqrt{L_i}$

3. 高程测量误差计算

(1)高程测量偶然中误差 M_Δ。

$$M_\Delta = \pm\sqrt{\frac{1}{4n}\left[\frac{\Delta\Delta}{R}\right]} \quad (4\text{-}8)$$

式中　M_Δ——高程偶然中误差(mm);

　　　Δ——水准路线测段往返高差不符值(mm);

　　　L——水准测段长度(km);

　　　n——往返测的水准路线测段数。

(2)高差全中误差 M_W。

$$M_W = \pm\sqrt{\frac{1}{N}\left[\frac{WW}{L}\right]} \quad (4\text{-}9)$$

式中　M_W——高差全中误差(mm);

　　　W——闭合差(mm);

　　　L——计算各闭合差时相应的路线长度(km);

　　　N——附合路线或闭合路线环的个数。

(3)特大、大、中桥施工时设立的临时水准点,高程偏差(Δ_h)不得超过下式计算值:

$$\Delta_h = \pm 20\sqrt{L}\,(\text{mm}) \quad (4\text{-}10)$$

式中　L——水准点间距离(km)。

对单跨跨径≥40 m 的 T 形刚构、连续梁、斜拉桥等的偏差(Δ_{h_1})不得超过下式计算值:

$$\Delta_{h_1} = \pm 10\sqrt{L}\,(\text{mm}) \quad (4\text{-}11)$$

式中　L——水准点间距离(km)。

在山丘区,当平均每千米单程测站多于 25 站时,高程偏差(Δ_{h_2})不得超过下式计算值:

$$\Delta_{h_2} = \pm 4\sqrt{n}\,(\text{mm}) \quad (4\text{-}12)$$

式中　n——水准点间单程测站数。

高程偏差在允许值以内时,取平均值为测段间高差,超过允许偏差时应重测。

四、墩台定位及其轴线测设

桥梁墩台定位是指在桥梁施工测量工作中准确定出桥梁墩台中心位置和纵横轴线。

直线桥梁的墩台定位根据设计资料所提供的控制桩的里程、墩台中心的设计里程,通过计算它们之间的距离即可定出墩台中心的位置。曲线形桥梁,除了控制桩及墩台中心里程外,还需桥梁的偏角、偏距及墩距等设计参数。

墩台定位的方法,视河宽、水深及墩台情况而异,如果墩位在干涸或浅水床上,可用直接定位法;如果墩位处于水深急流部位,则采用角度交会法。

(一)直线桥梁的墩台定位

对于直线桥梁,其墩台中心位于桥轴线上,如图 4-3 所示。根据桥轴线上控制点 A、B 和墩台中心桩号,推算其间距,再按照以下三种方法放样。

1. 直接丈量法

当桥墩位于干涸的河道上,且水面较窄,可采用钢尺直接丈量,丈量方法同测定桥轴线方法。不同的是此处是测设已知长度，所以应根据地形情况将已知长度(水平长度)化为设置的斜距，同时考虑尺长和温度修正。

2. 交会法

如果河水深，无法直接丈量，则可采用交会法来测定墩位，如图 4-5 所示。它是利用已有的控制点及墩位的坐标计算出在控制点上应该测设的角度 α、β。当计算出角度 α、β 以后，两个方向的交点即墩中心位置。

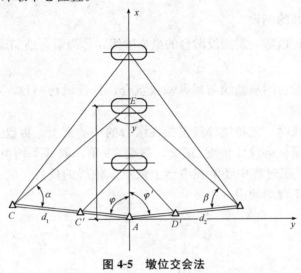

图 4-5　墩位交会法

3. 坐标放样法

根据桥梁设计参数，通过几何关系换算，计算出各墩台中心点坐标，利用全站仪采用极坐标的方法测设桥梁墩台中心位置。

(二)曲线桥梁的墩台定位

1. 曲线桥梁布设特点

曲线桥梁由于梁体一般做成直线形(如装配式简支梁、板)，而公路中线为曲线，由此造成公路中线与梁体中线不重合。由于两者中线的偏差，将会造成桥梁结构受力的不均匀，且桥梁与路线的线形过渡不协调。为了解决以上问题，一般使梁体中线的两端不位于路线中心线上，而向外侧移动距离 E，如图 4-6 所示，这样各孔梁体中线连接起来的折线基本与路线中线重合，该折线称为桥梁工作线。桥墩中心一般位于工作线转折角的顶点上。

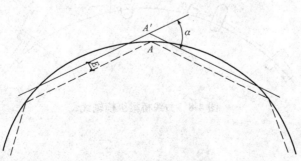

图 4-6　曲线桥梁中线外移

对于曲线桥梁，采用直线制作时，相邻两跨梁体端部在桥墩上不能紧密靠在一起。因此，在施工测量放样时，应考虑调整桥梁内外侧梁体的长度，保证梁体端部伸缩缝宽度沿桥梁全宽一致。

2. 墩台定位的方法

在曲线桥梁上测设墩台中心位置，根据不同条件可采用偏角法、长弦偏角法和交会法等。

(三)墩台纵横轴线的测设

墩台中心测设定位以后，需测设墩台的纵横轴线，作为墩台细部放样的依据。

1. 直线桥梁

在直线桥梁上，墩台的横轴线与桥纵轴线重合，且各墩台一致，可利用桥轴线两端控制桩来标志横轴线的方向。

在测定墩台纵轴线时，先将经纬仪安置在墩台的中心点上，再盘左、盘右以桥轴线方向作为后视，然后根据桥梁设计角度（正交、斜交）拨角，取其平均位置作为纵轴线方向，如图4-7所示。因为施工过程中经常在墩台上恢复纵轴线的位置，应于桥轴线两侧布设固定的护桩，便于后续工程的使用。

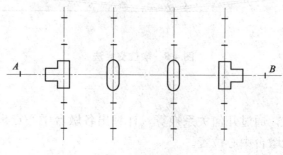

图4-7 纵轴线

2. 曲线桥梁

在曲线桥梁上，墩台的纵轴线位于梁的工作线顶点处的分角线上，而横轴线与纵轴线垂直，如图4-8所示。因此测设时，应将仪器置于墩台中心点上，以相邻墩中心方向为后视，测设$(180°-\alpha)/2$角即得纵轴线方向；自纵轴线方向转90°即测得横轴线。

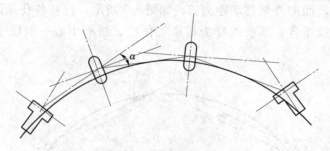

图4-8 曲线桥梁纵横轴线

五、桥梁竣工测量与变形观测

桥梁竣工测量的目的是检查竣工后实际情况，检查施工质量是否满足设计要求。在桥梁运营阶段，由于受力及其他外界因素的影响，墩台会产生位移、下沉及倾斜，所以要定期进行观测，监视其变形规律。如果变形过大会影响行车安全和使用寿命，需及时采取补救措施。将变形观测的资料与竣工资料对比才能发现桥梁位置和高程的变化，所以竣工测量是一项十分重要的工作。

(一)竣工测量的主要内容

(1)测量墩距、各部位尺寸和标高。
(2)测定主梁线形、跨径、桥梁净空、轴线偏位等。
(3)桥梁与引道衔接。

(二)变形观测

在使用过程中，定期观测墩台及上部结构的垂直位移、倾斜和水平位移，主梁竖向挠度；掌握其变形规律，以便制定维修加固措施。

单元四 桥梁基础施工

单元简介

桥梁基础根据埋置深度的不同分为浅基础和深基础。我们通常把埋置深度小于 5 m 的基础称为浅基础,把埋置深度大于 5 m 的基础称为深基础。

桥梁基础施工主要是通过仿真施工动画、录像或理实一体化教学模式,掌握桥梁基础(天然地基上浅基础、桩基础等)的施工工艺、施工方法、施工质量控制要点,使学生能依据《公路桥涵施工技术规范》(JTG/T 3650—2020)和《公路工程质量检验评定标准 第一册 土建工程》(JTG F80/1—2017)指导桥梁基础施工全过程,并能够进行质量检测、计量等工作,为桥梁下部结构的施工做好准备,使学生具有桥梁施工员、检测员、计量员的能力和素质。

本单元包括刚性扩大浅基础施工和桩基础施工两个项目。

项目五 刚性扩大浅基础施工

项目描述

刚性扩大浅基础施工是掌握浅基础施工前准备工作的任务和要点,应掌握施工中的规范要求和技术标准,了解施工资料的组成。通过学习和锻炼,能根据地质、水文条件确定地基承载能力和地基沉降量大小,从而确定是否进行地基处理;能根据施工和管理的要求,合理地组织浅基础的施工;能够合理处理施工中的关键技术和施工事故,提交事故处理方案;能够完成施工过程中相关资料的填写;能够完成浅基础的相关质量检测工作。学生应具备桥梁施工员、检测员、计量员的基本能力。

本项目包括复核刚性扩大浅基础施工图、基础施工和明挖扩大浅基础施工质量检测三个任务。

根据基础埋置深度可以将基础分为浅基础和深基础两种。我们通常把埋置深度小于 5 m 的基础称为浅基础,其竖向尺寸与平面尺寸相当,侧面摩擦力对基础承载力的影响可忽略不计。浅基础包括独立基础、条形基础、筏形基础、箱形基础、壳形基础等。浅基础施工比较方便,通常采用明挖法从地面开挖基坑后直接在基坑底面砌筑基础、浇筑基础,是桥梁中地层条件良好地基的首选基础方案。刚性扩大基础是最常见的浅基础形式之一,其特点是稳定性好、施工简便、取材容易、能承受较大的荷载,但其缺点是自重大,若浅层持力层条件不好,由于基础面积不能无限制扩大,需要对地基进行处理或加固后才能采用。

任务一　复核刚性扩大浅基础施工图

※任务描述

本任务学习的主要目的是掌握刚性扩大浅基础施工图的作用和组成，使学生能根据施工管理要求，合理识读、审核刚性扩大浅基础施工图，能发现一般性问题，能复核施工图中结构尺寸和工程量计算，为桥梁刚性扩大浅基础的施工、计量提供依据，使学生具有施工员、计量员的基本能力。

识读桥梁施工图的方法是形体分析法，即用形体分析的方法来分析桥梁施工图。看图时，决不能单看一个投影图，而是要将其他有关的投影图联系起来，再运用投影规律，相互对照，弄清整体。

图 5-1 所示是某空腹式石拱桥 0 号桥台（包括基础）的构造布置图。它主要反映 0 号桥台（包括基础）的具体外部尺寸。该桥台为重力式 U 形桥台，基础采用的是明挖刚性扩大浅基础。在此仅对浅基础的构造布置及尺寸进行解读。

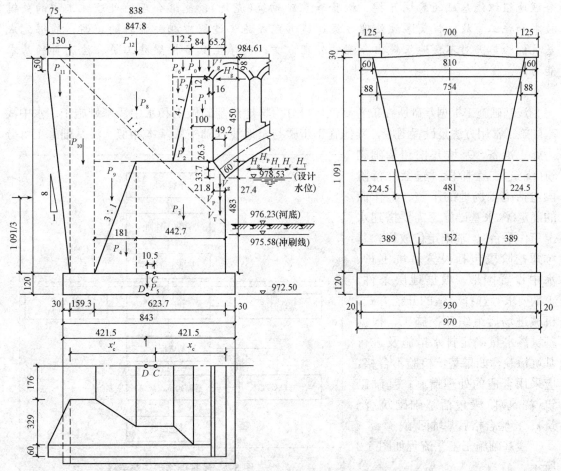

图 5-1　重力式 U 形桥台构造布置图（单位：cm）

(1)立面图:显示了该浅基础的立面尺寸,即基础顺桥向的长度、基础高度、襟边宽度,若为台阶形基础,则显示每层基础的高度和台阶宽度;还显示了基础底面、基础顶面、河床地表的标高,以控制施工。

(2)侧面图:显示了该浅基础的侧面尺寸,即基础横桥向的宽度、基础高度、襟边宽度,若为台阶形基础,则显示每层基础的高度和台阶宽度;还显示了基础底面、基础顶面、河床地表的标高,以控制施工。

(3)平面图:显示了该基础的平面尺寸,即每层基础顺桥向的长度、横桥向的宽度、襟边宽度和台阶宽度。

任务二 基础施工

※任务描述

本任务学习的基本目的是掌握基础施工前准备工作的任务和要点,掌握旱地基坑、水中基坑开挖的方法,质量控制要点,基坑检验的内容、方法,基坑不良地基处理的方法;掌握基础的施工方法、质量控制要点。通过学习和锻炼,能根据施工和管理的要求,合理地组织浅基础的基坑开挖、检验和基础砌筑(浇筑);能够合理地处理施工中的关键技术和施工事故,提交事故处理方案;能够完成施工过程中相关资料的填写;能够完成基坑检验,并对不良地基提出合理的处理方案;使学生具备桥梁施工员、检测员的基本能力。

浅基础施工根据基础所在位置高低,可分为旱地浅基础施工和水中浅基础施工。水中浅基础施工常用方法是设置围堰,其他施工步骤与旱地浅基础施工基本相似。浅基础施工可分为施工准备、基坑开挖和基础砌筑(浇筑)三个阶段。施工准备阶段包括施工场地的平整、工作面的确定(深水基础施工需要搭建水上工作平台)、基础定位放样;基坑开挖阶段包括设置基坑围护、水中设置围堰,根据地层条件、工期要求等选择合适的开挖方式,机械进场后组织开挖施工,根据基坑渗水量确定排水措施及进行基坑检验,如果基坑检验不合格,应采用合适的处理措施;基础砌筑(浇筑)阶段包括基础砌筑(浇筑)、检验合格后基坑回填。

浅基础施工工艺流程如图5-2所示。

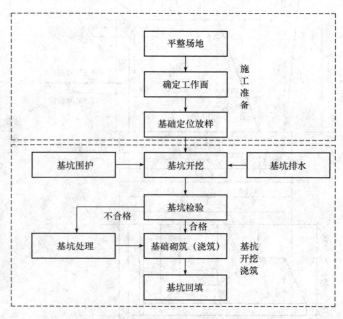

图5-2 浅基础施工工艺流程

一、施工准备

(一)平整场地

开挖前应平整场地、清除杂物,将地上、地下的电缆、管线、旧建筑物、设备基础等障碍物排除处理完毕。各项临时设施,如照明、动力、安全等设施准备就绪。整平后的场地要平整密实,在半山坡要防止滑塌,场地要牢固。

(二)确定工作面

施工场地平面尺寸应按浅基础设计的平面尺寸、施工尺寸及其他配合施工机具设施等布置情况确定,要求布局合理,便于施工。

一般情况按基础平面尺寸四周各边增宽 0.5～1.0 m,以便在基础底面外安置基础模板,设置排水沟、集水坑,以免影响坑壁稳定。在干旱晴天施工的坑壁垂直的无水基坑坑底,可按基础平面尺寸不必加大,直接利用垂直坑壁作为外模浇筑(砌筑)基础。

坑壁边应留有护道,静载(弃土及材料堆放)距坑缘不小于 0.5 m,动载(机械及机车通道)距坑缘不小于 1.0 m,在垂直坑壁坑缘边的护道还应适当增宽,堆置弃土的高度不得超过 1.5 m。

(三)基坑开挖轮廓线的放样

首先确定桥梁墩台的中心位置(墩台中心定位)和纵、横轴线。在基础开挖之前,再根据墩、台的中心点及纵、横轴线,按设计的平面形状设出基础轮廓线的控制点。如果基础的形状为方形或矩形,基础轮廓线的控制点为四个角点及四条边与纵、横轴线的交点;如果是圆形基础,则为基础轮廓线与纵、横轴线的交点,必要时可加设轮廓线与纵、横轴线呈 45°角的交点。控制点距墩中心点或纵、横轴线的距离应略大于基础设计的底面尺寸,一般可大 0.3～0.5 m,以保证正确安装基础模板为原则。

根据地基土质情况,开挖基坑时坑壁需要具有一定的坡度,应测设基坑的开挖边界线(图 5-3)。此时可先在基坑开挖范围测量地面高程,然后根据地面高程与坑底设计高程之差以及坑壁坡度,计算出边坡桩至墩、台中心的距离 d:

$$d = \frac{b}{2} + H \times n$$

式中　b——坑底的长度或宽度;
　　　H——地面高程与坑底设计高程之差,即基坑开挖深度;
　　　n——坑壁坡度系数。

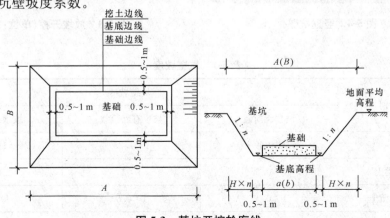

图 5-3　基坑开挖轮廓线

二、基坑开挖及围护

基坑开挖包括以下内容：根据地质情况及周围环境等确定开挖方式，根据墩台基础及下部结构形式、施工条件的要求确定开挖形状、确定是否设围堰，如设围堰，则确定围堰方案、基坑排水方案、基坑检验及基坑处理措施。

为建筑基础而开挖的基坑，其形状和开挖面的大小视墩台基础及下部结构的形式、施工条件的要求，挖成方形、矩形或长条形的坑槽。坑槽的深度视基础埋置深度而定。

基坑开挖断面是否设置坑壁围护结构，可视土的类别性质、基坑暴露时间长短、地下水水位的高低以及施工场地大小等因素而定。

开挖基坑时常采用机械与人工相结合的施工方法，它不需要复杂的机具，技术条件较简单，易操作，常用的机具多为位于坑顶由起吊机操纵的挖土斗和抓土斗，大方量的特大基坑，也可用铲式挖土机、铲运机和自卸车等。基坑采用机械挖土，挖至距设计标高约 0.3 m 时，应采用人工开挖修整，以保证地基土结构不被扰动破坏。

(一)旱地上基坑开挖及围护

1. 无围护基坑

无围护基坑适用于基坑较浅，地下水水位较低或渗水量较少，不影响坑壁稳定时，此时可将坑壁挖成竖直或斜坡形。竖直坑壁(图 5-4)只适宜在岩石地基或基坑较浅又无地下水的硬黏土中采用。在一般土质条件下开挖基坑时，应采用放坡开挖(图 5-5)的方法。深度在 5 m 以内的基坑、地基土质湿度正常、开挖暴露时间不超过 15 d 的情况下，基坑坑壁坡度可按表 5-1 确定。

图 5-4 竖直坑壁

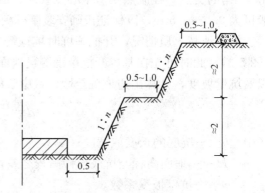

图 5-5 放坡开挖(单位：m)

表 5-1 坑壁坡度

坑壁土类别	坑壁坡度		
	坡顶无荷载	坡顶有静荷载	坡顶有动荷载
砂类土	1：1	1：1.25	1：1.5
卵石、砾类土	1：0.75	1：1	1：1.25
粉质土、黏质土	1：0.33	1：0.5	1：0.75

续表

坑壁土类别	坑壁坡度		
	坡顶无荷载	坡顶有静荷载	坡顶有动荷载
极软岩	1∶0.25	1∶0.33	1∶0.67
软质岩	1∶0	1∶0.1	1∶0.25
硬质岩	1∶0	1∶0	1∶0

基坑底面应满足基础施工要求，对渗水的土质基坑，一般按基底的平面尺寸，每边增宽 50～100 cm，以便在基底外设置排水沟、集水坑和基础模板。为了保证坑壁边坡的稳定，当基坑深度较大时，应在边坡中部加设宽度为 50～100 cm 的平台，如图 5-5 所示。必要时在坑顶周围设置排水沟，以免地面水流入基坑。当基坑顶缘有动载时，顶缘与动载之间至少应留 1 m 宽的护道。

2. 有围护基坑

当基坑坑壁土质不易稳定，并有地下水的影响；或放坡开挖工程量过大，不符合多、快、好、省要求；或受施工场地或邻近建筑物限制，不能采用放坡开挖时，宜采用加设围护结构的竖直坑壁基坑，这样既保证了施工的安全，也可大量减少土方量。基坑围护结构作为加固坑壁的临时性措施，有以下几种：

（1）板桩墙支护。板桩是在基坑开挖前先垂直打入土中至坑底以下一定深度，然后边挖边设支撑，开挖基坑过程始终是在板桩支护下进行。

板桩墙分为无支撑式[图 5-6(a)]、支撑式和锚撑式[图 5-6(b)]。支撑式板桩墙按设置支撑的层数可分为单支撑式板桩墙[图 5-6(c)]和多支撑式板桩墙[图 5-6(d)]。由于板桩墙多应用于较深基坑的开挖，故多支撑式板桩墙应用较多。

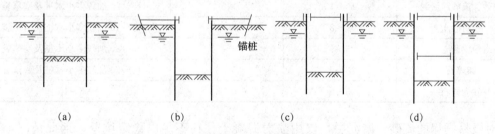

图 5-6 板桩墙支护
(a)无支撑式；(b)锚撑式；(c)单支撑式；(d)多支撑式

（2）喷射混凝土护壁。喷射混凝土护壁（图 5-7）宜用于土质较稳定、渗水量不大、深度小于 10 m、直径为 6～12 m 的圆形基坑。对于有流砂或淤泥夹层的土质，也有使用成功的实例。

喷射混凝土护壁的基本原理是以高压空气为动力，将搅拌均匀的砂、石、水泥和速凝剂干料，由喷射机经输料管吹送到喷枪，在通过喷枪的瞬间，加入高压水进行混合，自喷嘴射出，喷射在坑壁，形成环形混凝土护壁结构，以承受土压力。

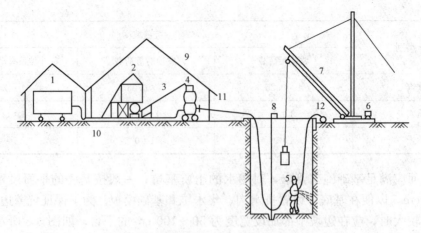

图 5-7 喷射混凝土护壁作业示意图
1—空压机；2—拌合机；3—带式运输机；4—喷射机；5—喷射手；6—卷扬机；7—摇头扒杆；
8—抽水机；9—拌合堆料棚；10—高压管路；11—混凝土喷射管路；12—高压水管路

喷射混凝土的厚度，主要取决于地质条件、渗水量、基坑面大小及开挖深度等因素，可参考表 5-2 选定。喷射混凝土所需的机具主要有空压机、高压水泵、拌合机、喷射机、混凝土输送管道。混凝土拌合料的级配根据喷射机输料管的直径而不同，集料最大粒径为 16 mm 及 25 mm，配合比为水泥∶砂石∶水＝1∶4∶(0.4～0.5)。速凝剂的掺加量为水泥用量的 3%～4%，掺入后停放时间不应超过 20 min。

表 5-2 喷射混凝土的厚度 cm

土质条件	渗水情况		
	无水基坑	有少量渗水基坑	有大量渗水基坑
粉砂、流砂、淤泥	10～15	15	15～20 加较多小木桩及塞草袋
粉质砂土	5～8	8～10	15～20 加较多小木桩及塞草袋
粉质黏土	3～5	5～8	15～20 加较多小木桩及塞草袋
卵碎石	3～5	5～8	15～20 加较多小木桩及塞草袋
砂夹卵石	3～5	5～8	8～10

对极易坍塌的流砂、淤泥层，仅用喷射混凝土往往不足以稳定坑壁，遇此情况，可先在坑壁上打入小木桩或在打好成排的木桩上编制竹篱，在有大量流砂之处塞以草袋，然后喷射 15～20 cm 的混凝土，即可防坍塌。

对于无水或少水的坑壁，每层高度范围内，喷射混凝土应由下部向上部循环进行，这样对少量渗水的土层，一经喷射即能完全止水；对涌水的坑壁，喷射混凝土则应由上而下循环进行，以保证新喷射的混凝土不致被水冲坏。

(3) 混凝土围圈护壁。采用混凝土围圈护壁时，基坑自上而下分层垂直开挖，开挖一层后随即浇筑一层混凝土壁。为防止已浇筑的围圈混凝土施工时因失去支承而下坠，顶层混凝土应一次整体浇筑，以下各层间隔开挖和浇筑，并将上下层混凝土纵向接缝错开。开挖面应均匀分布对称施工，及时浇筑混凝土壁支护，每层坑壁无混凝土壁支护总长度应不大于周长的一半。分层高度以垂直开挖面不坍塌为原则，一般顶层高 2 m 左右，以下每层高 1～1.5 m。

混凝土围圈护壁也是用混凝土环形结构承受土压力，但其混凝土壁是现场浇筑的普通混凝土，壁厚较喷射混凝土大，一般为15～30 cm，也可按土压力作用下环形结构计算。

喷射混凝土护壁要求有熟练的技术工人和专门设备，对混凝土用料的要求也较严格，用于超过10 m的深基坑还无成熟经验，因而有其局限性。混凝土围圈护壁则适应性较强，可以按一般混凝土施工，基坑深度可达15～20 m，除流砂及呈流塑状态黏土外，可适用于其他各种土类。

（4）挡板支撑。挡板支撑（图5-8）适用于开挖面积不大、地下水水位较低、挖基深度较浅的基坑。根据具体情况，挡板可垂直设置或水平横放。挡板支撑由立木、横枋、顶撑及衬板组成。衬板厚度为4～6 cm，以便于挖基运土，顶撑应设在同一垂直面内。

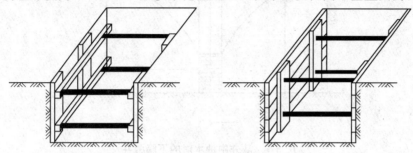

图5-8　挡板支撑

基坑开挖时，若坑壁土质密实，不会随挖随坍，可先将基坑一次开挖至设计高程，再沿着坑壁竖向撑以衬板（密排或间隔排），然后在衬板上压以横木，中间用顶撑撑住。

若坑壁土质较差，或所挖基坑较深，坑壁土有随挖随坍可能时，则可用水平衬板支撑，分层开挖，随挖随撑。

（二）基坑排水

基坑如在地下水水位以下，随着基坑的下挖，渗水将不断涌入基坑，因此施工过程中必须不断地排水，以保持基坑的干燥，便于基坑挖土和基础的砌筑与养护。目前，常用的基坑排水方法有表面排水法和井点法两种。

1. 表面排水法

表面排水法是在基坑整个开挖过程及基础砌筑和养护期间，在基坑四周开挖集水沟汇集坑壁及基底的渗水，并引向一个或数个比集水沟挖得更深一些的集水坑。集水沟和集水坑应设在基础范围以外，在基坑每次下挖以前，必须先挖沟和坑，集水坑的深度应大于抽水机吸水龙头的高度，在吸水龙头上套竹筐围护，以防土石堵塞龙头。

这种排水方法设备简单、费用低，一般土质条件下均可采用。但当地基土为饱和粉细砂土等黏聚力较小的细粒土层时，由于抽水会引起流砂现象，造成基坑的破坏和坍塌，因此应避免采用表面排水法。

2. 井点法

对粉质土、粉砂类土等，如采用表面排水法极易引起流砂现象，影响基坑稳定，此时可采用井点法降低地下水水位。根据使用设备，井点主要有轻型井点、喷射井点、电渗井点和深井泵井点等多种类型，可根据土的渗透系数、要求降低水位的深度及工程特点选用。

轻型井点降水是在基坑开挖前预先在基坑四周打入（或沉入）若干根井管，井管下端1.5 m左右为滤管，上面钻有若干直径约2 mm的滤孔，外面用过滤层包扎起来。各个井管用集水管连接并抽水。由于抽水使井管两侧一定范围内的水位下降,形成了向井管附近弯曲的下降曲线,即"下降漏斗",如图 5-9 所示。各井管相互影响形成一个连续的疏干区,在整个施工过程中保持不断抽水,以保证在基坑开挖和基础砌筑的整个过程中基坑始终保持着无水状态。该方法可以避免发生流砂和边坡坍塌现象,且由于流水压力对土层还有一定的压密作用。

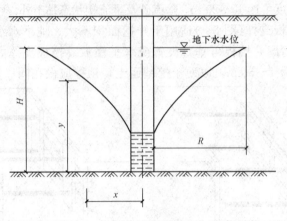

图 5-9 从井中抽水时的下降漏斗

井点的布置应根据基坑的大小、平面尺寸和降水深度的要求,以及土层的渗透性和地下水流向等因素确定。若要求降水深度为 4～5 m,可采用单排井点;若降水深度要求大于 6 m,则可采用两级或多级井点。如基坑宽度小于 5 m,则可在地下水流的上游设置单排井点。当基坑面积较大时,可设置不封闭井点或封闭井点(如环形、U 形),如图 5-10 所示。井点管距基坑壁不小于 1～2 m,井点管的间距为 1.0～1.8 m,不超过 3 m。

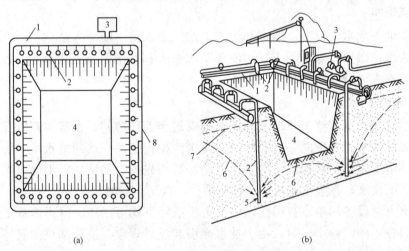

图 5-10 环形井点布置示意图
(a)平面;(b)剖面
1—集水总管;2—井点管;3—抽水设备;4—基坑;5—滤水管;
6—地下水降落曲线;7—原地下水水位线;8—挖土机出入口

(三)水中基坑开挖时的围堰工程

在水中修筑桥梁基础时,开挖基坑前需在基坑周围先修筑一道防水围堰,把围堰内水排干后,再开挖基坑修筑基础。如排水较困难,也可在围堰内进行水下挖土,挖至预定标高后先灌注水下封底混凝土,然后抽干水继续修筑基础。在围堰内不但可以修筑浅基础,也可以修筑桩基础等。

围堰的种类有土围堰、草(麻)袋围堰、钢板桩围堰、双壁钢围堰和地下连续墙围堰等。水中基坑开挖对围堰的要求如下:

(1)围堰顶面标高应高出施工期间可能出现的最高水位0.5 m以上,有风浪时应适当加高。

(2)修筑围堰将压缩河道断面,使流速增大引起冲刷,或堵塞河道影响通航,因此要求河道断面压缩一般不超过流水断面积的30%。对两边河岸河堤或下游建筑物有可能造成危害时,必须征得有关单位同意并采取有效防护措施。

(3)围堰内尺寸应满足基础施工要求,留有适当工作面积,由基坑边缘至堰脚距离一般不少于1 m。

(4)围堰结构应能承受施工期间产生的土压力、水压力以及其他可能发生的荷载,满足强度和稳定要求。围堰应具有良好的防渗性能。

1. 土围堰和草袋围堰

在水深较浅(2 m以内),流速缓慢,河床渗水较小的河流中修筑基础可采用土围堰或草袋围堰。土围堰(图5-11)用黏性土填筑,无黏性土时,也可用砂土填筑,但须加宽堰身以加大渗流长度,砂土颗粒越大,堰身越要加厚。围堰断面应根据使用土质条件、渗水程度及水压力作用下的稳定性确定。若堰外流速较大,可在外侧用草袋柴排防护。

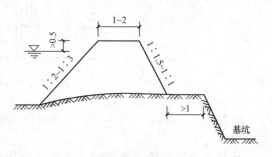

图5-11 土围堰(单位:m)

此外,还可以用竹笼片石围堰和木笼片石围堰做水中围堰,其结构由内外两层装片石的竹(木)笼中间填黏土芯墙组成,如图5-12(a)所示。堰顶宽度一般为2.0~2.5 m,为避免片石笼对基坑顶部压力过大,并为必要时变更基坑边坡留有余地,片石笼围堰内侧一般应距基坑顶缘3 m以上。

在水不深但河床有一层不厚的易于透水的覆盖层时,为免渗漏,可在外圈围堰完后,先行抽水,至水深约50 cm时,挖出内堰底下的覆盖层,然后堆码内堰土袋,填筑芯墙,即可防止河床漏水,如图5-12(b)所示。

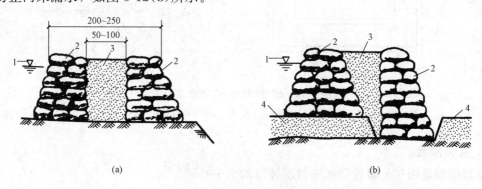

图5-12 土袋围堰(单位:cm)
(a)黏土芯墙;(b)有透水覆盖层
1—施工期间最高水位;2—草袋或竹笼;3—黏土芯墙;4—透水覆盖层

2. 钢板桩围堰

钢板桩围堰适用于砂类土、碎卵石类土、硬黏性土和风化岩等地层，具有材料强度高、防水性能好、穿透土层能力强、堵水面积小、可重复使用的优点。因此，当水深超过 5 m 或土质较硬时，可选用钢板桩围堰。

修建水中桥梁基础常使用单层钢板桩围堰，其支撑（一般为万能杆件构架，也可采用浮箱拼装）和导向（由槽钢组成内外导环）系统的框架结构称为"围囹"或"围笼"（图 5-13）。

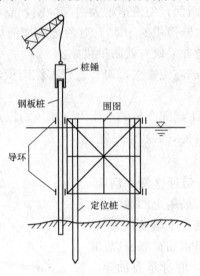

图 5-13 围囹法打钢板桩

在深水中修建桥梁基础时，为确保围堰不渗水，或基坑范围大，不便设置支撑时，可采用双层钢板桩围堰（图 5-14）。

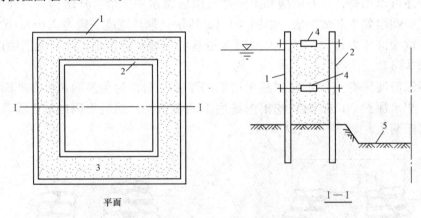

图 5-14 双层（双壁）式围堰示意图
1—外壁；2—内壁；3—填土；4—锚系杆；5—基坑

3. 套箱围堰

套箱围堰适用于无覆盖层或覆盖层较薄的水中基础。

套箱为无底的围套，内部设木或钢支撑，组成支架，木板套箱在支架外面顶装两层企口木板，用油灰捻缝以防漏水；钢套箱则设焊接或铆合而成的钢板外壁。

木套箱采用浮运就位,加重下沉;钢套箱利用船运起吊就位下沉。在下沉套箱之前,应清除河床覆盖层并整平岩层。套箱沉至河底后,宜在箱脚外侧填以黏土或用装土草(麻)袋护脚。

三、基坑检验与处理

天然地基上的浅基础,由于埋入地层深度较浅,施工一般采用敞开挖基坑修筑基础的方法。基坑挖至基底设计标高,或已按设计要求加固、处理完毕后,须经过基底检验,才可以进行基础圬工施工。

基底检验必须及时,以免使待检验基底暴露时间过久而改变原状土的结构或风化变质。

(一)检验内容

(1)检验基底平面位置、尺寸大小,基底标高是否符合设计要求,偏差值是否在现行有关规定允许范围以内。

(2)检查基底地质情况和承载力是否与设计资料相符。

(3)检查基底处理和排水情况是否符合规范要求。

(4)检查施工记录及有关试验资料等,平面周线位置不小于设计要求;检验地基经加固、处理后的效果是否达到设计要求。

(二)检验方法

按桥涵大小、地基土质复杂(如溶洞、断层、软弱夹层、易溶岩等)情况及结构对地基有无特殊要求,可采用以下检验方法:

(1)桥涵地基检验:可采用直观或触探方法,必要时可进行土质试验。

(2)大、中桥和地基土质复杂、结构对地基有特殊要求的地基检验,一般采用触探和钻探(钻深至少4 m)取样做土工试验,或按设计要求进行荷载试验。

(3)特大桥按设计要求处理。

(三)基底平面位置和标高

基底平面位置和标高允许偏差规定如下:

(1)平面周线位置不小于设计要求。

(2)基底标高:土质±50 mm;石质+50 mm,−200 mm。

(四)基底处理

基坑开挖至设计标高后,按地质情况要采取相应的处理措施。

对于一般性能良好的未风化岩石地基,应将岩面上的松碎石块、淤泥、苔藓等清除后洗净岩面。若岩层倾斜,还应将岩面凿平或凿成台阶。若基底位于风化岩层上,则应按基础尺寸凿除已风化的表面岩层,在砌筑基础圬工的同时将基坑底填满、封闭。

对于土质基底,要将底面修理平整,于最短时间内砌筑基础,不得暴露或浸水过久。

对于其他特殊地基,还应选用以下特殊处理方法。

1. 软弱地基

软土或承载能力很低的地基称为软弱地基,必须采取措施进行处理,主要方法有换填土、砂砾垫层、袋装砂井和排水塑料板、生石灰桩、真空预压及粉体喷射拌和等。其详细施工工艺及技术要求见《公路桥涵施工技术规范》(JTG/T 3650—2020)。

2. 湿陷性黄土地基

湿陷性黄土地基处理应尽量避免在雨期施工，否则应有专门的防排水设施，基础筑出地面后应及时用不透水土或原土分层回填夯实至稍高于附近地面，以利排水。处理方法主要有重锤夯实法、换填灰土分层夯实法、土桩深层挤实及土的硅化等方法，其中重锤夯实法和换填灰土分层夯实法应用较为普遍。

3. 多年冻土地基

基础的基底修筑于多年冻土层（永冻土）时，基坑底之上应设置隔温层或保温材料，且铺筑宽度应在基础外缘加宽 1 m。

多年冻土地基施工要按保持冻结的原则，尽量避开高温季节，应注意以下几个问题：

(1) 严禁地表水流入基坑。
(2) 及时排除季节冻层内的地下水和冻土本身融化水。
(3) 必须搭设遮阳棚和防雨棚。
(4) 施工前做好充分准备，组织快速施工，做好基础后立即回填封闭，防止热量侵入。

4. 泉眼及溶洞处理

若地基出现泉眼，一种处理方法是堵眼，将有螺口的钢管打入泉眼，盖上螺母拧紧，阻止泉水流出；或者向泉眼内压注速凝水泥砂浆，再打入木塞堵眼。另一种处理方法是引流排水，堵眼有困难时，可用管子塞入泉眼，将水流引至集水坑或天然沟谷。

对出露的较大溶洞，可采用混凝土掺片石灌注或用钢筋混凝土结构加盖处理。小溶洞采用压水泥砂浆或小石子混凝土压灌处理。大型溶洞应专门研究确定施工方案。

四、基础砌筑和基础浇筑

扩大基础的种类有浆砌片石、浆砌块石、片石混凝土、钢筋混凝土等几种，现将施工方法分别介绍如下。

明挖扩大基础施工

(一) 基础砌筑

当基础开挖完毕并进行处理后，即可砌筑基础。砌筑时，应自最外边开始，砌好外圈再砌筑腹部。

基础一般采用片石砌筑。石料在砌筑前应浇水湿润，表面清洁。当地基为土质时，石料可直接铺于地基上；当地基为岩石时，则应铺坐灰浆再砌石块。砌筑时，宜分层砌筑，且轮流丁放或顺放，并用小石子填塞缝隙，灌以砂浆。两相邻工作段的砌筑差一般不宜超过 1.2 m；分段位置宜尽量设在沉降缝或伸缩缝处，各段水平砌缝应一致。

各砌层的砌块应安放稳固，砌块间应砂浆饱满，粘结牢固，不得直接贴靠或脱空。砌筑时底浆应铺满，竖缝砂浆应先在已砌石块侧面铺放一部分，然后于石块放好后填满捣实。

片石砌体宜以 2～3 层砌块组成一工作层，每层的水平缝应大致找平，各层竖缝应相互错开，不得贯通。外圈定位行列和转角石，应选择形状较为方正及尺寸较大的片石，并长短相间地与里层砌块咬接，砌缝宽度一般不应大于 4 cm。较大的砌块应放在下层，石块的尖锐凸出部分应敲除。竖缝较宽时，在砂浆中塞以小石块填实。

块石砌筑时每层石料高度应大致一样，外圈定位行列和镶面石块，应丁顺相间或二顺一丁排列，砌缝宽度不大于 3 cm，上下层竖缝错开距离不小于 8 cm。

(二)基础浇筑

基础在浇筑前,首先应安装模板。在进行基础及墩身的模板放样时,可将经纬仪安置在墩、台中心线上的一个护桩上,以另一较远的护桩定向,这时仪器的视线即中心线方向。安装模板使模板中心与视线重合,即模板的正确位置。当模板的高度低于地面,可用仪器在临近基坑的位置放出中心线上的两点。在这两点上挂线并用垂球指挥模板的安装工作。

支模前应先检查土壁的稳定情况,遇有裂纹及塌方危险时,应在采取安全防范措施后,方准人工下坑作业。在基底冲洗干净,没有浮浆及残渣的情况下进行模板安装。基槽(坑)离上口边缘 1 m 内不得堆放模板及支撑件。同时,上下人时要互相呼应,运下的模板及支撑件严禁立放在基槽(坑)土壁上。绑扎钢筋、灌注混凝土等不得站立在模板上操作,注意观测模板变形和稳定情况,防止混凝土在浇筑过程中因支撑过度或支撑不足而产生变形。

1. 加石混凝土和片石混凝土

片石应选用未风化、坚硬的石料,极限抗压强度不小于设计值,片石的尺寸不应大于所浇筑部位最小宽度的 1/3,并不得大于 300 mm,表面的石粉、污泥及水锈等在填充前用水冲洗干净。

片石混凝土基础浇筑时,先铺筑一层 100~150 mm 厚混凝土打底,再铺填片石,然后摊铺混凝土并用插入式振动器振捣,每层厚度为 200~250 mm。浇捣后再继续铺一层片石和混凝土,直至达到设计标高为止,片石顶面应保持有不小于 100 mm 的混凝土覆盖面。

片石铺设应均匀排列,大面朝下,小头向上,片石纹理应与受力方向垂直。

混凝土中填放片石时应符合以下规定:

(1)埋放石块的数量不宜超过混凝土结构体积的 25%;当设计为片石混凝土砌体时,石块可增加为 50%~60%。

(2)应选用无裂纹、夹层且未被煅炼过的、高度小于 15 cm、具有抗冻性能的石块。

(3)石块的抗压强度应不小于 25 MPa 及相应混凝土强度等级。

(4)石块应清洗干净,应在捣实的混凝土中埋入一半以上;石块应分布均匀,净距不小于 10 cm,距结构侧面和顶面净距不小于 15 cm,对于片石混凝土,石块净距可以不小于 4~6 cm,石块不得挨靠钢筋或预埋件,以确保每块片石被混凝土包裹。

2. 钢筋混凝土基础

旱地浇筑钢筋混凝土基础,应在对基底及基坑验收完成后尽快绑扎、放置钢筋;在底部放置混凝土垫块,保证钢筋的混凝土净保护层厚度,同时安放墩柱或台身钢筋的预埋部分,保证其定位准确;对全部钢筋进行检查验收,保证其根数、直径、间距、位置满足设计文件和技术规范要求后,即可浇筑混凝土。拌制好的混凝土运输至现场后,若高差不大,可直接倒入基坑。若倾卸高度过大,为防止发生离析,应设置串筒或溜槽,槽内焊上减速钢梳,保证混凝土整体均匀运入基坑,用插入式振动器振捣密实。浇筑应分层进行,但应连续施工,在下层混凝土开始凝结之前,应将上层混凝土浇筑捣实完毕。基础全部筑完凝结后,要立即覆盖草袋、麻袋、稻草或砂子,并经洒水养护。一般普通硅酸盐水泥混凝土养护时间为 7 昼夜以上,矿渣水泥、火山灰质水泥或掺用塑化剂的混凝土养护时间为 14 昼夜以上。

为防止墩台基础第一层混凝土中的水分被基底吸收或基底水分渗入混凝土,对墩台基底处理除应符合天然地基的有关规定外,还应满足以下要求:

(1)基底为非黏性土或干土时,应将其湿润;

(2)基底如为过湿土时,应在基底设计高程下夯填一层10~15 cm厚片石或碎(卵)石层;

(3)基底面为岩石时,应加以润湿,铺一层厚2~3 cm的水泥砂浆,然后于水泥砂浆凝结前浇筑第一层混凝土。

水中混凝土基础在基坑排水的情况下施工方法与旱地基础相同,只是在混凝土凝固后即可停止排水,也不需再进行专门的养护工作。

混凝土浇筑完毕并且强度达到设计规定值后,即可拆除模板。拆模时应先检查基槽(坑)壁的状况,发现有松软、龟裂等不安全因素时,必须在采取防范措施后,方可下人作业,拆下的模板和支承杆件不得在离槽(坑)上口1 m以内堆放,并随拆随运。

五、基坑回填

待基础混凝土达到设计强度并检验合格后,即可用规定的回填土或原土进行基坑回填。

填筑前,首先对回填段进行地形、剖面的测量复核,并把测量资料报送工程师复检。其次对测量后的基坑进行基础面的清理,最后报工程师进行回填前的验收,验收合格后方可回填。

在回填过程中,根据试验确定的土料最佳含水率、摊铺厚度、夯实遍数,对填筑过程进行严格控制,不允许超出经试验确定的铺土厚度。人工夯实按每层20 cm一次性达到要求向前推进,在回填铺土夯实时其推进方向与轴线平行。在降雨前应及时压实作业面表层松土,并将作业面做成拱面或坡面以利排水,雨后应晾晒或对填土面的淤泥进行清除,合格后方可继续填筑。

任务三　明挖扩大浅基础施工质量检测

※任务描述

明挖扩大浅基础施工完毕,施工单位应进行自检,并完成质量评定,才能申请交工验收。通过本任务的学习,学生应掌握明挖扩大浅基础检测的内容、方法、频率,浅基础施工质量的评定标准、方法;具备明挖扩大浅基础施工质量相关检测的能力。

一、基础砌体

1. 基本要求

(1)地基承载力应满足设计要求,严禁超挖后回填虚土。

(2)砌块应错缝、坐浆挤紧,缝宽均匀,砌块间嵌缝料和砂浆应饱满。

(3)勾缝砂浆强度不得小于砌筑砂浆强度。

2. 实测项目

基础砌体实测项目见表5-3。

表 5-3　基础砌体实测项目

项次	检查项目		规定值或允许偏差	检查方法和频率
1△	砂浆强度/MPa		在合格标准内	按《公路工程质量检验评定标准 第一册 土建工程》(JTG F80/1—2017)附录 F 检查
2	平面尺寸/mm		±50	尺量：长度、宽度各测 3 处
3	基础底面标高/mm	土质	±50	水准仪：测 5 处
		石质	+50，-200	
4	基础顶面标高/mm		±30	水准仪：测 5 处
5	轴线偏位/mm		≤25	全站仪：纵、横向各测 2 点

二、混凝土扩大基础

1. 基本要求

(1)基底的处理和地基承载能力必须满足设计要求。

(2)地基超挖后严禁回填虚土。

2. 实测项目

混凝土扩大基础实测项目见表 5-4。

表 5-4　混凝土扩大基础实测项目

项次	检查项目		规定值或允许偏差	检查方法和频率
1△	混凝土强度/MPa		在合格标准内	按《公路工程质量检验评定标准 第一册 土建工程》(JTG F80/1—2017)附录 D 检查
2	平面尺寸/mm		±50	尺量：长度、宽度各测 3 处
3	基础底面标高/mm	土质	±50	水准仪：测 5 处
		石质	+50，-200	
4	基础顶面标高/mm		±30	水准仪：测 5 处
5	轴线偏位/mm		≤25	全站仪：纵、横向各测 2 点

项目六　桩基础施工

📖 项目描述

如果建筑场地浅层的土质不能满足建筑物对地基承载力和变形的要求,而又不适宜采取地基处理措施时,就要考虑深基础方案了。桩基础是目前公路桥梁建设行业常见的深基础形式,在公路桥梁施工中应用广泛,桩基础具有较高的承载能力与稳定性,是减少建筑物沉降与不均匀沉降的良好措施,也是克服复杂条件下不良地质现象危害的重要措施,且有良好的抗震、抗爆性能,具有很强的灵活性,对结构体系、范围及荷载变化等有较强的适应能力,也可作为地基处理措施以提高地基的强度及稳定性。本项目就以灌注桩施工引领教学活动,旨在让学生在领会桩基础设计意图、明确工程内容、掌握工程特点的基础上,通过编制施工技术方案正确选择合适的方法,按照《公路桥涵施工技术规范》(JTG/T 3650—2020)和《公路工程质量检验评定标准　第一册　土建工程》(JTG F80/1—2017)的相关规定进行桩基础施工工作,培养学生桩基础施工的职业能力。

本项目包括复核桩基础施工图、钻孔灌注桩施工、钻孔灌注桩的施工质量检验与评定、桩基础的施工计量、编制钻孔灌注桩基础施工方案、挖孔灌注桩施工和承台施工七个任务。

学生学完本项目后,能完成桩基础施工图的复核工作,并能发现一般性问题,能完成钻孔灌注桩的施工测量放样,能按规范要求和技术标准完成钻孔灌注桩的施工,能完成钻孔灌注桩施工计量,能完成钻孔灌注桩的施工质量检测评定,能完成钻孔灌注桩施工方案的编写,能按规范要求和技术标准完成挖孔灌注桩施工。

任务一　复核桩基础施工图

※任务描述

施工单位在接到桩基础施工图设计文件后,应组织有关技术人员对施工图设计文件进行复核,充分领会设计意图。通过完成本任务,学生应掌握桩基础施工图的组成、尺寸要素,能读懂桩基础施工图,具备识读桩基础施工图的工作能力。

一、桩基础施工图组成

桩基础是一种常用的深基础,是由埋于地基土中的若干根桩及将所有桩连成一个整体的承台(或盖梁)两部分所组成的一种基础形式。

桩基础施工前，各工点技术人员在桥梁施工技术负责人的组织下，进行图纸复核，将复核结果分单位工程写出书面汇报，交施工技术负责人复核，项目总工程师做最后审核，资料存档备查。

桩基础设计图主要包括说明、主要材料数量表、桩基础构造图、桩基础钢筋构造图等。

二、桩基础施工图复核

(一)全面熟悉桥梁总体布置图

桥梁总体布置如图 6-1 所示，桥墩、台(包括桩基础)的一般构造如图 6-2 所示。
(1)技术标准与设计规范是否应用得当；
(2)从主要技术指标表中获取桥梁的总体设计指标；
(3)主要材料有哪些，参数是否合理；
(4)设计要点中各设计参数是否齐全，比如预应力筋的弹性模量、松弛系数；
(5)从施工要点中获取该桥应该特别注意的部分；
(6)从图中得到桩基的基本尺寸，如直径、桩长等。

(二)全面熟悉桩基钢筋构造图

桩基钢筋构造如图 6-3 所示。
(1)根据钢筋编号对应每一种钢筋的构造，根据大样图计算工程量。
(2)主筋、箍筋、加强筋等位置、直径、间距等。

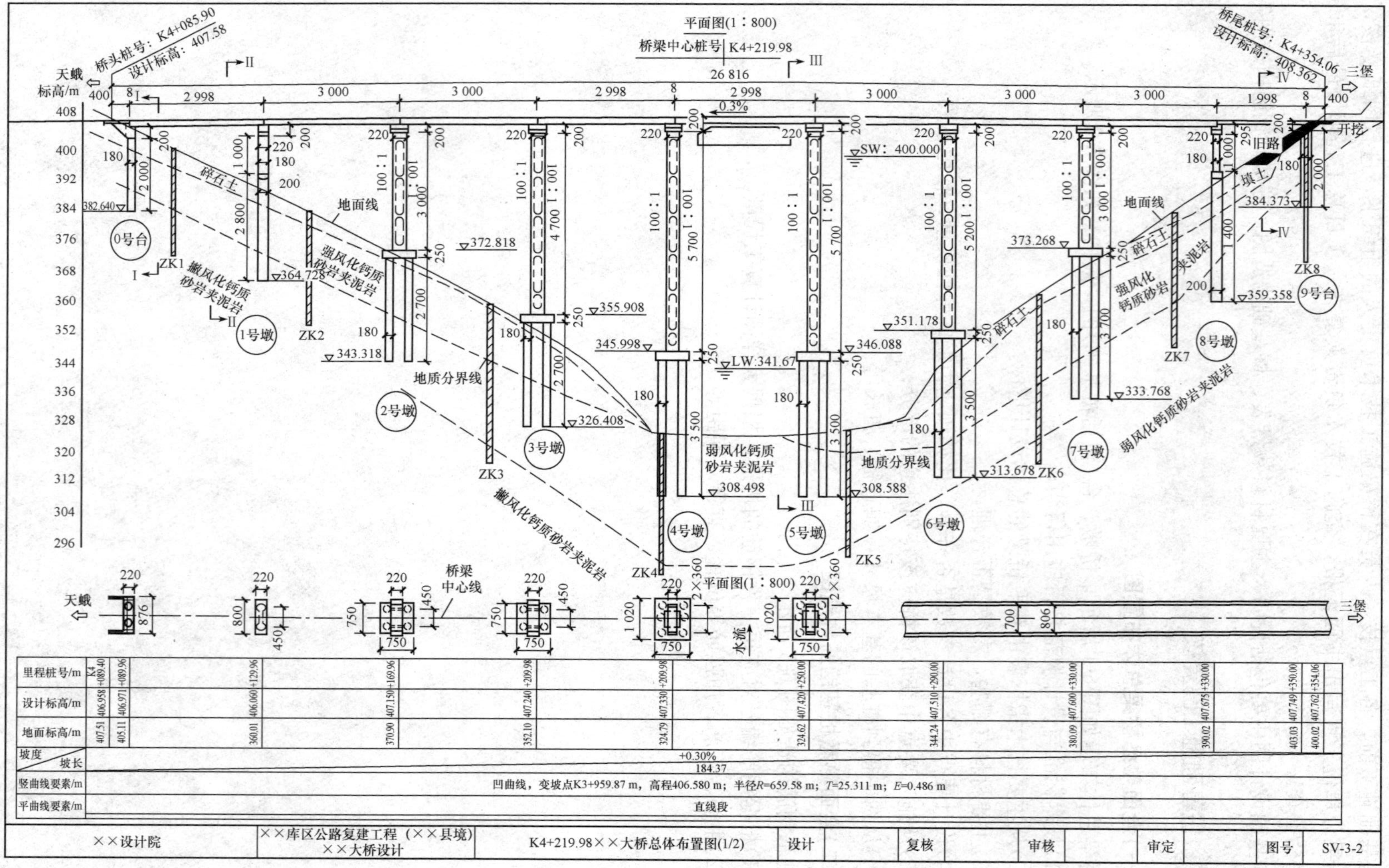

桥头桩号：K4+085.90
设计标高：407.58
平面图(1∶800)
桥梁中心桩号 K4+219.98
桥尾桩号：K4+354.06
设计标高：408.362
天蛾
三堡
标高/m
26 816
0.3%
SW：400.000
LW:341.67
0号台
1号墩
2号墩
3号墩
4号墩
5号墩
6号墩
7号墩
8号墩
9号台
ZK1
ZK2
ZK3
ZK4
ZK5
ZK6
ZK7
ZK8
碎石土
地面线
强风化钙质砂岩夹泥岩
撇风化钙质砂岩夹泥岩
弱风化钙质砂岩夹泥岩
地质分界线
旧路
填土
开挖
桥梁中心线
水流
里程桩号/m
设计标高/m
地面标高/m
坡度 坡长
+0.30%
184.37
竖曲线要素/m
凹曲线，变坡点K3+959.87 m，高程406.580 m；半径R=659.58 m；T=25.311 m；E=0.486 m
平曲线要素/m
直线段
××设计院
××库区公路复建工程（××县境）
××大桥设计
K4+219.98××大桥总体布置图(1/2)
设计
复核
审核
审定
图号
SV-3-2

图 6-1　××大桥总体布置图

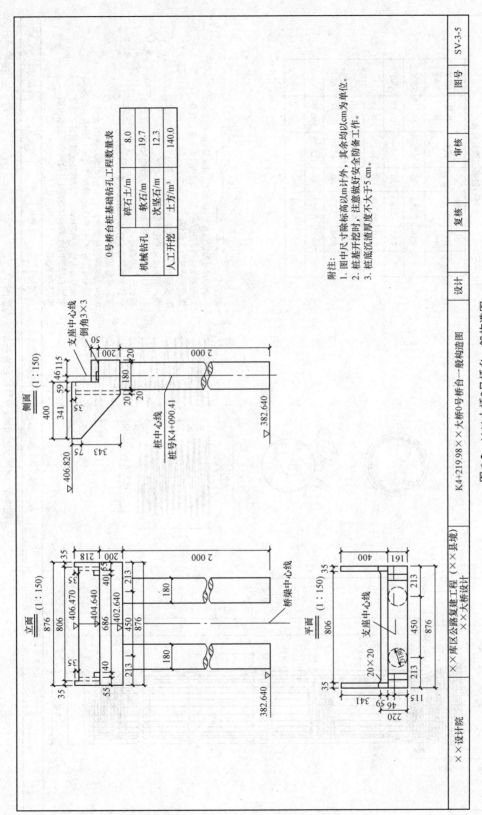

图6-2 ××大桥0号桥台一般构造图

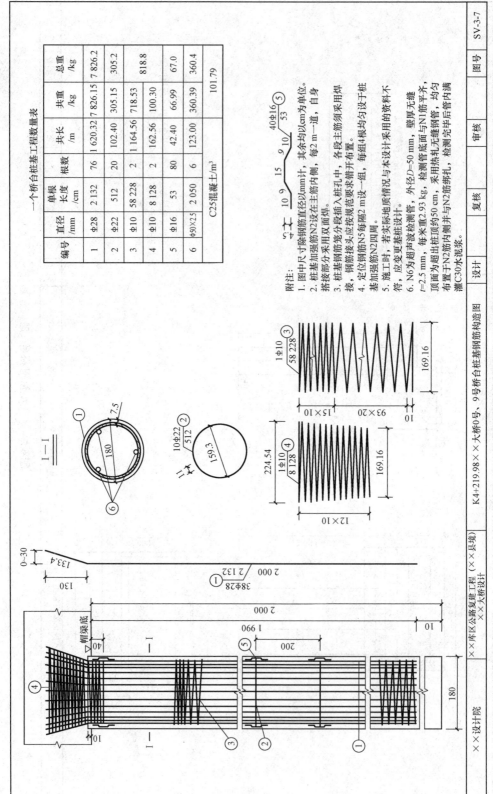

图 6-3 ×××大桥0号、9号桥台桩基钢筋构造图

任务二 钻孔灌注桩施工

※任务描述

灌注桩是指在工程现场通过机械钻孔、钢管挤土或人力挖掘等手段在地基土中形成的桩孔内放置钢筋笼、灌注混凝土而做成的桩。钻孔灌注桩(简称钻孔桩)是指在地面用机械方法取土成孔的灌注桩。桩基础施工往往是整个桥梁的重点工程,根据工程量的不同需要较长的施工工期,钻孔灌注桩施工虽然工序较多,但现阶段各工序技术成熟。本任务以钻孔灌注桩施工为重点,结合任务一完成钻孔灌注桩施工工作。通过完成本任务,学生应掌握钻孔灌注桩施工工艺流程,掌握钻孔灌注桩施工准备工作的内容、要点,掌握钻孔灌注桩的施工顺序、方法、施工要点,能进行钻孔灌注桩的施工测量,能运用相关规范进行钻孔灌注桩的施工质量控制,会填写施工记录表和中间质量检查表,能进行钻孔灌注桩施工,能编写施工细则。

灌注桩根据成孔形式不同,分为机械成孔和人工成孔。其中,机械成孔方法很多,常用的有回旋钻钻孔、冲击钻冲孔、冲抓成孔、干作业成孔和全套管成孔等,其分类见表6-1。

表6-1 主要成孔工艺一览表

成孔类型	取土或挤土情况		成孔工艺
人工	取土		人工挖孔、爆破挖孔
机械	取土	泥浆护壁	正循环钻孔、反循环钻孔、潜水电钻钻孔、冲击钻冲孔、旋挖桩成孔、冲抓成孔
		干作业	长螺旋钻孔、短螺旋钻孔、洛阳铲成孔
		全套管	贝诺特法全套管成孔
	挤土		振动沉管、锤击沉管

钻孔灌注桩是先在孔位处采用机械成孔,吊放钢筋骨架,然后浇筑混凝土成桩。与挖孔桩、预制桩相比,钻孔灌注桩地层适应性强,适用于绝大多数地层,不需要接桩和截桩,应用较广,无噪声,无振动,设备简单轻便,抗震性好,直径可达3~4 m,甚至6 m,桩长桩径应用灵活,单桩承载力较高。随着桥梁规模的扩大及成孔机械设备的发展,大直径桩得到广泛应用,并显示了它在桥梁建设中的优势。

灌注桩按成孔方法分为泥浆护壁成孔灌注桩、干作业钻孔灌注桩、人工挖孔灌注桩、沉管灌注桩等。近年来还出现了夯扩桩、管内泵压桩、变径桩等新工艺,其中变径桩还将信息化技术引进桩基础。

一、钻孔灌注桩施工工艺流程

钻孔灌注桩施工工艺流程如图6-4所示。

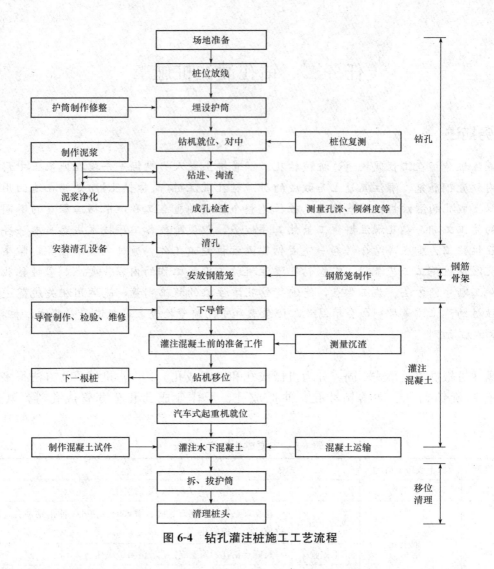

图 6-4 钻孔灌注桩施工工艺流程

二、钻孔灌注桩施工准备

1. 场地准备

施工前应将场地平整好,以便安装钻机(架)进行钻孔。

(1)当墩台位于无水岸滩时钻架位置处应整平夯实,清除杂物,换挖软土。

(2)当场地为浅水时,宜采用筑岛法施工。筑岛面积应按钻孔方法、机具大小等要求决定,高度应高于最高施工水位 0.5~1.0 m。

(3)当场地为深水时,可采用钢管桩施工平台、双壁钢围堰平台等固定式平台,也可采用浮式施工平台。平台须牢靠稳定,能承受工作时所有静、动荷载。

(4)钢管桩施工平台施工质量要求:

1)钢管桩倾斜率在1‰以内。

2)位置偏差在 300 mm 以内。

钻孔灌注桩施工准备

3)平台必须平整,各连接处要牢固,钢管桩周围需要抛砂包,并定期测量钢管桩周围河床面标高,检查冲刷是否超过允许程度。

4)严禁船只碰撞,夜间开启平台首尾示警灯,设置救生圈,以保证人身安全。

2. 确定工作面

钻孔场地的施工平面尺寸应按桩基础设计的平面尺寸、钻机数量、钻机底座平面尺寸、钻机移位要求、施工方法及其他配合施工机具设施等布置情况确定,要求布局合理,便于施工。

3. 桩位放样

桩基础轴线是桩基础施工和整个上部结构施工都应遵照执行的,必须予以高度重视。轴线的施放应以国家级三角网控制点引入,并应多次测量复合。桩基础轴线的定位点,应设置在不受桩基础施工影响的位置。

根据设计的桩位图,按桩的施工顺序将桩统一编号,根据桩号所对应的轴线按尺寸要求施放桩位;设置样桩,以供桩基础设备就位后定位。

定位布设的常用方法有直角交会法、任意角交会法、极坐标法、GPS 定位法等。GPS 打桩定位系统可以解决远海工程桩基定位问题。

准确放出桩位中心,一般打木桩以做标记。打完木桩之后再用全站仪再次精确放样,并用小钢钉标记中心点。

同一墩台桩位放样时,可每次同时放出两个桩位,并用钢尺复核两个桩位中心的距离,复核无误后,方可在中心桩位周边埋设护桩(成孔过程中采用护桩的中心位置)。

护桩要以桩位中心,即木桩上的小钢钉为圆心,以相应桩径数值(考虑护筒直径及地基稳固处)为半径在四周拉线对称设立十字护桩(护桩顶面钉小钢钉标记)。四个护桩对称拉线相交的交点必须通过桩位中心的钢钉。四个护桩在施工过程中必须严加保护,如发现有破坏现象,应立即重新放样测设。

4. 护筒设置

护筒的作用是固定桩位、导向钻头、隔离地面水、保护孔口地面及提高孔内水位,以增大对孔壁的静水压力,防止塌孔。

护筒多采用钢护筒和钢筋混凝土护筒两种,木护筒一般不用,如图 6-5 所示。

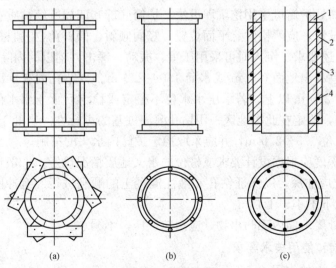

图 6-5 护筒类型

(a)木护筒;(b)钢护筒;(c)钢筋混凝土护筒

1—钢板圈;2—混凝土;3—竖筋;4—箍筋

护筒的埋设方法：护筒埋设可采用下埋式[适于旱地埋置，如图6-6(a)所示]、上埋式[适于旱地或浅水筑岛埋置，如图6-6(b)、(c)所示]和下沉埋设[适于深水埋置，如图6-6(d)所示]。

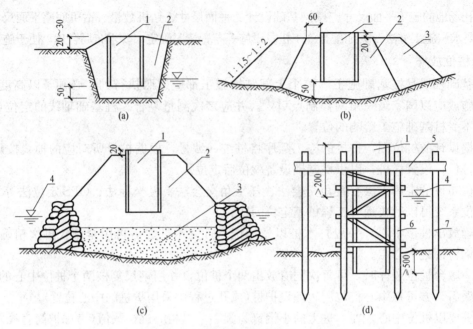

图 6-6　护筒埋设方法
(a)下埋式；(b)、(c)上埋式；(d)下沉埋设
1—护筒；2—夯实黏土；3—砂土；4—施工水位；5—工作平台；6—导向架；7—脚手桩

护筒设置的一般要求如下：

(1)护筒内径宜比桩径大200～400 mm。

(2)护筒中心竖直线应与桩中心线重合，除设计另有规定外，平面允许误差为50 mm，竖直线倾斜不大于1%，干处可实测定位，水域可依靠导向架定位。

(3)旱地、筑岛处护筒可采用挖坑埋设法，护筒底部和四周所填黏质土必须分层夯实。

(4)水域护筒设置，应严格注意平面位置、竖向倾斜、倾斜角(指斜桩)和两节护筒的连接质量均需符合上述要求。沉入时可采用压重、振动、锤击并辅以筒内除土的办法。

(5)护筒高度宜高出地面0.3 m或水面1.0～2.0 m。当钻孔内有承压水时，应高于稳定后的承压水水位2.0 m以上。若承压水水位不稳定或稳定后承压水水位高出地下水水位很多，应先做试桩，鉴定在此类地区采用钻孔灌注桩基的可行性。当处于潮水影响地区时，应高出最高施工水位1.5～2.0 m，并应采取稳定护筒内水头的措施。

(6)护筒埋置深度应根据设计要求或桩位的水文地质情况确定，一般情况埋置深度宜为2～4 m，特殊情况应加深，以保证钻孔和灌注混凝土的顺利进行。有冲刷影响的河床，应沉入局部冲刷线以下不小于1.0 m。

(7)护筒连接处要求筒内无凸出物，应耐拉、压，不漏水。

5．泥浆的调制和使用技术要求

(1)泥浆在钻孔中的作用。

1)泥浆相对密度大、浮力大，在孔内产生较大的悬浮液压力，可防止塌孔，起到护壁的作用。

2)泥浆向孔外土层渗透,在钻进过程中,由于钻头的活动,孔壁表面形成一层泥皮(不透水膜),使泥浆的静水压力有效地作用在孔壁上,防止孔壁剥落、坍塌,同时将孔内外水流切断,能稳定孔内水位。

3)具有悬浮钻渣作用,利于钻渣的排出。

(2)钻孔泥浆一般由水、黏土(或膨润土)和添加剂按适当配合比配制而成,其性能指标可参照表6-2选用。

表6-2 泥浆性能指标选择

钻孔方法	地层情况	泥浆性能指标							
		相对密度	黏度/(Pa·s)	含砂率/%	胶体率/%	失水率/[mL·(30 min^{-1})]	泥皮厚/[mm·(30 min)$^{-1}$]	静切力/Pa	酸碱度/pH值
正循环	一般地层	1.05~1.20	16~22	8~4	≥96	≤25	≤2	1.0~2.5	8~10
	易坍地层	1.20~1.45	19~28	8~4	≥96	≤15	≤2	3~5	8~10
反循环	一般地层	1.02~1.06	16~20	≤4	≥95	≤20	≤3	1~2.5	8~10
	易坍地层	1.06~1.10	18~28	≤4	≥95	≤20	≤3	1~2.5	8~10
	卵石土	1.10~1.15	20~35	≤4	≥95	≤20	≤3	1~2.5	8~10
推钻、冲抓	一般地层	1.10~1.20	18~24	≤4	≥95	≤20	≤3	1~2.5	8~11
冲击	易坍地层	1.20~1.40	22~30	≤4	≥95	≤20	≤3	3~5	8~11

注:1. 地下水水位高或其流速大时,指标取高限,反之取低限;
2. 地质状态较好,孔径或孔深较小的取低限,反之取高限;
3. 在不易坍塌的黏质土层中,使用推钻、冲抓、反循环回转钻进时,可用清水提高水头(≥2 m)维护孔壁;
4. 若当地缺乏优良黏质土,远运膨润土也很困难,调制不出合格泥浆时,可掺用添加剂改善泥浆性能,各种添加剂掺量可按相关规范选取;
5. 泥浆的各种性能指标测定方法见《公路桥涵施工技术规范》(JTG/T 3650—2020)。

(3)对大直径或超长钻孔灌注桩,泥浆的选择应根据钻孔的工程地质情况、孔位、钻机性能、泥浆材料条件等确定。在地质复杂、覆盖层较厚、护筒下沉不到岩层的情况下,宜使用丙烯酰胺(PHP)泥浆。

6. 钢筋笼制作

钢筋笼(图6-7)一般都在工地制作,制作时要求主筋环向均匀布置,箍筋直径及间距、主筋保护层、加劲箍的间距等均应符合设计要求。

考虑加工、控制变形、搬运、吊装等因素,钢筋笼不宜过长,宜分段制作。长度一般为8 m左右,在采取一些辅助措施后,也可达12~20 m。分段制作的钢筋笼,其接头采用焊接且应符合施工及验收规范的规定。

钢筋笼主筋净距必须大于3倍的集料粒径,加劲箍宜设在主筋外侧,钢筋保护层厚度不应小于35 mm(水下混凝土不得小于50 mm),可在主筋外侧安设钢筋定位器或混凝土垫块(垫块

图6-7 钢筋笼

的间距在竖向不应大于 2 m，在横向圆周不应少于 4 处），以确保保护层厚度。为了防止钢筋笼变形，也可在钢筋笼上每隔 2 m 设置一道加强箍，并在钢筋笼内每隔 3~4 m 装一个可拆卸的十字形临时加劲架，在吊放入孔后拆除。

钢筋笼的内径应比导管接头处外径大 100 mm 以上。

三、钻孔施工

(一) 一般要求

钻机就位前，应对钻孔各项准备工作进行检查。

钻孔时，应按设计资料绘制地质剖面图，选用适当的钻机和泥浆。

钻机安装后的底座和顶端应平稳，在钻进中不应产生位移或沉陷，否则应及时处理。

钻孔作业应分班连续进行，填写钻孔施工记录，交接班时应交代钻进情况及下一班应注意事项。应经常对钻孔泥浆进行检测和试验，不合要求时应随时改正。应经常注意地层变化，在地层变化处均应捞取渣样，判明后记入记录表中并与地质剖面图核对。

钻头的直径要求：对于回旋钻，钻头不宜小于设计桩径；对于冲击钻，冲锤直径以小于设计桩径 20 mm 为宜。

(二) 钻孔方法

钻孔灌注桩的一般成孔方法有旋转钻进成孔、冲抓钻进成孔、冲击钻进成孔、螺旋钻机钻进成孔等。

1. 旋转钻进成孔

旋转钻进成孔是利用钻具的旋转切削土体而钻进，并在钻进的同时采用循环泥浆的方法护壁排渣。我国现常采用旋转钻机，其按泥浆循环的程序不同分为正循环和反循环两种。

(1) 正循环旋转钻成孔（图 6-8）：由钻机旋转装置带动钻杆和钻头回转切削破碎岩土，由泥浆泵将泥浆压入泥浆龙头，通过钻杆中心从钻头喷入钻孔，泥浆挟带钻渣沿孔壁上升，从孔口溢浆孔溢出流入泥浆池，经沉淀处理返回泥浆池循环使用。

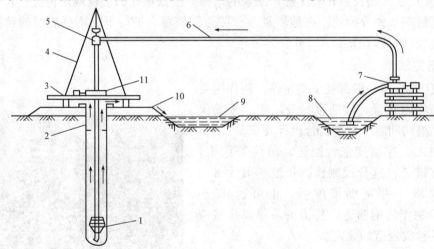

图 6-8 正循环旋转钻成孔示意图

1—钻锥；2—护筒；3—工作平台；4—钻架；5—水龙头（摇头）；
6—高压胶管；7—泥浆泵；8—储浆池；9—沉淀池；10—土台；11—磨盘钻机

(2)反循环旋转钻成孔：先将泥浆用泥浆泵送入钻孔，然后挟带钻渣的泥浆从钻杆中心排出至沉淀池，泥浆沉淀后再循环使用。反循环钻机是在桩尖抽浆，造成负压，在不稳定的地质中慎用，当反循环泥浆不能及时从泥浆沟流进桩口时，导致泥浆面太低，易造成塌孔。

实现反循环有三种方法：泵吸反循环[图 6-9(a)]、压气反循环[图 6-9(b)]、射流反循环[图 6-9(c)]。

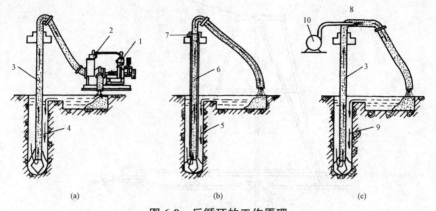

图 6-9 反循环的工作原理
(a)泵吸反循环；(b)压气反循环；(c)射流反循环
1—真空泵；2—泥浆泵；3—钻渣；4、5、9—清水；6—气泡；7—高压空气进气口；8—高压水进口；10—水泵

正循环适用于颗粒很细的粉砂、黏土，成孔深度 30 m 左右，在饱和软土地区有 60 m 以上的实绩。反循环对土层的适应性较强，从软土直至砂卵石层，甚至岩层，成孔深度在桥梁工程中已超过 100 m，其钻进及排渣效率较高，但在接长钻杆时装卸较麻烦，如钻渣粒径超过钻杆内径，(一般为 120 mm)易堵塞管路，则这种情况下不宜采用。

我国生产的旋转钻机转盘、钻架、动力设备等配套定型，钻头的构造根据土质情况可采用多种形式，常见的反循环钻头为三翼空心钻(图 6-10)；正循环旋转钻机钻头有鱼尾锥钻头[图 6-11(a)]、圆柱形钻头[图 6-11(b)]、刺猬钻头[图 6-11(c)]等。

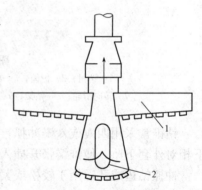

图 6-10 三翼空心钻
1—三翼刀板；2—剑尖

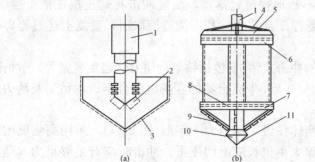
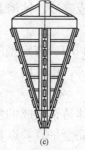

图 6-11 正循环旋转钻机钻头
(a)鱼尾锥钻头；(b)圆柱形钻头；(c)刺猬钻头
1—钻杆；2—出浆口；3—刀刃；4—斜撑；5—斜挡板；6—上腰围；
7—下腰围；8—耐磨合金钢；9—刮板；10—超前钻；11—出浆口

2. 冲抓钻进成孔

冲抓钻进成孔用兼有冲击和抓土作用的抓土瓣，通过钻架，由带离合器的卷扬机操纵，靠冲锥自重(重为10~20 kN)冲下使抓土瓣锥尖张开插入土层，再由卷扬机提升锥头收拢抓土瓣将土抓出，弃土后继续冲抓钻进而成孔(图6-12)。

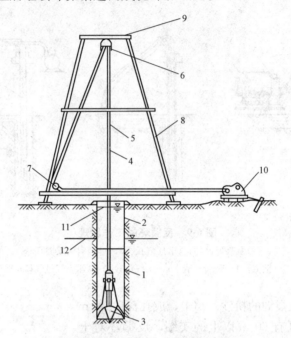

图 6-12　冲抓钻机工作示意图
1—钻机；2—护筒；3—冲抓锥；4—开合钢丝绳；5—吊起钢丝绳；6—天滑轮；
7—转向滑轮；8—钻架；9—横梁；10—双筒卷扬机；11—水头高度；12—地下水水位

钻锥常采用四瓣或六瓣冲抓锥，当收紧外套钢丝绳松内套钢丝绳时，内套在自重作用下相对外套下坠，使锥瓣张开插入土中。

冲抓钻进成孔适用于较松或紧密黏性土、砂性土及夹有碎卵石的砂砾土层，成孔深度一般小于30 m。

3. 冲击钻进成孔

利用钻锥(重为10~35 kN)不断地提锥、落锥，反复冲击孔底土层，把土层中泥沙、石块挤向四壁或打成碎渣，钻渣悬浮于泥浆中，利用掏渣筒取出，重复上述过程即可冲击钻进成孔。

常用的机具(图6-13)有定型的冲击式钻机(包括钻架、动力、起重装置等)、冲击钻头、转向装置和掏渣筒等，也可用30~50 kN带离合器的卷扬机配合钢、木钻架及动力组成简易冲击钻机。

钻头一般是整体铸钢做成的实体钻锥，钻刃为十字形(图6-14)，采用高强度耐磨钢材做成，底刃最好不完全平直，以加大单位长度上的压重。冲击时应有足够重力、适当的冲程和冲击频率，以使它有足够的能量将岩块打碎。

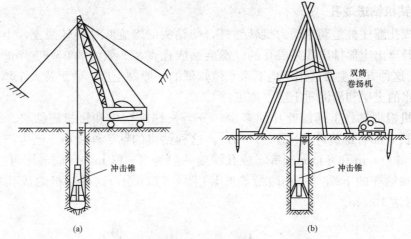

图 6-13 冲击成孔
(a)定型的冲击式钻机；(b)简易冲击钻机

冲击锥每冲击一次旋转一个角度，才能得到圆形的钻孔，因此在钻头和提升钢丝绳连接处应有转向装置。

掏渣筒(图 6-15)是用以掏取孔内钻渣的工具，用厚 30 mm 左右的钢板制作，下面碗形阀门应与渣筒密合，以防止漏水、漏浆。

图 6-14 冲击钻头　　　　图 6-15 掏渣筒(单位：cm)

在钻头上部应预设打捞杠、打捞环或打捞套等打捞装置，以便掉钻时可以用打捞夹、打捞钩、冲抓锥立即打捞，卡钻时可使用打捞钩助提(图 6-16)。

冲击钻进成孔适用于含有漂卵石、大块石的土层及岩层，也可用于其他土层，成孔深度一般不宜大于 50 m。

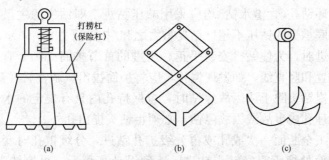

图 6-16 打捞装置及打捞工具
(a)打捞杠；(b)打捞夹；(c)打捞钩

4. 螺旋钻机钻进成孔

螺旋钻成孔灌注桩是利用动力旋转钻杆,使钻头的螺旋叶片旋转削土,土块沿钻头的螺旋叶片上升至出土器排出孔外成孔的。螺旋钻成孔直径一般为300～600 mm。钻孔深度为8～12 m。这种方法主要适用于地下水水位较低的一般黏土层、砂土及人工填土地基,最忌在含地下水的土层和淤泥质土层中施工。

螺旋钻机根据钻杆上螺旋叶片的多少,分为长螺旋钻机和短螺旋钻机。长螺旋钻机在钻杆的全长上都有螺旋叶片[图 6-17(a)],这种钻机的钻头外径小,已生产的成品规格有 400 mm、600 mm 和 800 mm 等,成孔深度一般为 8～12 m,目前最深可达 30 m。短螺旋钻机只在钻杆的下端有一小段螺旋叶片[图 6-17(b)],这种钻机的成孔直径可超过 2 m,孔深可达 100 m。

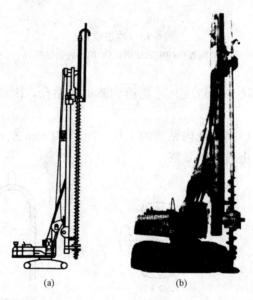

图 6-17　螺旋钻机
(a)长螺旋钻机;(b)短螺旋钻机

除此之外,还有旋挖成孔、潜水钻成孔等方法。

(三)钻孔灌注桩钻进的注意事项

无论采用何种方法钻孔,开孔的孔位必须准确。开钻时均应慢速钻进,待导向部位或钻头全部进入地层后,方可加速钻进。

采用正、反循环钻孔(含潜水钻)均应采用减压钻进,即钻机的主吊钩始终要承受部分钻具的重力,而孔底承受的钻压不超过钻具重力之和(扣除浮力)的80%。

用全护筒法钻进时,为使钻机安装平正,压进的首节护筒必须竖直。钻孔开始后应随时检测护筒水平位置和竖直线,如发现偏移,应将护筒拔出,调整后重新压入钻进。

在钻孔排渣、提钻头除土或因故停钻时,应保持孔内具有规定的水位及要求的泥浆相对密度和黏度。处理孔内事故或因故停钻,必须将钻头提出孔外。

变截面桩的施工全断面一次成孔或再分级扩孔钻进,分级扩孔时变截面桩开始用大直径钻头,钻到变截面处换小直径钻头钻进。达到设计高程后,再换钻头扩孔到设计直径,依次作业2～3次，直到完成符合设计要求的变截面桩。钻孔时为保持孔壁稳定，覆盖层进尺不能过快，宜采用减压吊钻钻进。

四、清孔

(一)清孔要求

钻孔深度达到设计标高后，应对孔深、孔径、桩孔的垂直度等进行检查，符合规范要求后方可清孔。

清孔方法应根据设计要求、钻孔方法、机具设备条件和地层情况决定。

在吊入钢筋骨架后，灌注水下混凝土之前，应再次检查孔内泥浆性能指标和孔底沉淀厚度。如超过规定，应进行第二次清孔，符合要求后方可灌注水下混凝土。

(二)清孔方法

清孔方法有换浆法、掏渣法、抽浆法、喷射法、砂浆置换法等，可根据具体情况选择使用。

(1)换浆法又叫作置换法，适用于正、反循环旋转钻孔的各类土层的摩擦桩。当钻孔完成后，可将钻头提离孔底10～20 cm空转，继续循环，以相对密度较低(1.1～1.2)的泥浆压入，把孔内的悬浮钻渣和相对密度较大的泥浆换出，直至达到清孔要求。换浆法的优点是不易塌孔，不需要增加机具；缺点是清孔时间较长，且清孔不彻底。

(2)掏渣法是用掏渣筒、大锅锥或冲抓锥掏清孔内粗粒钻渣。它适用于冲抓、冲击、简便旋转成孔的摩擦桩的初步清孔。

(3)抽浆法(图6-18)是用空气吸泥机吸出含钻渣的泥浆而达到清孔目的，由风管将压缩空气输进排泥管，使泥浆形成密度较小的泥浆空气混合物，在水柱压力下沿排泥管向外排出泥浆和孔底沉渣。同时，用水泵向孔内注水，保持水位不变直至喷出清水或沉渣厚度达到设计要求为止。

抽浆法清孔较为彻底，适用于孔壁不易坍塌的各种钻孔方法的灌注桩。

(4)喷射法只宜配合其他清孔方法使用，是在灌注混凝土前对孔底进行高压射水或射风数分钟，使剩余少量沉淀物漂浮后，立即灌注水下混凝土。

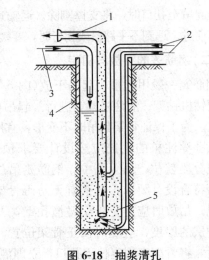

图6-18 抽浆清孔
1—泥浆钻渣喷出；2—通入压缩空气；3—注入清水；
4—护筒；5—孔底沉积物

(5)若孔壁易塌孔，必须在泥浆中灌注混凝土时，采用砂浆置换法。

无论采用何种清孔方法，在清孔排渣时，必须注意保持孔内水头，防止坍孔；清孔后应从孔底提出泥浆试样，进行性能指标试验。灌注水下混凝土前，孔底沉淀土厚度应符合表6-3的规定。

不得用加深钻孔深度的方式代替清孔。

表 6-3 钻、挖孔成孔质量标准

项目	允许偏差	项目	允许偏差
孔的中心位置	群桩：100 mm；单排桩：50 mm	沉淀厚度	摩擦桩：符合设计规定。设计未规定时，对于直径≤1.5 m 的桩，≤200 mm；对于桩径＞1.5 m 或桩长＞40 m 或土质较差的桩，≤300 mm；支承桩：不大于设计规定；设计未规定时≤50 mm
孔径	不小于设计桩径		
倾斜度	钻孔：小于1% 挖孔：小于0.5%		
孔深	摩擦桩：不小于设计规定 支承桩：比设计深度超深不小于 500 mm	清孔后的泥浆指标	相对密度：1.03～1.10；黏度：17～20 Pa·s；含砂率：＜2%；胶体率：＞98%

注：1. 清孔后的泥浆指标，是从桩孔的顶、中、底部分别取样检验的平均值；本项指标的测定，限指大直径桩或有特定要求的钻孔桩；
  2. 对冲击成孔的桩，清孔后泥浆的相对密度可适当提高，但不宜超过 1.15。

五、钢筋笼安放

（一）钢筋笼的运输

运输钢筋笼一般采用拖车或跑车。钢筋笼上车后，利用卡环将钢筋笼固定于跑车上。为防止钢筋笼在运输过程中变形，每节端头、钢筋笼内环加强筋处用钢筋加焊支撑防止变形，待钢筋笼起吊至孔口时，将支撑割除。运输速度一般不宜过快，应匀速前进。遇到不平路段或拐弯时，要缓慢行驶。

（二）钢筋笼的下放与固定

钢筋笼一般用起重机起吊下放（图 6-19），无起重机时，可采用钻机钻架、灌注塔架等进行。起吊应按骨架长度的编号入孔。为了保证骨架起吊时不变形，宜用两点起吊。

钻孔灌注桩的钢筋应按设计要求预先焊成钢筋骨架，整体或分段就位，吊入孔中。钢筋笼吊放前应检查孔底深度是否符合设计要求，孔壁有无妨碍骨架吊放和正确就位的情况。吊放时应避免骨架碰撞孔壁，并保证骨架外混凝土保护层的厚度，应随时校正骨架位置。钢筋笼达到设计标高后，将骨架牢固定位于孔口，立即灌注混凝土。

图 6-19 桩基钢筋笼吊放

钢筋笼吊放安装的允许偏差：骨架倾斜度为±0.5%、骨架保护层厚度为±20 mm、骨架中心平面位置为 20 mm、骨架顶端高程为±20 mm、骨架底面高程为±50 mm。

六、灌注水下混凝土

（一）下放导管

水下混凝土一般用钢导管灌注，导管内径为 200～350 mm，视桩径大小而定，导管直径可按表6-4选用。导管的分节长度应便于拆装与搬运,规格不宜太多,相同长度的导管应整齐、统一。底管一般较长4~6 m,中间段2 m,上端调整节0.5 m、1 m和1.5 m。导管内径应一致,其误差应小于±2 mm,内壁光滑无阻,组拼后须用球栓做通过试验。

表6-4 导管直径选用表

导管直径/mm	通过混凝土数量/$(m^3 \cdot h^{-1})$	桩径/m	导管直径/mm	通过混凝土数量/$(m^3 \cdot h^{-1})$	桩径/m
200	10	0.6~0.9	300	25	>1.5
250	17	1.0~1.5	350	35	>1.5

每节导管是由圆形光管加导管接头(法兰盘、螺纹和卡口三种)组成。导管使用前应进行水密承压和接头抗拉试验。

导管吊放时,位置居于孔中,轴线顺直,稳步沉放,防止卡挂钢筋骨架及碰撞孔壁。

(二)灌注水下混凝土

1. 水下混凝土的配制

水下混凝土可采用火山灰质水泥、粉煤灰水泥、普通硅酸盐水泥或硅酸盐水泥配制,使用矿渣水泥时应采取防离析措施。水泥的初凝时间不宜早于2.5 h,普通硅酸盐水泥或硅酸盐水泥的强度等级不宜低于42.5级,其他水泥的强度等级不宜低于32.5级。

粗集料宜优先选用卵石,如采用碎石宜适当增加混凝土配合比的含砂率。集料的最大粒径不应大于导管内径的1/6~1/8和钢筋最小净距的1/4,同时不应大于40 mm。

细集料宜采用级配良好的中砂。

混凝土配合比的含砂率宜采用0.4~0.5,水胶比宜采用0.5~0.6。有试验依据时,含砂率和水胶比可酌情增大或减小。

混凝土拌合物应有良好的和易性,在运输和灌注过程中应无显著离析、泌水现象。灌注时应保持足够的流动性,其坍落度一般情况下宜为180~220 mm,特殊情况时宜通过试验确定。混凝土拌合物中宜掺用外加剂、粉煤灰等材料,其技术条件及掺用量可参照《公路桥涵施工技术规范》(JTG/T 3650—2020)的有关规定处理。

对沿海地区(包括有盐碱腐蚀性地下水地区)应配制防腐蚀混凝土。

2. 灌注水下混凝土的技术要求

灌注首批混凝土的数量应能满足导管首次最小埋置深度(≥1.0 m)和填充导管底部的需要,并将孔底泥浆反压上来形成混凝土泥浆界面,使泥浆和混凝土分隔开来,且导管底部不渗水,所需混凝土数量可按式(6-1)计算(图6-20):

$$V = \pi D^2 (H_1 + H_2)/4 + \pi d^2 h_1/4 \qquad (6-1)$$

式中 V——灌注首批混凝土所需数量(m^3);
D——桩孔直径(m);
H_1——桩孔底至导管底端间距,一般为0.4 m;
H_2——导管初次埋置深度(m);
d——导管内径(m);

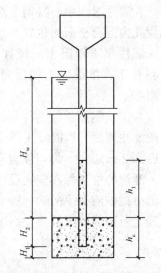

图6-20 首批混凝土数量计算

h_1——桩孔内混凝土达到埋置深度 H_2 时，导管内混凝土柱平衡导管外(或泥浆)压力所需的高度(m)，即 $h_1 = H_w \gamma_w \gamma_c$；

γ_w——水的表观密度(kN/m^3)，可取 10 kN/m^3；

γ_c——混凝土的表观密度(kN/m^3)，可取 24 kN/m^3。

将导管居中插入离孔底 0.3~0.4 m(不能插入孔底的淤泥)，导管上口接漏斗，在接口处设隔水栓，以隔绝混凝土与导管内水的接触。在漏斗中贮备足够数量的混凝土后，放开隔水栓，贮备的混凝土连同隔水栓向孔底猛落。这时，孔内水位骤涨外溢，说明混凝土已灌入孔内(图 6-20)。若落下有足够数量的混凝土，则将导管内水全部压出，并使导管下口埋入孔内混凝土内 1~1.5 m 深，保证钻孔内的水不可能重新流入导管。

首批混凝土拌合物下落后，混凝土应连续灌注。随着混凝土不断通过漏斗、导管灌入钻孔，钻孔内初期灌注的混凝土及其上面的水或泥浆不断被顶托升高，相应地不断提升导管和拆除导管，但始终应保持导管的埋入深度为 2~4 m，最大不宜大于 4 m。拆除导管时间不超过 15 min，直至钻孔灌注混凝土完毕(图 6-21)。

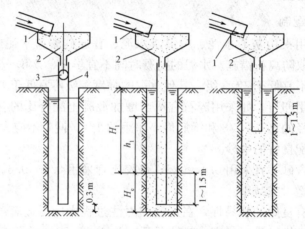

图 6-21　灌注水下混凝土
1—混凝土储料槽；2—漏斗；3—隔水栓；4—导管

在灌注过程中，特别是潮汐地区和有承压地下水地区，应注意保持孔内水头；应经常测探孔内混凝土面的位置，及时地调整导管埋深。

灌注水下混凝土的搅拌机能力，应能满足桩孔在规定时间内灌注完毕。灌注时间不得长于首批混凝土初凝时间。若估计灌注时间长于首批混凝土初凝时间，则应掺入缓凝剂。

为防止钢筋骨架上浮，当灌注的混凝土顶面距钢筋骨架底部 1 m 左右时，应降低混凝土的灌注速度。当混凝土拌合物上升到骨架底口 4 m 以上时，提升导管，使其底口高于骨架底部 2 m 以上，即可恢复正常灌注速度。

灌注的桩顶标高应比设计高出一定高度，一般为 0.5~1.0 m，以保证混凝土强度，多余部分接桩前必须凿除，桩头应无松散层。在灌注将近结束时，应核对混凝土的灌入数量，以确定所测混凝土的灌注高度是否正确。

任务三　钻孔灌注桩的施工质量检验与评定

※任务描述

基础交工或中间交工验收需要进行基础工程检验评定工作。评定是依据检验结果对工程质量进行评分并确定其等级的活动。本任务以钻孔灌注桩工程检验评定为重点，通过工程检验评定规定的学习及前续任务中涉及的钻孔灌注桩工程实际检验评定，完成实际钻孔灌注桩工程检验评定工作。通过本任务的学习，学生应掌握钻孔灌注桩施工质量检验评定基本要求、实测项目和检测方法、要求，能进行钻孔灌注桩的施工质量检验评定。

按照《公路工程质量检验评定标准 第一册 土建工程》(JTG F80/1—2017)要求，要评定分部工程的施工质量等级，就要先评定其所含各分项工程的施工质量评分值。一旦有分项工程不合格，则该分部工程为不合格。而分项工程质量检验内容包括基本要求、实测项目、外观鉴定和质量保证资料四个部分。只有在其使用的原材料、半成品、成品及施工工艺符合基本要求的规定，无外观质量限制缺陷且质量保证资料真实、齐全时，才能对分项工程质量进行检验评定。

1. 基本要求

(1)成孔后必须清孔，测量孔径、孔深、孔位和沉淀层厚度，确保满足设计或施工技术规范的要求后，方可灌注水下混凝土。

(2)水下混凝土应连续灌注，灌注时钢筋笼不应上浮。

(3)嵌入承台的锚固钢筋长度不得小于设计要求的锚固长度。

2. 实测项目

钻孔灌注桩实测项目应符合表6-5的规定，且任一排架桩的桩位不得有超过表中数值2倍的偏差。

表6-5　钻孔灌注桩实测项目

项次	检查项目		规定值或允许偏差	检查方法和频率
1△	混凝土强度/MPa		在合格标准内	按《公路工程质量检验评定标准 第一册 土建工程》(JTG F80/1—2017)附录D检查
2	桩位/mm	群桩	≤100	全站仪：每桩测中心坐标
		排架桩	≤50	
3△	孔深/m		≥设计值	测绳：每桩测量
4	孔径/m		≥设计值	探孔器或超声波成孔检测仪：每桩测量
5	钻孔倾斜度/mm		≤1%S，且≤500	钻杆垂线法或超声波成孔检测仪
6	沉淀厚度/mm		满足设计要求	沉淀盒或测渣仪：每桩测量
7	桩身完整性		每桩均满足设计要求；设计未要求时，每桩不低于Ⅱ类	满足设计要求；设计未要求时，采用低应变反射波法或超声波透射法：每桩检测

注：S为桩长，计算规定值或允许偏差时以mm计。

3. 外观鉴定

(1)凿除桩头预留混凝土后,桩顶应无残余的松散混凝土。
(2)外露混凝土表面不应存在《公路工程质量检验评定标准 第一册 土建工程》(JTG F80/1—2017)附录 P 所列限制缺陷。

4. 质量保证资料

(1)工程开工报告。
(2)工程施工日志。
(3)施工放样记录表。
(4)钻孔、清孔施工记录。
(5)泥浆性能检测报告。
(6)成孔检查记录表。
(7)钢筋力学性能试验报告。
(8)钢筋焊接质量试验报告。
(9)钢筋加工及安装记录表。
(10)异常现象的处理方法和结果记录。
(11)混凝土的原材料、配合比、抗压强度试验报告。
(12)桩顶高程现场检查记录表。
(13)灌注混凝土施工记录表。
(14)桩基础施工质量自检表。
(15)原材料质量证明、产品合格证、试验报告及有见证试验。
(16)混凝土配合比申请单和通知单。
(17)隐蔽工程检查记录、预检记录、中间检查交接记录。
(18)工序和工程部位质量评定表。

任务四　桩基础的施工计量

※任务描述

按合同规定的条件和方法对已完成的合格工程项目实体进行测量与计算,并按合同规定和清单单价计算出金额,对承包人进行付款,完成和实现这一活动的过程叫作计量支付。它是承包人按照现场实际工程进度对业主进行中间结算的一种手段,也是承包人在施工阶段与业主发生的最为频繁的施工造价管理活动。本任务以钻孔灌注桩工程计量为重点,通过计量与支付要点学习及实际工程计量训练,使学生掌握钻孔灌注桩施工计量的方法,能进行钻孔灌注桩施工计量。

一、工程量的计量

(一)一般要求

(1)所有工程项目,除个别注明者外,均采用中国法定的计量单位,即国际单位及国际单位制导出的辅助单位进行计量。

(2)计量与支付,应与合同条款、工程量清单以及图纸同时阅读,工程量清单中的支付项目号和《公路工程标准施工招标文件(2018年版)—工程量清单计量规则》的章节编号是一致的。

(3)任何工程项目的计量,均应按《公路工程标准施工招标文件(2018年版)—工程量清单量价规则》规定或监理工程师书面指示进行。

(4)按合同提供的材料数量和完成的工程量所采用的测量与计算方法,应符合《公路工程标准施工招标文件(2018年版)—工程量清单计量规则》的规定。所有这些方法,应经监理工程师批准或指令。承包人应提供一切计量设备和条件,并保证其设备精度符合要求。

(5)除非监理工程师另有准许,一切计量工作都应在监理工程师在场的情况下,由承包人测量、记录。有承包人签名的计量记录原本,提交给监理工程师审查和保存。

(6)工程量应由承包人计算,由监理工程师审核。工程量计算的副本应提交给监理工程师并由监理工程师保存。

(7)全部必需的模板、脚手架、装备、机具、螺栓、垫圈和钢制件等其他材料,应包括在工程量清单中所列的有关支付项目中,均不单独计量。

(8)除监理工程师另有批准外,凡超过图纸所示的面积或体积,都不予计量与支付。

(9)承包人应严格标准计量基础工作和材料采购检验工作。沥青混凝土、沥青碎石、水泥混凝土、高强度水泥砂浆的施工现场必须使用电子计量设备称重。因不符合计量规定引发的质量问题,所发生的费用由承包人承担。

(10)如《公路工程标准施工招标文件(2018年版)—工程量清单计量规则》规定的任何分项工程或其细目未在工程量清单中出现,则应被认为是其他相关工程的附属工作,不再另行计量。

(二)质量

(1)凡以质量计量或以质量作为配合比设计的材料,都应在精确与批准的磅秤上,由称职合格的人员在监理工程师指定或批准的地点进行称重。

(2)称重计量时应满足以下条件:监理工程师在场;称重记录;载有包装材料、支撑装置、垫块、捆束物等质量的说明书在称重前提交给监理工程师作为称重依据。

(3)钢筋、钢板或型钢计量时,应按图纸或其他资料标示的尺寸和净长计算。搭接、接头套筒、焊接材料、下脚料和定位架立钢筋等,则不予计量。钢筋、钢板或型钢应以 kg 计量,四舍五入,不计小数。钢筋、钢板或型钢由于理论单位质量与实际单位质量的差异而引起材料质量与数量不相匹配的情况,计量时不予考虑。

(4)金属材料的质量不得包括施工需要加放或使用的灰浆、楔块、填缝料、垫衬物、油料、接缝料、焊条、涂敷料等的质量。

(5)承运按质量计量的材料的货车,应每天在监理工程师指定的时间和地点称出空车质量,每辆货车还应标示清晰易辨的标记。

(6)对有规定标准的项目,例如钢筋、金属线、钢板、型钢、管材等均有规定的规格、质量、截面尺寸等指标,这类指标应视为通常的质量或尺寸。除非引用规范中的允许偏差值加以控制,否则可用制造商所示的允许偏差。

(三)面积

除非另有规定,计算面积时,其长、宽应按图纸所示尺寸线或按监理工程师指示计量。对于面积在 1 m² 以下的固定物(如检查井等)不予扣除。

(四)结构物

(1)结构物应按图纸所示净尺寸线,或根据监理工程师指示修改的尺寸线计量。

(2)水泥混凝土的计量应按监理工程师认可的并已完工工程的净尺寸计算,钢筋的体积不扣除,倒角不超过 0.15 m×0.15 m 时不扣除,体积不超过 0.03 m³ 的开孔及开口不扣除,面积不超过 0.15 m×0.15 m 的填角部分也不增加。

(3)所有以延米计量的结构物(如管涵等),除非图纸另有标示,应按平行于该结构物位置的基面或基础的中心方向计量。

(五)土方

(1)土方体积可采用平均断面面积法计算,但与似棱体公式计算结果比较,如果误差超过±5%时,监理工程师可指示采用似棱体公式。

(2)各种不同类别的挖方与填方计量,应以图纸所示界线为限,而且应在批准的横断面图上标明。

(3)用于填方的土方量,应按压实后的纵断面高程和路床面为准来计量。承包人报价时,应考虑在挖方或运输过程中引起的体积差。

(4)在现场钉桩后 56 d 内,承包人应将设计和进场复测的土方横断图连同土方的面积与体积计算表,一并提交监理工程师批准。所有横断面图,都应标有图题框,其大小由监理工程师指定。一旦横断面图得到最后批准,承包人应交给监理工程师原版图及三份复制图。

(六)运输车辆体积

(1)用体积计量的材料,应以经监理工程师批准的车辆装运,在运到地点计量。

(2)用于体积运输的车辆,其车厢的形状和尺寸应使其容量能够容易而准确地测定并应保证精确度。每辆车都应有明显标记。每辆车所运材料的体积应于事前由监理工程师与承包人相互达成书面协议。

(3)所有车辆都应装载成水平容积高度,车辆到达送货点时,监理工程师可以要求将其装载物重新整平,对超过定量运送的材料将不予支付。运量达不到定量的车辆,应被拒绝或按监理工程师确定减少的体积接收。根据监理工程师的指示,承包人应在货物交付点,随机将一车材料刮平,在刮平后如发现货车运送的材料少于定量时,从前一车起所有运到的材料的计量都按同样比例减为目前的车载量。

(七)质量与体积换算

(1)如承包人提出要求并得到监理工程师的书面批准,已规定要用立方米计量的材料可以称重,并将此质量换算为立方米计量。

(2)从质量计量换算为体积计量的换算系数应由监理工程师确定,并应在此种计量方法使用之前征得承包人的同意。

(八)沥青和水泥

(1)沥青和水泥应以千克(kg)计量。

(2)如用卡车或其他运输工具装运沥青材料,可以按经过检定的质量或体积计算沥青材料的数量,但要对漏失或泡沫进行校正。

(3)水泥袋可以作为计量的依据,但一袋的标准应为 50 kg。散装水泥称重计量。

(九)成套的结构单元

如规定的计量单位是一成套的结构物或结构单元(实际上就是按"总额"或称"一次支付"计的工程细目),该单元应包括所有必需设备、配件和附属物及相关作业。

(十)标准制品项目

(1)如规定采用标准制品(如护栏、钢丝、钢板、轧制型材、管子等),而这类项目又是以标准规格(单位重、截面尺寸等)标示的,则这种标示可以作为计量的标准。

(2)除非采用标准制品的允许误差比规范要求的允许误差要求更严格,否则,生产厂确定的制造允许误差将不予认可。

二、图纸

(1)业主提供的图纸中的工程数量表内数值,仅供施工作业时参考,并不代表支付项目,因此不能作为计量与支付的依据。

(2)承包人施工时应核对图纸中标注的构造物尺寸和标高。发现错误时,应立即和监理工程师联系,按照监理工程师批准的尺寸及标高实施。

(3)合同授予后,监理工程师(业主)可提供进一步的详细图纸或补充图纸,供完成施工工艺图参考。但这并不免除承包人完成施工工艺图和对施工质量负责的任何义务。承包人应向监理工程师提出图纸使用计划,以保证施工进度不被延误。

三、工程变更

(1)施工过程中,出现下列情况时,可以进行工程项目的增减、结构形式的局部更改、结构物位置的变动等工程变更:

1)业主认为有必要提出的工程变更;

2)施工中发现设计图纸有错误、遗漏者;

3)施工中发现地质条件与设计图纸不符,工程不变更就不能保证其质量者;

4)施工中环境条件发生变化,不变更不能发挥工程效能者。

(2)业主提出的工程变更,由监理工程师向承包人下达变更令后执行。

(3)承包人提出的工程变更,必须报经监理工程师审查批准,必要时报业主同意。复杂的工程变更,或其变更涉及或影响主体工程结构的变化,应经由计量工程师会同原设计单位研究解决。重大的变更应由原设计单位进行变更设计,并应按设计文件报批程序进行审批。所有的工程变更均须由监理工程师向承包人下达变更令后执行。

(4)由于工程变更而出现的工程价格、工期等问题,应按公路工程合同通用条款第51、52条的规定和《公路工程施工监理规范》(JTG G10—2016)的有关规定办理。

四、税金和保险

(1)承包人应根据《中华人民共和国税法》的规定缴纳工商统一税。

(2)在施工期及缺陷责任期内,承包人应按照合同条款要求办理保险,包括工程一切险和第三方责任保险。

(3)承包人应按照合同条款要求办理其施工机械设备的保险和雇用职工的安全事故保险,其费用由承包人负担。

五、各支付项的范围

(1)承包人应得到并接受按合同规定的报酬,作为实施各工程项目(不论是临时的或永久性的)与缺陷修复中需提供的一切劳务(包括劳务的管理)、材料、施工机械及其他事务的充分支付。

(2)除非另有规定,工程量清单中各支付细目所报的单价或总额,都应认为是该支付细目全部作业的全部报酬。它包括所有劳务、材料和设备的提供、运输、安装和维修、临时工程的修建、维护与拆除、责任和义务等费用,均应认为已计入工程量清单标价的各工程细目中。

(3)工程量清单未列入的细目,其费用应认为已包括在相关的工程细目的单价和费率中,不再另行支付。

六、计量和支付

1. 计量

(1)钻孔灌注桩以实际完成并以监理工程师验收后的数量,按不同桩径的桩长以米计量。计量应自图纸所示或监理工程师批准的桩底标高至承台底或系梁底;对于与桩连为一体的柱式墩台,如无承台或系梁时,则以桩位处地面线为分界线,地面线以下部分为灌注桩桩长。若图纸有标识的,按图纸标识计。未经监理工程师批准,由于超钻而深于所需的桩长部分,将不予计量。

(2)开挖、钻孔、清孔、钻孔泥浆、护筒、混凝土、破桩头,以及必要时在水中填土筑岛、搭设工作台架及浮箱平台、栈桥等其他为完成工程的细目,作为钻孔灌注桩的附属工作,不另行计量。混凝土桩无破损检测及所预埋的钢管等材料,均作为混凝土桩的附属工作,不另行计量。

(3)监理工程师要求钻取的芯样,经检验,如混凝土质量合格,应予计量,否则不予计量。混凝土取芯按取回的混凝土芯样的长度,以米计量。

2. 支付

按上述规定计量,经监理工程师验收的列入工程量清单的支付细目的工程量,其每一计量单位,将以合同单价支付。此项支付包括材料、设备、运输及其他为完成钻孔灌注桩工程所必需的费用,是对完成工程的全部偿付。

3. 支付细目

支付细目见表6-6。

表6-6 支付细目

细目号	细目名称
405—1	钻孔灌注桩
—a	陆上钻孔灌注桩

续表

细目号	细目名称
—b	水中钻孔灌注桩
405—2	钻取混凝土芯样检测(暂定工程量)
405—3	破坏荷载试验用桩(暂定工程量)

任务五　编制钻孔灌注桩基础施工方案

※任务描述

　　钻孔灌注桩基础施工方案是施工的指导性文件,本任务结合任务一中涉及的钻孔灌注桩基础图纸及施工技术方案,通过钻孔灌注桩基础施工方案的编制,使学生掌握钻孔灌注桩施工方案的组成部分和编写方法,能根据具体的钻孔灌注桩施工任务编制施工方案,巩固和掌握钻孔灌注桩基础专业知识,并进一步学会综合运用已学到的理论知识;通过查阅有关的资料,提高独立分析和解决本专业复杂问题的能力,为今后参加工作打下坚实的基础。

一、工程资料

　　某特大桥,桥长为1 597 m,共有钻孔桩184根,其中直径为1.5 m的共16根,直径为2.0 m的共168根。该桥位于第四纪地层,主要由砂砾石组成,中密状态,基岩岩性为白垩系泥岩夹薄层砂岩,以红色为主,局部夹灰色,砂岩厚度一般在10～50 cm,最大厚度可达1.0 m,微风化泥岩呈棕红色,局部夹砂岩。泥岩天然状态下平均单轴极限抗压强度为3.7 MPa,砂岩为15～16 MPa。根据上述资料编写该桥钻孔灌注桩施工方案。

二、编制依据

　　(1)钻孔灌注桩基础工程相关施工图设计文件。
　　(2)施工单位对施工图审查复核及现场核对报审资料,施工现场踏勘调查资料;施工单位现有技术力量及历年积累的成熟施工技术、科技成果、施工方法。
　　(3)项目部制定的总体施工组织设计。
　　(4)钻孔灌注桩基础工程所在合同段的招标投标文件、施工合同文件和有关补充协议书等技术文件资料。
　　(5)国家交通部颁发的现行公路工程施工规范、验收标准和施工指南等。

三、编制原则

　　(1)严格遵守合同条款或上级下达的施工期限,保质、保量、保安全、按期完成施工任务。

(2)科学、合理地安排施工程序,在保证质量的基础上,尽可能缩短工期,加快施工进度。

(3)统筹全局,保证重点,合理安排计划,组织平行作业和立体交叉作业。

(4)采用先进的施工方法和技术,不断提高施工机械化,预制装配化,减轻劳动强度,提高劳动生产率。

(5)做好人力、物力的综合平衡。

(6)精打细算,因地制宜,充分利用已有设施,尽量减少临时工程,节约用地,降低工程成本,提高经济效益。

(7)合理安排施工现场,确保施工安全,实现文明施工。

四、编制内容及方法

(一)工程概况

工程概况一般包括以下内容:
(1)工程概况。
(2)工程地理位置及气象。
(3)工程地质、水文情况。

(二)施工工艺及施工方法

(1)施工工艺及施工方法一般包括以下内容:
1)各工序(或施工项目)的施工方法及施工工艺流程框图。
2)绘制各施工方案相关的图表。
(2)编制方法。
1)确定各施工过程的施工方式、方法及施工机具。选择施工方法要从工程特点、工期要求和施工组织条件三个方面进行考虑,在施工条件允许的情况下应尽量采用机械施工。
2)确定机械施工的布置,选择机种、机型,制定机械施工方法,并绘制机械作业图,提出各种机械设备的进场与退场日期。
3)在确定施工方法的同时,应明确提出技术措施、质量标准、安全要求。

(三)工程质量保证计划

(1)工程质量保证计划的内容一般包括:
1)工程质量目标。
2)工程施工内部质量管理。
3)质量目标控制。
4)质量保证措施。
(2)编制方法。
1)工程施工内部质量管理主要说明拟建工程所采用的质量标准、技术标准,质量管理的组织机构及机构的运作方式,项目的验收制度。
2)质量目标控制主要叙述为保证质量目标的实现,而在施工过程中采取的中间控制程序,包括质量保证体系系统图。

3)主要叙述工程施工过程中的质量保证措施,如施工测量质量保证措施。

(四)安全劳保技术措施

(1)安全劳保技术措施的内容一般包括:

1)安全管理机构框图。

2)施工现场安全措施、施工人员安全措施。

3)各种施工作业安全措施。

4)安全用电、防火、防风措施。

(2)编制方法。

1)安全管理机构设置:

①上级安全管理领导小组。

②项目安全生产第一责任人,一般由项目经理担任;项目安全生产直接责任人,一般由项目副经理担任。

③工地安全管理小组。

④专职安全督导员。

⑤班组兼职安全员。

2)施工现场安全措施及安全用电、防火、防风措施,可参照国家颁布的施工安全手册及现场的具体情况制定实施。

(五)人员、材料、机械设备使用计划

(1)人员、材料、机械设备使用计划的内容一般包括:

1)劳动力使用量计划。

2)材料使用计划。

3)机械设备使用计划表。

4)检验与试验设备计划表。

5)测量仪器使用计划表。

(2)编制方法。

1)劳动力使用量计划主要是以表格或图的形式列出施工作业各工种的名称、计划用工人数以及各工种在施工期间的用工人数,各工种的计划用工人数可根据工程量的大小及施工方法确定。

2)材料使用计划主要以表格的形式列出拟建工程需使用主要材料的名称、数量以及施工期间各种主要材料的使用计划,材料由工程量的大小及施工方法确定。

3)机械设备使用计划表应列出拟建工程所投入的机械的名称、型号、数量,机械的进场日期及退场日期。

4)检验与试验设备计划表应列出工地试验室所应具备的试验设备种类、型号、数量。

5)测量仪器使用计划表要求列出施工全过程所需测量的仪器种类、型号、数量。

任务六　挖孔灌注桩施工

※任务描述

挖孔灌注桩是依靠人工（用部分机械配合）在地基中挖出桩孔，再与钻孔桩一样灌注混凝土而成的桩。本任务以挖孔灌注桩施工为重点，结合任务一完成挖孔灌注桩施工工作。通过完成本任务，学生应掌握挖孔灌注桩施工工序、方法、要点，能运用相关规范进行挖孔灌注桩施工质量控制，会填写施工记录表和中间质量检查表，能进行钻孔灌注桩施工，能编写施工细则。

一、挖孔灌注桩施工工艺流程

挖孔灌注桩施工工艺流程如图 6-22 所示。

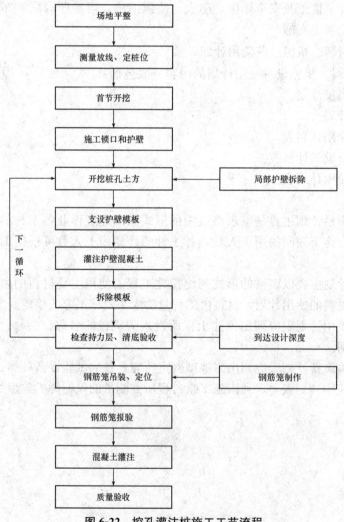

图 6-22　挖孔灌注桩施工工艺流程

二、挖孔灌注桩施工工艺

(一)一般要求

(1)适用范围。挖孔灌注桩适用于无地下水或少量地下水,且较密实的土层或风化岩层。若孔内产生的空气污染物超过现行国家标准《环境空气质量标准》(GB 3095—2012)规定的三级标准浓度限值时,必须采取通风措施,方可采用人工挖孔施工。挖孔斜桩仅适用于地下水水位低于孔底标高的黏性土。各项污染物的浓度限值见表 6-7。

表 6-7 各项污染物的浓度限值

序号	污染物项目	平均时间	浓度限值 一级	浓度限值 二级	单位
1	二氧化硫(SO_2)	年平均	20	60	$\mu g/m^3$
		24 小时平均	50	150	
		1 小时平均	150	500	
2	二氧化氮(NO_2)	年平均	40	40	
		24 小时平均	80	80	
		1 小时平均	200	200	
3	一氧化碳(CO)	24 小时平均	4	4	mg/m^3
		1 小时平均	10	10	
4	臭氧(O_3)	日最大 8 小时平均	100	160	
		1 小时平均	160	200	
5	颗粒物(粒径小于等于 10 μm)	年平均	40	70	
		24 小时平均	50	150	
6	颗粒物(粒径小于 2.5 μm)	年平均	15	35	
		24 小时平均	35	75	
7	总悬浮颗粒物(TSP)	年平均	80	200	$\mu g/m^3$
		24 小时平均	120	300	
8	氮氧化物(NO_x)	年平均	50	50	
		24 小时平均	100	100	
		1 小时平均	250	250	
9	铅(Pb)	年平均	0.5	0.5	
		季平均	1	1	
10	苯并芘(BaP)	年平均	0.001	0.001	
		24 小时平均	0.002 5	0.002 5	

(2)挖孔桩直径不应小于 1 200 mm,挖孔的深度不宜大于 15 m,孔深大于 10 m 时必须强制采取机械通风措施。

(3)桩孔直径应符合设计规定。挖孔过程中,应经常检查桩孔尺寸、平面位置和竖轴线倾斜情况,如有偏差应随时纠正。

(二)挖孔桩施工的安全要求

(1)施工前必须对作业人员进行安全技术交底。

(2)挖孔作业,应详细了解地质、地下水文情况,不得盲目施工。

(3)每作业班组不得少于 3 人,作业人员必须身体健康,井下作业人员必须戴安全帽、安全带,安全绳必须系在孔口。提取土渣的吊桶、吊钩、钢丝绳、卷扬机等机具,应经常检查。

(4)井孔内设 100 W 防水带罩灯泡照明,电压为 12 V 低电压,电缆为防水绝缘电缆。

(5)人工挖孔作业时,应经常检查孔内空气情况。如孔内的二氧化碳含量超过 0.3% 或孔深度超过 10 m 时,应采用机械通风。

(6)孔内遇到岩层需爆破时,应专门设计,宜采用浅眼松动爆破法,严格控制用药量并在炮眼附近加强支护,防止震塌孔壁。孔深大于 5 m 时必须采用电雷管爆破,并按现行国家标准《爆破安全规程》(GB 6722—2014)中的有关规定处理。孔内爆破后应先通风排烟 15 min 并经检查无有害气体后,施工人员方可下井继续施工。

(三)挖孔桩施工的技术要求

(1)挖孔施工应根据地质和水文情况,因地制宜选择孔壁支护方案报批,并应经过计算,确保施工安全并满足设计要求。一般可采用木框架、竹篱、柳条、荆笆、预制混凝土或钢板井圈支护,也可以采用现浇或喷射混凝土护壁。摩擦桩的临时性支撑及护壁,应在灌注混凝土时逐步拆除。无法拆除的临时性支撑不得用于摩擦桩,如以现浇筑或喷射混凝土护壁作为桩身的一部分时,须根据图纸规定或经监理工程师书面批准,且仅适用于桩身截面不出现拉力的情况。护壁混凝土的级别不得低于桩身混凝土的级别。挖孔桩斜挖掘进容易坍孔,宜采用预制钢筋混凝土护筒分节下沉护壁。

(2)孔口处应设置高出地面至少 300 mm 的护圈,防止土、石、杂物落入孔内伤人。挖孔工作暂停时,孔口必须罩盖。

(3)人工挖孔桩施工时,相邻两桩孔间净距离不得小于 3 倍桩径。当桩孔间距小于 3 倍间距时,必须间隔交错跳挖。

(4)桩必须挖一节、浇筑一节护壁,地质较好护壁高度一般为 1 m,严禁只挖不及时浇筑护壁的冒险作业。对软弱地层、涌水、涌砂地层,护壁段高可减少为 0.3~0.5 m 一段。

(5)挖孔弃土要及时转运,距井口四周 5 m 范围内不得堆积余土、杂物;禁止任何车辆在桩孔边 5 m 内行驶。

(6)挖孔达到设计深度以后,应清除孔底松土、沉渣、杂物;如地质复杂,应用钢钎探明孔底以下地质情况是否能满足设计要求,否则应与监理、设计单位研究处理。当桩底进入倾斜岩层时,桩底应凿成水平状或台阶形。

(7)在保证桩孔直径的前提下,孔壁凹凸可不进行处理,孔壁支护不得占用桩径尺寸。

(8)当孔内无积水或自孔底及孔壁渗入的地下水上升速度较小(参考值:≤6 mm/min)时,可不采用水下灌注混凝土桩的方法。不采用水下灌注混凝土时,桩顶混凝土质量的控制方法是用插入式振动器振捣密实。当采用水下灌注混凝土施工时,超灌混凝土宜高出设计桩顶标高 1.0~1.5 m。

(四)吊装钢筋骨架及灌注桩身混凝土

(1)挖孔到设计深度后,应检查和处理孔底、孔壁。清除孔壁及孔底浮土,孔底必须平整，符合设计条件和尺寸，以保证桩身混凝土与孔壁及孔底密贴，受力均匀。吊装钢筋骨架及灌注水下混凝土的有关方法和注意事项与钻孔灌注桩基本相同。

(2) 混凝土坍落度，当孔内无钢筋骨架时，宜小于 65 mm；当孔内设置钢筋骨架时，宜为 70~90 mm。当用导管灌注混凝土时，导管应对准孔中心，混凝土在导管中自由坠落。当开始灌注混凝土时，孔底积水不应超过 50 mm，灌注速度应尽可能加快，使混凝土对孔壁的侧压力尽快大于渗水压力，以防水渗入孔内。当用导管法灌注时，距桩顶 2 m 以下的混凝土可利用其自由坠落捣实，桩顶以下 2 m 范围内的混凝土必须用插入式振动器捣实。

(3) 孔内混凝土应尽可能一次连续灌注完毕，若施工缝不可避免时，应按照有关的施工缝的要求处理，并应在施工缝上设置上下连接钢筋。连接钢筋的截面面积可按桩截面的1‰设置。若在施工缝上设有钢筋骨架，则钢筋骨架的截面面积可作为上述1‰的配筋的一部分；若钢筋骨架的总截面面积超过桩截面的1‰，则可不设置连接钢筋。

(4) 当自孔底及孔壁渗入的地下水，其上升速度较大(参考值：>6 mm/min)时，则应采用水下灌注混凝土桩的方法，参照本项目任务二要求灌注混凝土。灌注混凝土之前，孔内水位至少应与孔外地下水水位同高；若孔壁土质易坍塌，应使孔内水位高于地下水水位 1~1.5 m。水下混凝土应连续灌注，直到灌注的混凝土顶面高出图纸规定的截断高度，才可停止浇筑，以保证截面以下的全部混凝土具有满意的质量。

三、挖孔灌注桩质量检验

1. 基本要求

(1) 挖孔达到设计深度后，应及时进行孔底处理，应无松渣、淤泥等扰动软土层，孔底地质状况应满足设计要求。

(2) 灌注混凝土时钢筋笼不应上浮。灌注水下混凝土时应连续灌注，干灌时应进行振捣。

(3) 嵌入承台的锚固钢筋长度不得小于设计要求的锚固长度。

2. 挖孔桩实测项目

挖孔桩实测项目应符合表 6-8 的规定，且任一排架桩的桩位不得有超过表中数值 2 倍的偏差。

表 6-8 挖孔桩实测项目

项次	检查项目		规定值或允许偏差	检查方法和频率
1△	混凝土强度/MPa		在合格标准内	按《公路工程质量检验评定标准 第一册 土建工程》(JTG F80/1—2017)附录 D 检查
2	桩位/mm	群桩	≤100	全站仪：每桩测中心坐标
		排架桩	≤50	
3△	孔深/m		≥设计值	测绳量：每桩测量
4	孔径或边长/mm		≥设计值	井径仪：每桩测量
5	孔的倾斜度/mm		≤0.5%S，且不大于 200	铅锤法：每桩检查
6△	桩身完整性		每桩均满足设计要求；设计未要求时，每桩不低于Ⅱ类	满足设计要求；设计未要求时，采用低应变反射波法或声波透射法：每桩检测

注：S 为桩长，计算规定值或允许偏差时以 mm 计。

四、挖孔灌注桩计量和支付

1. 计量

(1)挖孔灌注桩以实际完成并经监理工程师验收后的数量,按不同桩径的桩长以米计量。计量应自图纸所示或监理工程师批准的从桩底标高至承台底或系梁底;如无承台或系梁时,则从桩底至图纸所示的桩顶;当图纸未示出桩顶位置,或示有桩顶位置但桩位处预先有夯填土时,由监理工程师根据情况确定。监理工程师认为由于超挖而深于需要的桩长部分,将不予计量。

(2)设置支撑和护壁、挖孔、清孔、通风、钎探、排水、混凝土、每桩的无破损检验以及其他为完成此项工程的项目,均为挖孔灌注桩的附属工作,不另行计量。

(3)监理工程师要求钻取的混凝土芯样检验,经钻取检验后,如混凝土质量合格,钻取的芯样应予计量;否则,不予计量。钻取芯样长度按取回的芯样以米计量。

2. 支付

按上述规定计量,经监理工程师验收列入工程量清单支付细目的工程量,其每一计量单位,将以合同单价支付,此项支付包括材料、设备、运输及其他为完成挖孔灌注桩工程所必需的费用,是对完成工程的全部偿付。

3. 支付细目

支付细目见表6-9。

表6-9 支付细目

细目号	细目名称
407—1	挖孔灌注桩
407—2	钻取混凝土芯样检测(暂定工程量)
407—3	破坏荷载试验用桩(暂定工程量)

任务七 承台施工

※任务描述

承台是桩基础与墩柱的连接部分。在桩基础施工完成后进行破桩头工作,破完桩头进行调平层施工,就进入承台施工。承台施工主要包括底层处理、钢筋加工安装、模板安装、混凝土浇筑与养护等工作环节。本任务以承台施工为重点,结合承台施工工艺与施工要点完成承台施工工作。通过完成本任务,学生应掌握承台施工准备工作的内容、要点,掌握承台的施工方法、施工要点,质量检测内容、方法,能进行承台的施工测量,能运用相关规范进行承台的施工质量控制,能进行承台施工,能编写施工细则。

一、承台施工工艺流程

承台施工工艺流程如图6-23所示。

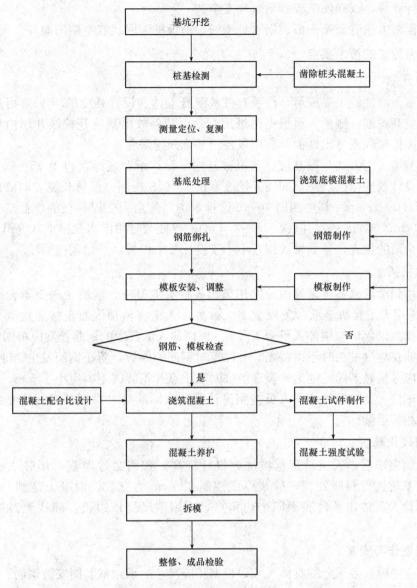

图 6-23 承台施工工艺流程

二、承台施工工艺与质量检验

(一)一般要求

1. 一般承台

承台底为软弱土层时,应按设计要求采取措施。设计无要求时,应自行采取适当措施,防止在浇筑承台混凝土过程中产生不均匀沉降。

边桩外侧与承台边缘的净距不得小于设计值。

2. 水中承台

水中承台应根据工程的结构特点和现场的实际情况选择适宜的围堰方式进行施工。围堰应进行设计计算,以确保工程的质量和安全。

常用的围堰方法有套箱围堰、钢管桩围堰、钢板桩围堰、双壁钢围堰等。

(二)承台施工的技术要点

1. 基坑开挖

桩基混凝土灌注施工完成后,待所有桩基混凝土达到设计强度的70%方可进行基坑开挖施工。基坑开挖前,测量人员根据图纸用全站仪精确放出基坑开挖线并用白灰标示在地面上,用水准仪精确测量出地面标高用以控制基坑开挖深度。

采用机械加人工方式开挖基坑,当机械开挖至设计承台底标高以上15~20 cm后,用人工开挖至设计基底标高,基坑四周开挖坡率按1∶0.5控制,基坑长宽方向要比承台设计长宽各加宽1.0~1.5 m,其中四周40 cm设排水沟,其余为支撑模板的作业空间,在靠便道侧设置60 cm×60 cm积水井(深1.5~2.0 m),以便及时用潜水泵排走基坑积水。基坑挖好后应进行全面的检查,平面轴线位置不小于设计要求设置,严禁超挖回填。

2. 凿除桩头

基坑开挖到位后修整桩顶浮渣。采用风镐破桩头混凝土,混凝土破至承台底标高以上15 cm后,采用人工修凿至承台顶以上12 cm处,人工将桩顶混凝土按照检测要求进行修平、打磨,标高以保证桩顶伸入承台10 cm。桩顶伸入承台中的钢筋长度应根据桩基直径大小而定,钢筋在越过桩头时不得截断,并注意对钢筋的保护,防止钢筋发生锈蚀。

基坑土应尽量做到随挖随运,设置的临时堆土点开挖线的距离应小于5 m。

桩头清理后,及时通知相关人员按照设计及验收标准要求对桩基进行检测并办理桩基施工验收的相关手续。

3. 平整硬化基坑

桩基检测完毕后,人工清理基坑底到设计标高,预留封底厚度,用砂浆或低强度等级混凝土对基坑进行封底处理,砂浆厚度控制在5 cm为宜。待混凝土达到一定强度后,立即组织测量人员放出承台底面四个边角点,再用钢尺复核边长,确认无误后画出底面边缘线。

4. 钢筋制作与安装

施工时应先确认各承台的具体尺寸,根据相应尺寸的承台钢筋图安装钢筋。

在四个方向各取一根钢筋画点或在垫层上画线,钢筋的间距利用一根长度不小于2.0 m的∟50上刻痕(槽)确定。严格控制钢筋的层次、间距和尺寸,钢筋的型号应与设计图一一对应。钢筋接头采用焊接和绑扎两种处理方法。焊缝表面必须平整,不得有较大的凹陷,焊瘤焊渣必须清除干净;接头处不得有裂纹;咬边深度、气孔、夹渣等数量与大小,以及接头尺寸偏差应符合要求。控制绑扎接头的最小搭接长度,在搭接长度内应绑扎三点。

桩身钢筋、承台底层钢筋都涉及综合接地,施工人员在绑扎承台钢筋时应按综合接地图焊接综合接地钢筋、安装接地套筒,综合接地钢筋必须采用焊缝连接。

为保证墩身与承台连接质量,在承台中设置墩身预埋钢筋(伸入承台内0.8 m),预埋钢筋的数量、位置具体见墩身钢筋图。

5. 模板安装

承台模板采用大块钢模板拼装成型,用螺栓及脚手架支撑加固。模板安装前应打磨平整,刷好脱模剂,以便于脱模。脱模剂应均匀、平整。

测量人员根据施工图纸在混凝土面上放出钢模模板安装位置并记录标高,作为模板安装和校正的依据。

模板安装位置应准确,接缝齐平。模板安装过程中,应保证接缝严密,防止漏浆,必要时应用嵌缝材料填嵌缝隙。相邻模板安装就位后,及时安好U形卡和L形插销,再用钩头螺栓或连接件与钢楞紧固。

安装模板应自下而上逐节进行,对每节模板必须经过严格检查,认真校正,支承牢固,方可安装上节模板,以免积累偏差影响工程质量。

根据工程特点,应注意模板和支承系统的整体稳定性,必须使用连接件连固。必要时应安设足够的斜撑或缆绳,以防止灌注混凝土时,模板受不均匀外力、风荷载和冲击荷载等而引起歪扭变形。

钢模安装完后,质量检查员应进行检查、验收,并填写工程检查记录。模板安装经检查合格后,方可进行下一道工序。

6. 混凝土浇筑

混凝土到达现场后,要随时抽样检查混凝土坍落度并制作试块。混凝土坍落度应控制为 18~22 cm,入模温度不得低于 5 ℃,否则应采取措施对原材料进行加温、对罐车采取保温措施。当环境最低温度低于 −5 ℃ 或日平均气温低于 3 ℃ 时,启用冬期混凝土施工方案。

混凝土浇筑时采用插入式振动器捣固,振捣棒距模板距离控制在 30 cm 为宜,振捣时间不宜过长以免混凝土出现离析现象并应遵循快插慢抽的原则。

浇筑完毕后对混凝土进行覆盖,防冻防雨,并及时洒水进行养护。冬期施工应准备好加温设施,对新浇筑的混凝土进行升温养护。

7. 拆模、养护

模板的拆除,必须待混凝土达到一定硬化程度后才能进行。对不承重的侧面模板,待混凝土强度达到 2.5 MPa 以上方可拆除。对承重的底面模板,应待混凝土能安全承受自身重力及外加施工荷载时,一般情况下,须持其强度达到设计强度 70% 以上才能拆除。

模板拆除顺序和方法,在无特殊要求情况下,应先拆侧面模板,后拆底模;先拆非承重部分,后拆承重部分。单块模板拆除时,应由上向下逐节逐块拆除。当需要由下向上分节拆除时,必须采取安全措施,防止上部模板倾倒塌落。拆模时,应注意不得损伤模板和混凝土面。

拆下的模板和配件不应从高处向下抛掷,以免损坏和丢失配件。

拆下的模板应及时清理干净、打磨平整,刷脱模剂,并涂刷防锈油运到指定地点堆放整齐、垫平,防止滑下伤人。

模板拆除后用塑料薄膜全部覆盖,养护 7 d 以上的时间。

(三)质量检验

1. 基本要求

(1)水化热引起的混凝土内最高温度及内外温差应控制在允许范围内。

(2)施工缝的设置及处理应满足设计要求,并符合施工技术规范的规定。

2. 实测项目

承台实测项目见表 6-10。

表 6-10 承台实测项目

项次	检查项目		规定值或允许偏差	检查方法和频率
1△	混凝土强度/MPa		在合格标准内	按《公路工程质量检验评定标准 第一册 土建工程》(JTG F80/1—2017)附录 D 检查
2	平面尺寸/mm	$B<30$ m	±30	尺量：测 2 个断面
		$B \geqslant 30$ m	$\pm B/1\,000$	
3	结构高度/mm		±30	尺量：测 5 处
4	顶面高程/mm		±20	水准仪：测 5 处
5	轴线偏位/mm		≤15	全站仪：纵、横向各测 2 点
6	平整度/mm		≤8	2m 直尺：每侧面每 20 m² 测 1 处，且不少于 3 处，每处测竖直、水平两个方向

注：B 为边长或直径，计算规定值或允许偏差时按 mm 计。

单元五 桥梁墩(台)施工

单元简介

桥梁下部结构类型很多,除了重力式墩(台)、桩柱式墩(台)外,还有钢筋混凝土空心薄壁桥墩、钢筋混凝土肋板式桥台、埋置式桥台、轻型墩(台)、组合式桥台、框架式桥墩、浅基础上的柱式墩(台)等多种结构形式,它们的施工方法可分为就地浇筑(或砌筑)和预制安装两种。本单元主要是通过仿真施工动画、录像或理实一体化教学模式,重点介绍就地浇筑(砌筑)施工方法的施工工艺、施工质量控制要点,使学生能依据《公路桥涵施工技术规范》(JTG/T 3650—2020)和《公路工程质量检验评定标准 第一册 土建工程》(JTG F80/1—2017)指导墩(台)施工全过程,并能够进行质量检测、计量等工作,为桥梁下部结构的施工做好准备,使学生具有桥梁施工员、检测员、计量员的能力和素质。

本单元包括就地砌筑墩(台)施工和就地浇筑墩(台)施工两个项目。

项目七 就地砌筑墩(台)施工

项目描述

就地砌筑墩(台)施工的基本任务是掌握圬工墩(台)就地砌筑的石料定位方法、砌筑方法、砌筑顺序和施工各阶段的质量控制要点,能根据墩(台)身施工图及施工管理要求,合理地组织墩(台)身施工,编写简明施工方案,能对石砌墩(台)身施工过程进行指导和控制,能够合理处理施工中的关键技术和施工事故,提交事故处理方案。能完成施工过程中相关资料的填写,并进行质量检测、计量等工作,具备桥梁施工员、检测员、计量员的基本能力。

本项目包括复核墩(台)施工图、就地砌筑墩(台)施工、石砌墩(台)身施工质量评定与工程计量和编制石砌墩(台)身专项施工方案四个任务。

任务一 复核墩(台)施工图

※**任务描述**

本任务学习的主要目的是掌握墩(台)施工图的作用和组成,使学生能根据施工和施工管理要求，合理识读、审核墩(台)施工图，能发现一般性问题，能复核施工图中结构尺寸和工程量计算。为桥梁墩(台)的施工、计量提供依据，使学生具有施工员、计量员的基本能力。

　　桥梁是一个庞大而又复杂的建筑物，但它总是由许多构件组成。只要了解了每一个构件的形状和大小，再通过总体布置图将它们联系起来，弄清楚它们彼此之间的关系，就可以了解整个桥梁的形状和大小。

　　图 7-1 所示是×××实腹式石拱桥设计图，也是单孔标准跨径为 10 m 的拱桥总体布置图。由于是小桥，而公路桥梁工程图一般采用 A3 的图幅，故本桥的总体布置图为一页。图中比例均采用 1∶200。

　　该桥桥台采用的是重力式 U 形桥台，图中反映出桥台的具体外部尺寸。

　　(1)立面图：显示了该重力式 U 形桥台的立面尺寸，即前墙顶面顺桥向的长度、前墙底面顺桥向长度、前墙前坡和背坡坡率、侧墙顺桥向的长度、侧墙尾端的垂直高度、台身高度、台帽顺桥向的长度、台帽厚度；还显示了基础顶面(台身底面)、河床地表、台身顶面的标高，以控制施工。

　　(2)侧面图：显示了该重力式桥台的侧面尺寸，即台身横桥向的宽度、侧墙顶面宽度和底面宽度、侧墙的背坡坡率、台帽横桥向的宽度、台帽厚度；还显示了基础顶面(台身底面)、河床地表、台身顶面的标高，以控制施工。

　　(3)平面图：显示了该重力式 U 形桥台的平面尺寸，即台身顶面顺桥向的长度和横桥向的宽度、台身底面顺桥向的长度和横桥向的宽度、基础襟边宽度和台阶宽度。

　　(4)工程数量表：列出了该重力式 U 形桥台的工程数量。

　　(5)附注：说明了尺寸单位和施工注意事项等。

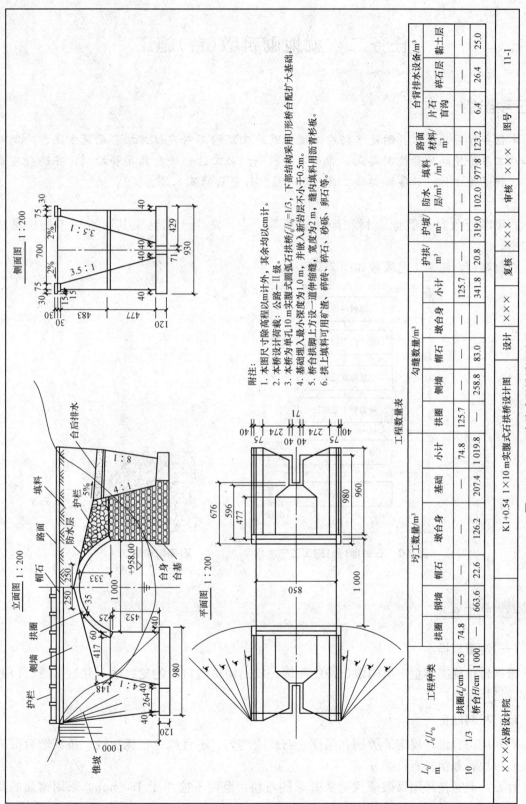

图 7-1 ×××实腹式石拱桥设计图

任务二 就地砌筑墩(台)施工

※任务描述

本任务学习的基本目的是掌握圬工墩台就地砌筑的石料定位方法、砌筑方法、砌筑顺序和施工各阶段的质量控制要点,能对石砌墩(台)施工过程进行指导和控制,并进行质量检测、计量等工作,具备桥梁施工员、检测员、计量员的基本能力。

石砌墩(台)具有就地取材和经久耐用等优点,常用于山区及其附近城市的桥梁墩(台)中。

石砌墩(台)施工工艺流程如图 7-2 所示。

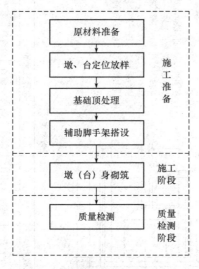

图 7-2 石砌墩(台)施工工艺流程

石砌墩台施工

一、施工准备

(一)测量放样

根据桥位施工测量定出的墩(台)中心线,放出砌筑墩(台)的轮廓线,并根据墩(台)的轮廓线进行砌筑。

(二)材料准备

石料应符合设计规定的类别和强度,石质应均匀、不宜风化、无裂纹。桥梁墩台可采用片石、块石和粗料石砌筑。

片石一般是指采用爆破或楔劈法开采的石块,厚度不应小于 150 mm。采用镶面的片石,应选择表面较平整、尺寸较大者。

块石应形状大致方正,上下面大致平整,厚度为 200~300 mm,宽度为厚度的 1~

1.5倍，长度为厚度的1.5~3.0倍。

块石用作镶面时，应由外露面四周向内稍加修凿。

粗料石由岩层或大石料开劈并经粗略修凿而成，外形应方正，成六面体，厚度为200~300 mm，宽度为厚度的1~1.5倍，长度为厚度的2.5~4.0倍，表面凹陷深度不大于20 mm。加工镶面粗料石时，丁石长度比相邻顺石宽度至少大于150 mm，修凿面每100 mm长须有嵌路4~5条，侧面修凿面应与外露面垂直，正面凹陷深度不应超过150 mm。

(三)基础顶面处理

当基础砌筑完毕，并检查平面位置和标高均符合设计要求后，即可砌筑墩(台)身。砌筑前应将基础顶洗刷干净。

(四)辅助脚手架搭设

墩(台)身施工时应搭设脚手架工作平台，上铺木板，下挂安全网，周围设扶手栏杆。施工脚手架应环绕墩、台搭设，用以堆放石料、砌块和砂浆，并支承工人砌筑、镶面及勾缝。脚手架一般常用固定式轻型脚手架(适用于6 m以下的墩台)、简易活动脚手架(能用在25 m以下的墩台)以及悬吊式脚手架(用于较高的墩台)。

二、墩(台)身砌筑施工

(一)定位放样

墩(台)身在砌筑之前，首先应按设计放出实样挂线砌筑。形状比较复杂的墩(台)身应先做出配料设计图，注明砌块尺寸；形状比较简单的，也要根据砌体高度、尺寸、错缝等先行放样配好材料。

砌筑过程石料的定位可采用垂线法和瞄准法进行。

1. 垂线法

当墩(台)身和基础较低时，可依平面轮廓线砌筑圬工。对于直坡，可采用吊垂球的方法来控制定位石的位置，为了吊垂球的方便，吊点与轮廓线间留1~2 cm的距离(图7-3)。对于斜坡墩台，可用规板控制定位石的位置(图7-4)。

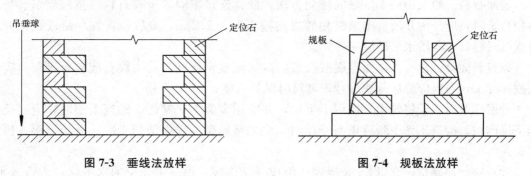

图7-3 垂线法放样　　　　　　图7-4 规板法放样

2. 瞄准法

当墩(台)身较高时，可采用瞄准法控制定位石的位置。当墩(台)身每升高1.5~2 m时，沿墩(台)平面棱角埋设钢钉，使上下钢钉位于一个垂直平面上，并挂以钢丝。砌筑时，拉直钢丝，使上下钢丝瞄成一条直线，依次安砌定位石于正确位置。每砌筑 2~3 m 时，应用测量仪器测量中线，进行各部位尺寸的校核，以确保各部分尺寸的正确。

(二)墩(台)身的砌筑

石砌墩台是用片石、块石及粗料石(内部均用片石填腹)以水泥砂浆砌筑的，石料与砂浆的规格要符合有关规定。浆砌片石一般适用于高度小于 6 m 的墩(台)身、基础镶面以及各式墩(台)身填腹；浆砌粗料石则用于磨耗及冲击严重的分水体及破冰体的镶面工程以及有整齐、美观要求的桥墩(台)身等。

将石料吊运并安砌到正确位置是砌石工程中比较困难的工序。当质量较小或距地面不高时，可用简单的马凳跳板直接运送；当质量较大或距地面较高时，可采用固定式动臂起重机或桅杆式起重机或井式起重机，将材料运到墩台上，再分运到安砌地点。

当基础砌筑完毕，并检查平面位置和标高均符合要求后，即可砌筑墩(台)身。砌筑时，桥墩先砌上下游圆头石或分水尖，桥台先砌四角转角石，后砌边部外露部分，最后填砌腹部，如图 7-5 所示。

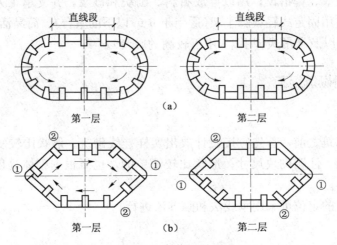

图 7-5 砌石砌筑示意图
(a)圆端砌筑顺序；(b)尖端砌筑顺序

表面石料一般采用一丁一顺的排列方法，使其连接牢固。所有石料均按层砌筑。当砌体相当长时，应分为几段。砌筑时相邻段高差不大于 1.2 m，分段位置宜尽量设置在伸缩缝或沉降缝处，各段水平砌缝应一致。

砌筑斜面墩、台时，斜面应逐层收坡，以保证规定坡度。若用块石或料石砌筑，应分层放样加工，石料应分层分块编号，砌筑时对号入座。

分层砌筑时，应将较大石块用于下层，并应用宽面为底铺砌。砌筑上层时，应避免振动下层砌块。砌筑工作中断后重新开始时，应先将原砌层表面清扫干净，适当润湿，再铺浆砌筑。

片石应分层砌筑，宜以 2~3 层砌块组成一工作层，每一工作层的水平缝应大致找平。各工作层竖缝应相互错开，不得贯通。外圈定位行列和转角石，应选择形状较为方正及尺寸较大的片石，并长短相间与里层砌块咬接。砌缝宽度，当用水泥砂浆时一般不应大于 40 mm，用小石子混凝土砌筑时为 30~70 mm。可以用厚度不比缝宽大的石片填塞宽的竖缝，且石片应被砂浆包裹。

块石应平砌，每层石料高度应大致一样。外圈定位行和镶面石块，应丁顺相间或两行一丁排列，砌缝宽度不大于 30 mm，上下层竖缝错开距离不小于 80 mm。砌体里层平缝宽度不应大于 30 mm，竖缝宽度不大于 40 mm。

粗料石砌筑前，应先计算层数，严格控制平面位置和高度。镶面石应一顺一丁排列，砌缝应横平竖直。砌缝宽度不应大于 20 mm，上下层竖缝错开距离不应小于 100 mm，同时在丁石的上层或下层不宜有竖缝。

砌筑时宜先将已修凿好的石块试摆，为求水平缝一致，可先干放于木条或铁棍上，然后将石块沿边棱翻开，在石块砌筑地点的砌石上及侧缝处铺抹一层砂浆并将其摊平，再将石块翻回原位，以锤轻击，使石块结合紧密。垂直缝中砂浆若不满，应将其补填插捣至溢出为止。石块下垫放的木条或铁棍，在砂浆捣实后即行取出，空隙处再以砂浆填补压实。

为保证美观和防水，墩台表面砌缝外露面应单独勾缝，靠隐蔽面随砌随刮平。勾缝可采用凸缝和平缝。砌筑较规则的块材时，可采用凹缝。勾缝砂浆强度等级按设计要求，一般主体工程不低于 M10，附属工程不低于 M7.5。流水和严重冲刷部位应采取高强度水泥砂浆。勾缝最好在整个墩台砌好后，自上而下进行，以保证勾缝整齐、干净。勾缝应嵌入砌缝内约 20 mm 深。缝槽深度不足时，应凿够深度后再勾缝。

(三)墩台砌筑工艺

1. 浆砌片石

(1)灌浆法砌筑时片石应水平分层铺放，每层高度为 15~20 cm，空隙应以碎石填塞，灌以流动性较大的砂浆，边灌边撬。对于基础工程，可用平板振动器振捣，振捣时平板振动器应放置在石块上面的砂浆层上振动，直至砂浆不再渗入砌体后，方可结束。

(2)铺浆法先铺一层座灰，把片石铺上，每层高度一般不应超过 40 cm，并选择厚度合适的石块，用作砌平整理，空隙处先填满较稠的砂浆，再用适当的小石块卡紧填实，然后再铺上座灰，以同样方法继续铺砌上层石块。

(3)挤浆法先铺一层座灰，再将片石铺上，经左右轻轻揉动几下，再用手锤轻击石块，将灰缝砂浆挤压密实。在已砌好片石侧面继续安砌时，应在相邻侧面先抹砂浆，再砌片石，并向下面和抹浆的侧面用手挤压，用锤轻击，使下面和侧面的砂浆挤实。分层高度宜为 70~120 cm，分层与分层间的砌缝应大致砌成水平。

2. 浆砌块石

浆砌块石一般多采用铺浆法和挤浆法。砌体应分层平砌，石块丁顺相间，上下层竖缝应尽量错开，错缝距离应不小于 8 cm，分层厚度一般不小于 20 cm。对于厚大砌体，如不易按石料厚度砌成水平层时，可设法搭配，使每隔 70~120 cm 能够砌成一个比较平整的水平层。

3. 浆砌粗料石

砌筑前应按石料及灰缝厚度，预先计算层数，使其符合砌体竖向尺寸。石块上下和两侧修凿面都应和石料表面垂直，同一层石块和灰缝宽度应取一致。

砌筑时宜先将已修凿好的石块试摆，为求水平缝一致，可先平于木条或铁棍上；然后，将石块沿边棱翻开，在石块砌筑地点的砌石上及侧缝处铺抹一层砂浆并将其摊平；再将石块翻回原位，以木锤轻击，使石块结合紧密，垂直缝中砂浆若有不满，应补填插捣至溢出为止。石块下垫放的木条或铁棍，在砂浆捣实后即行取出，空隙处再以砂浆填补压实。

(四)砌筑的注意事项

为了使各个石块结合而成的砌体结合紧密，能抵抗作用在其上的外力，砌筑时必须做到下列几点：

(1)石料在砌筑前应清除污泥、灰尘及其他杂质，以免妨碍石块与砂浆的结合。在砌筑前应将石块充分润湿，以免石块吸收砂浆中的水分。

(2)浆砌片石的砌缝宽度不得大于 4 cm，浆砌块石不得大于 4 cm，浆砌料石不得大于 3 cm。上下层砌石应相互压叠，竖缝应尽量错开，浆砌粗料石，竖缝错开距离不得小于 10 cm；浆砌块石不得小于 8 cm，这样集中力能分布到砌体整体上；否则，集中力将由一个柱体承受。

(3)应将石块大面向下使其有稳定的位置，不得在石块下面用高于砂浆层厚度的石块支垫。

(4)浆砌砌体中石块都应以砂浆隔开，砌体中的空隙应用石块和砂浆填满。

(5)在砂浆尚未凝固的砌层上，应避免受外力碰撞。砌筑中断后应洒水湿润，进行养护。重新开始砌筑时，应将原砌筑表面清扫干净。

(五)养护

勾好缝或灌好浆的砌体在完工后，视水泥种类及气候情况，在 7～14 d 内应洒水覆盖养护。养护期间应避免碰撞、振动或承重。

任务三　石砌墩(台)身施工质量评定与工程计量

※任务描述

石砌墩(台)身施工完毕，施工单位应进行自检，并完成质量评定，才能申请交工验收。验收合格后，方可进行计量与支付。通过本任务的学习，学生应掌握石砌墩(台)身检测的内容、方法、检测频率，施工质量的评定标准、方法，计量的内容、方法；具备石砌墩(台)身施工质量评定和工程计量的能力，能完成石砌墩(台)身施工质量评定与工程计量工作。

一、石砌墩(台)身的质量检测

(一)基本要求

(1)砌块应错缝、坐浆挤紧，缝宽均匀，砌块间嵌缝料和砂浆应饱满。
(2)勾缝砂浆强度不得小于砌筑砂浆强度。

(二)实测项目

石砌墩(台)身实测项目见表 7-1。

表 7-1　石砌墩(台)身实测项目

项次	检查项目		规定值或允许偏差	检查方法和频率
1△	砂浆强度/MPa		在合格标准内	按《公路工程质量检验评定标准 第一册 土建工程》(JTG F80/1—2017)附录 F 检查
2	轴线偏位/mm		≤20	全站仪：纵、横向各测 2 点
3	墩台长、宽/mm	料石	+20, -10	尺量：测 3 个断面
		块石	+30, -10	
		片石	+40, -10	
4	竖直度或坡度/%	料石、块石	≤0.3	铅锤法：测两轴线位置共 4 处
		片石	≤0.5	
5△	墩、台顶面高程/mm		±10	水准仪：测 5 处
6	侧面平整度/mm	料石	≤10	2 m 直尺：每 20 m^2 测 1 处，且不少于 3 处，每处测竖直、水平两个方向
		块石	≤20	
		片石	≤30	

二、石砌墩(台)身工程计量

(1)桥梁工程中石料及混凝土预制块的砌体、养护等的有关作业。

(2)桥梁工程砌体应根据合同规定，按实际完成并经监理工程师检查签认的数量，分别对以下工程细目进行计量与支付：

1)桥梁砌体均按砌体的体积，依据图纸所示位置及尺寸，分别以不同砂浆强度等级、石料及结构不同部位(包括基础、墩台身、附属工程等)，以 m^3 为单位计量。计价中包括材料的采购、供应、运输，砌体的砌筑、勾缝、养护，沉降缝的设置，脚手架的搭设、拆除等一切有关作业的价款。混凝土预制块砌体还包括混凝土的浇筑、养护等有关作业的价款。

2)石砌墩(台)支付细目表(见表 7-2)。

表 7-2　石砌墩(台)支付细目表

编号	细目名称/m^3	单位
413-1	浆砌片石	m^3
413-2	浆砌片石	m^3
413-3	浆砌片石	m^3
413-4	浆砌预制混凝土块	m^3

任务四 编制石砌墩(台)身专项施工方案

※任务描述

通过石砌墩(台)身施工方案的编制，学生应熟悉施工方案编制的依据、内容和方法，巩固和掌握石砌墩(台)身的施工工艺、施工方法，能统筹安排施工机械、人员、材料等，进一步提高技能和素质，能查阅有关的资料，具备综合运用专业知识进行独立分析和解决本专业复杂问题的能力，为今后参加工作打下坚实的基础。

本任务以重力式U形桥台施工方案为例，说明石砌墩(台)身专项施工方案的编制内容和编制要点。

一、工程概述

某实腹式石拱桥设计河床断面，如图7-1所示。设计水位高程为958.00 m，拱顶底面高程不应低于964.00 m，地基为弱风化岩石，基础埋深不小于1 m，拱顶填土厚度不小于0.6 m，公路等级为三级，设计荷载为公路—Ⅱ级，路基宽度为8.5 m。本桥为单跨10 m拱桥，两侧桥台采用重力式U形桥台，台身高度为10 m，基础采用刚性扩大基础，最小埋深为1 m，基础厚度为1.2 m。

根据以上资料编制此重力式U形桥台专项施工方案。

二、编制依据

内容参考项目六任务五的相关知识。

三、施工准备

1. 材料

(1)石料(外观要求见前面所述)。石料的类别、强度应符合设计要求，石质应均匀、耐风化、无裂纹。

(2)水泥。水泥应根据结构所处环境选用水泥品种。对于冬期施工及无侵蚀性环境的地区、严寒地区、受水及冰冻共同作用的环境，宜用硅酸盐水泥或普通水泥；对于侵蚀环境，宜用火山灰质水泥或矿渣水泥。

水泥应按品种、强度等级、出厂日期分别堆放，不同品种的水泥不得混合使用。水泥应符合国家标准，进场时应有产品合格证和出厂检验报告单，进场后应按有关规定进行复试。

(3)砂。砂宜采用中砂或粗砂并应过筛，当缺少中粗砂时，也可用细砂。

砂的最大粒径：当用于砌筑片石时，不宜超过5 mm；当用于砌筑块石、粗料石时，不宜超过2.5 mm。

砂的含泥量：当砂浆强度等级小于M5时，含泥量应不大于7%；当砂浆强度等级大于M5时，含泥量应不大于5%。砂进场后应按有关规定进行复试。

(4)水。宜采用饮用水。当采用其他水源时，其水质应符合现行行业标准《混凝土用水标准》(JGJ 63—2006)的规定。

(5)水泥砂浆。砂浆的类别和强度等级应符合设计规定。

砂浆适宜的圆锥沉入度即稠度，在炎热干旱环境中为 50~70 mm；在寒冷潮湿环境中为 40~50 mm；砌片石、块石应为 50~100 mm。

砂浆应有良好的保水性。

若设计有冻融循环次数要求的砂浆，经冻融试验后，质量损失百分率应不大于 5%，抗压强度损失率应不大于 25%。

2. 机具设备

(1)机械：砂浆搅拌机、机动翻斗车等。

(2)工具：手推车、倒链、砂轮、铁锹、夹石钳、拖灰耙、筛子、吊筐、大铲、灰刀、灰桶、喷壶、手锤、凿子、勾缝条、钢丝刷、小撬棍、扫帚、防护目镜、量尺、角尺、水平尺、钢卷尺、小线、扁铲、线坠、凿斧等。

(3)为防止临时停电，施工现场配备 1 台 400 kW 内燃发电机作为备用电源。

3. 作业条件

(1)测量放样完成。

(2)天然地基上的基础砌体施工前，基底已验收完毕。

(3)土质基底如被雪、雨或地下水浸软，必须晾干、夯实，或采取换土、夯填碎卵石的方法加以处理，使基底承载力符合设计要求。

(4)石质基底应大致平整，并将泥土、碎块清除，洗刷干净。砌石前应将基面润湿，使砌块与岩层连成一体。

(5)如基坑内有水，必须在基坑范围以外挖排水沟，将基坑内水排净。

(6)石料在砌筑前必须清洗干净，如有山皮、水锈应清除。石料使用前如已干燥，应洒水湿润，但石料的清洗、湿润和凿锈应在砌体外进行。

(7)非天然基础施工前必须做完基础工程，办理完隐、预检手续。

4. 技术准备

(1)图纸审查完毕，施工方案、技术交底均已完成。

(2)完成石料、砂浆、水泥、砂、水、外加剂等的试验工作。

(3)做好施工预案，充分考虑可能发生的意外情况及应对措施。

5. 人员组织

(1)对所有参与施工的人员进行严格技术交底，使其充分掌握具体施工工艺，树立质量第一的意识。组织以项目总工为主的技术培训会，使操作工人对桥台结构形式等熟悉掌握，做到心中有数、施工中忙而不乱，保证现场施工受控、有序进行。

(2)严格作业值班制度，保证现场每一作业时间段内都有主要施工负责人进行现场管理和技术指导工作，投入足够的施工一线人员，保证工人轮班作业，不搞疲劳战术。

四、施工方案

施工工艺流程图及施工要点见前面所述。

1. 定位放样

内容详见本项目任务二。

2. 操作方法

(1)搅拌砂浆。

1)水泥计量精度应控制在±2%以内,砂、水的计量精度应控制在±5%以内,其配合比一律采用质量比并应经试验确定。

2)搅拌砂浆应使用搅拌机;在工程数量较小时,可以人工搅拌。

3)砂浆搅拌后用沉锥测沉入度和分层度,在搅拌机出料口随机取样制作砂浆试块。砂浆拌成后和使用时,均应盛入储灰器。如砂浆出现砂水现象时,应在砌筑前再拌和,砂浆应随拌随用。水泥砂浆必须在3 h内使用完毕;如果施工期间最高气温超过30 ℃,应在2 h内使用完毕。

(2)修凿石料。

1)片石应选用形状大致方正、上下面大致平整的,敲除锋棱、锐角;用作镶面的块石,应由外露面内修凿,深度不小于70 mm。

2)石料加工包括修边粗打、一遍錾凿、二遍錾凿、一遍剁斧、二遍剁斧和磨光。粗料石应选用外观方正的六面体石料,侧面应与外露面垂直,顺石应比相邻丁石大150 mm以上,一般应经裁边和平凿两道工序处理。

(3)砌筑。

(4)勾缝:砌体的勾缝根据设计要求有平缝、凸缝、凹缝等。

(5)养护:砌体灰缝养护时间不得少于7 d。

3. 季节性施工

(1)砌体冬期施工采用保温法、暖棚法和抗冻砂浆法。

(2)雨期施工应防止雨水泡槽,防止雨水冲刷砌体砂浆,及时调整砂浆的用水量,不得冒雨砌筑,大雨后检测砌体的垂直度及现况地基是否发生不均匀下沉现象。

五、质量控制指标、检验频率方法

内容详见本项目任务三。

六、安全及环保要求

1. 安全操作要求

(1)编制专项安全技术方案,开工前对操作人员进行安全技术交底。

(2)现场施工必须戴安全帽。

(3)作业前必须检查工具,锤头必须牢固,作业时应戴防护目镜、护腿、鞋盖等防护用品。

(4)不准在砌体顶上画线、刮缝及清扫墙角或检查大角垂直等工作。严禁在砌体顶上行走。砌筑作业面下方不得有人。

(5)用锤打石时,应先检查铁锤有无破裂,锤柄是否牢固,打锤要按照石纹走向落锤,锤口要平,落锤要准,同时要看清附近情况有无危险,然后落锤,以免伤人。

(6)不准在砌体顶或脚手架上修石块,以免振动墙体而影响质量或石片掉下伤人。石块不得往下抛。

(7)吊装石料应用吊筐,不得有破损和变形。吊筐不得超负荷吊运,并经常检查吊筐,发现问题及时处理。

(8)墙身砌体高度超过地坪 1.2 m 以上时,应搭设脚手架。当砌体高度超过 4 m 时,采用里脚手架必须支撑安全网;采用外脚手架应设护身栏杆和挡脚板后方可砌筑。脚手架未经验收不得使用,验收后不得随意拆改,严禁搭探头板。

(9)脚手架上堆料量不得超过规定荷载(270 kN/m^2),脚手架上最多放两层石料。同一脚手架手板上的操作人员不应超过 2 人。

(10)不准在超过胸部以上的墙体上进行砌筑,以免将墙体碰撞倒或上石时失手掉下造成安全事故。

(11)如遇雨天时,要做好防雨措施,以防雨水冲走砂浆,致使砌体倒塌。

(12)冬期施工时,脚手架上如有冰霜、积雪,应先清除后才能上脚手架进行操作。

(13)下列情况应停止砌筑作业:风力超过 6 级;大雨、大雾、大雪天气;夜间照明不足。

2. 环保措施

(1)石料堆放场地应平整,且比周边地面高出约 100 mm,并做好排水设施。

(2)施工垃圾应集中堆放,统一处理。

(3)现场砂浆搅拌站应设计排水沟和沉淀池,必须时采取喷水防尘措施。不得堵塞雨水、污水排放设施。

项目八　就地浇筑墩(台)施工

项目描述

就地浇筑重力式墩(台)施工的基本任务是掌握混凝土墩台就地浇筑的施工方法、施工顺序和施工各阶段的质量控制要点,大体积混凝土施工要点;能根据墩(台)施工图及施工管理要求,合理地组织墩(台)施工,编写简明施工方案;能对就地浇筑的混凝土墩(台)施工过程进行指导和控制,能够合理处理施工中的关键技术和施工事故,提交事故处理方案;能完成施工过程中相关资料的填写,并进行质量检测、计量等工作;具备桥梁施工员、检测员、计量员的基本能力。

本项目包括复核墩(台)施工图、就地浇筑墩(台)施工方法、就地浇筑墩(台)施工质量检测与计量、编制就地浇筑墩(台)专项施工方案和高桥墩施工五个任务。

任务一　复核墩(台)施工图

※任务描述

本任务学习的主要目的是掌握重力式墩(台)施工图的作用和组成,使学生能根据施工和施工管理要求,合理识读、审核重力式墩(台)施工图,能发现一般性问题,能复核施工图中结构尺寸和工程量计算。为桥梁重力式墩(台)的施工、计量提供依据,增强学生作为施工员、计量员的基本能力。

图 8-1 所示是某桥 1 号墩的一般构造图。它主要反映 1 号墩的具体外部尺寸及钢筋的布置情况。该桥墩为钢筋混凝土重力式桥墩,基础采用的是明挖刚性扩大浅基础。

(1)立面图:显示了该重力式桥墩的立面尺寸,即墩身顶面顺桥向的长度、墩身底面顺桥向长度、墩身侧坡坡率、墩身高度;还显示了基础顶面(墩身底面)、河床地表、墩身顶面的标高,以控制施工。

(2)侧面图:显示了该重力式桥墩的侧面尺寸,即墩身顶面横桥向的宽度、墩身底面横桥向的宽度;还显示了基础顶面(墩身底面)、河床地表、墩身顶面的标高,以控制施工。

(3)平面图:显示了该重力式桥墩的平面尺寸,即墩身顶面顺桥向的长度和横桥向的宽度、墩身底面顺桥向的长度和横桥向的宽度、基础襟边宽度和台阶宽度。

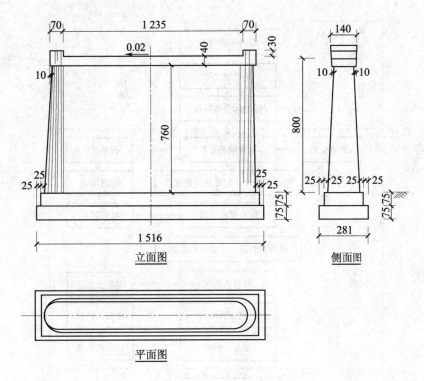

图 8-1 重力式桥墩构造布置图(单位：mm)

任务二 就地浇筑墩(台)施工方法

※任务描述

本任务学习的基本目的是掌握混凝土墩台就地浇筑的施工方法、施工顺序和施工各阶段的质量控制要点，能对混凝土墩(台)身施工过程进行指导和控制，并进行质量检测、计量等工作，使学生具备桥梁施工员、检测员、计量员的基本能力。

墩(台)身的施工方法根据其结构形式的不同而各异，对结构形式较简单、高度不大的墩(台)身，通常采用传统的方法，立模(一次或几次)现浇施工。
墩(台)身较低，一般采用就地绑扎钢筋，再支立钢模板浇筑混凝土成型。
下面介绍墩身的施工方法，钢筋混凝土桥台台身的施工方法与桥墩的相似。
墩身施工工艺流程如图 8-2 所示。

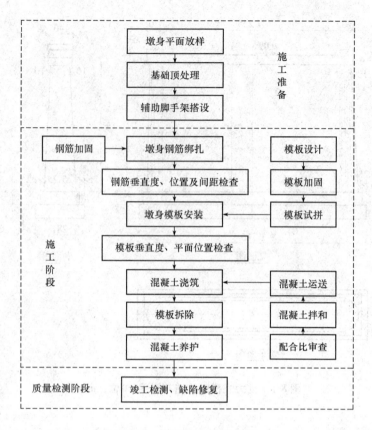

图 8-2 墩身施工工艺流程

一、施工准备

(一)内业准备

熟悉桥墩施工图,制定出墩身模板拼装和混凝土灌注施工工艺,并在开工前组织技术人员认真学习实施性施工组织设计,阅读、审核施工图纸,熟悉规范和技术标准。

(二)外业准备

施工前应先进行施工场地平整,同时准备好施工模板、支架、钢筋、砂、石、水泥等材料,安排劳动力及施工机械进场。收集施工中所涉及的墩身轴线、标高等各种外部技术数据。

(三)测量放样

模板拼装前,根据已知控制点资料计算出桥墩坐标,在基础顶面利用全站仪(经纬仪)按坐标放样确定其中心位置及纵横轴方向,以此为基点放出墩身底部轮廓线,并进行复核校正,同时放出立模标高。

(四)基础顶处理

为了保证基础与桥墩墩身良好连接,除了按基础设计要求设置预埋连接钢筋外,还应将基础顶面彻底凿毛,要求凿出后能露出混凝土石子,表面无松动、挂块。凿除混凝土表面时，混凝土必须已达到一定强度，用人工凿除时须达到 2.5 MPa；用风动机凿毛时，须达到 10 MPa。

凿毛后的混凝土表面，应用水冲洗干净，在浇筑混凝土前，宜铺一层厚为 10~20 mm 的水泥砂浆。

(五)辅助脚手架搭设

墩(台)身施工时应搭设脚手架工作平台，上铺木板，下挂安全网，周围设扶手栏杆，便于施工操作和确保作业人员的安全。

二、墩(台)身施工

(一)墩身钢筋绑扎

1. 钢筋加工

使用前应将钢筋进行调直和除锈去污，并根据图纸综合考虑钢筋原材长度和所需长度进行配料单的编制。各种钢筋下料尺寸应符合设计及规范要求。桥墩所采用的钢筋尽量由加工厂统一下料加工。

2. 钢筋绑扎

现浇混凝土墩身钢筋的绑扎应与混凝土的浇筑配合进行。钢筋施工时其分节高度不宜大于 9 m，以确保施工安全(图 8-3)。下一节段钢筋绑扎时，上一节段混凝土强度应达到 2.5 MPa 以上。

图 8-3 钢筋绑扎

柱式桥墩的墩身钢筋一般先在加工厂分段加工成钢筋笼，再用平板车运至墩位处，利用吊车将钢筋笼吊装到位，然后焊缝连接。

当墩身钢筋定位后,应尽快将底部钢筋与基础预埋钢筋连接,以增加墩身钢筋与模板的稳定性。

为保证浇筑混凝土时钢筋保护层厚度,且保证在混凝土表面看不到垫块痕迹,因而在侧模安装时可采用塑料垫块或钢筋骨架外侧绑扎特殊造型的同级混凝土垫块,以增加混凝土表面的美观性。

钢筋绑扎好后,检查垂直度、位置及间距等是否符合设计和施工要求,保证钢筋在灌注混凝土过程中受力后不变形、不移位。

(二)墩身模板制作与安装

1. 模板设计

模板是墩身成型的模具。模具的质量关系到桥墩质量,所以施工时应根据桥墩的形式和特点选用恰当的模板,才能取得良好的技术经济效果。

桥墩模板除一些特殊部位,因木模加工的适应性较好而选用木模外,一般情况下均采用钢模。在钢筋混凝土实体墩身施工中常用的为大型钢模即大块拼装模板,它由若干标准小钢模拼装而成,施工较为方便。钢模板的面板变形为 1.5 mm,钢模板的钢棱、柱箍变形为 3.0 mm。重复使用的模板应经常检查、维修。

2. 常见模板类型

墩台常用的模板有拼装式模板、整体吊装式模板、组合式钢模板和滑动钢模板。

(1)拼装式模板。拼装式模板是将各种尺寸的标准模板利用销钉连接,并与拉杆、加劲构件等组成墩台所需形状的模板。如图 8-4 所示,将墩台表面划分为若干小块,尽量使每部分板扇尺寸相同,以便于周转使用。板扇高度通常与墩台分节灌注高度相同,一般可为 3~6 m,宽度可为 1~2 m,具体视墩台尺寸和起吊条件而定。拼装式模板由于在厂内加工制造,因此板面平整、尺寸准确、体积小、质量轻,拆装容易、快速,运输方便,故应用广泛。

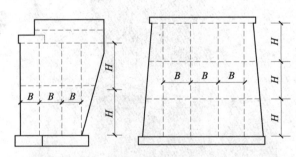

图 8-4 拼装式模板划分示意图

(2)整体吊装式模板。整体吊装式模板是将墩台模板水平分成若干段,每段模板组成一个整体,在地面拼装后吊装就位(图 8-5)。分段高度可视起吊能力而定,一般可为 2~4 m。整体吊装式模板的优点是:安装时间短,无须设施工接缝,加快施工进度,提高了施工质量;将拼装模板的高空作业改为平地操作,有利于施工安全;模板刚性较强,可少设拉筋或不设拉筋,节约钢材;可利用模外框架做简易脚手架,不需另搭施工脚手架;结构简单,装拆方便,对建造较高的桥墩较为经济。

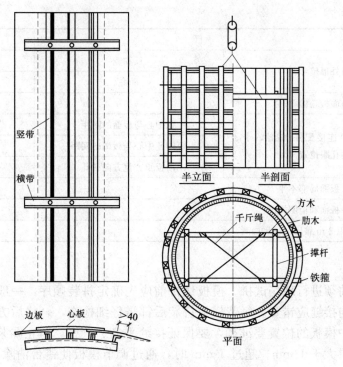

图 8-5 圆形桥墩整体模板

(3)组合式钢模板。组合式钢模板是以各种长度、宽度及转角标准构件,用定型的连接件将钢模拼成结构用模板。它具有体积小、质量轻、运输方便、装拆简单、接缝紧密等优点。它适用于在地面拼装、整体吊装的结构。

(4)滑动钢模板。滑动钢模板适用于各种类型的桥墩。

各种模板在工程上的应用,应根据墩台的高度、墩台的形式、机具设备、施工期限等条件,因地制宜,合理选用。应尽可能地选用钢模板或大模板,以保证外观美观。

3. 模板加工

墩身施工使用的模板,进场验收合格后要经过处理才能进行拼装。

模板加工要求各部位焊接牢固,焊缝尺寸符合要求,焊缝外形应光滑、均匀,不得有漏焊、焊穿、裂纹等缺陷,不得产生夹渣、咬肉、开焊、气孔等缺陷。有关模板在制作时的允许偏差见表 8-1。

表 8-1 模板制作时的允许偏差

项次	项目		允许偏差/mm
木模板	(1)模板的长度和宽度		±5.0
	(2)不刨光模板相邻两板表面高低差		3.0
	(3)刨光模板相邻两板表面高低差		1.0
	(4)平板模板表面最大的局部不平	刨光模板	3.0
		不刨光模板	5.0
	(5)拼合板中木板间的缝隙宽度		2.0
	(6)榫槽嵌接紧密度		2.0

续表

项次	项目		允许偏差/mm
钢模板	(1)外形尺寸	长和宽	+0，-1
		肋高	±5
	(2)面板端偏斜		0.5
	(3)连接配件(螺栓、卡子等)的孔眼位置	孔中心与板面的间距	±0.3
		板端孔中心与板端的间距	+0，-0.5
		沿板长、宽方向的孔	±0.6
	(4)板面局部不平		1.0
	(5)板面和板侧挠度		±1.0

注：板面局部不平用 2 m 靠尺、塞尺检测。

4. 模板试拼

钢模板使用前须进行现场试拼。模板试拼前应先确定拼装顺序，一般自下而上逐节安装，上下两层竖向接缝应错开。每节模板拼装后都需仔细检查，合格后方可继续安装下一节。拼装的过程中模板的位置要准确，要保证接缝平齐、严密，防止漏浆。严格控制板与板之间的错台不得大于 1 mm。超过 1 mm 时，通过调节模板使错台消除。如无法调节时，采用打磨的方式消除。

模板拼好后要进行全面测量检查，并按拼装顺序进行编号，经验收检查合格后方可投入使用。

5. 模板安装

钢筋绑扎完毕经检查合格后可以开始安装模板，如图 8-6 所示。在安装模板时，应根据墩身高度，采用分次立模(图 8-7)或一次立模(图 8-8)到墩身顶的方式进行。

图 8-6 安装模板

图8-7 分次立模

图8-8 一次立模

安装模板前,应先清除基础与墩身接头处的杂物,再由测量人员放出墩身轮廓线控制点并弹上墨线。若基础顶表面不平整,在基础顶面外模的位置铺一层 2 cm 左右的找平砂浆,模板与找平砂浆之间要防止漏浆。然后,按照模板试拼的顺序拼装模板。按照交底尺寸,在拼装过程中要随时检查、校正。

模板安装前应对模板尺寸进行检查;安装时要坚实、牢固,以免振捣混凝土时引起跑模、漏浆;安装位置要符合结构设计要求。

模板安装好后,检查轴线、高程等是否符合设计和施工要求,保证模板在灌注混凝土过程受力后不变形、不移位。模板内要干净、无杂物,拼合平整、严密。模板安装时的允许偏差见表8-2。

表8-2 模板安装时的允许偏差

	项目	允许偏差/mm
模板高程	基础	±15
	柱、梁	±10
	墩台	±10
模板尺寸	上部构造的所有构件	+5,-0
	基础	±30
	墩台	±20
轴线偏位	基础	15
	柱	8
	梁	10
	墩台	10

续表

项目	允许偏差/mm
装配式构件支承面的高程	+2，-5
模板相邻两板表面高低差	2
模板表面平整	5
预埋件中心线位置	3
预留孔洞中心线位置	10
预留孔洞截面内部尺寸	+10，-0

(三)混凝土浇筑施工要点

墩(台)身混凝土施工前,应将基础顶面冲洗干净,凿除表面浮浆,整修连接钢筋。灌注混凝土时,应经常检查模板、钢筋及预埋件的位置和保护层的尺寸,确保位置正确,不发生变形。混凝土施工中,应切实保证混凝土的配合比、水胶比和坍落度等技术性能指标满足《公路桥涵施工技术规范》(JTG/T 3650—2020)要求。

混凝土的运输能力应保证混凝土连续浇筑的要求。当混凝土的浇筑数量大,为保证施工速度,可采用泵送混凝土。当混凝土下落高度超过 2 m 时,应采取滑落装置,避免混凝土离析。

大体积混凝土为避免水化热过高,导致混凝土内外温差引起混凝土裂缝,可采取如下措施:

(1)改善集料级配,降低水胶比,掺加混合料与外加剂、片石等方法减少水泥用量。

(2)采用水化热低的水泥,如矿渣水泥、粉煤灰水泥、低强度水泥等;并控制水泥用量,一般控制在 300 kg/m³。

(3)减小浇筑层厚度,加快混凝土的散热速度。分层厚度一般以 1.5 m 左右为宜,层间间隔时间为 5~14 d,上下层间按照施工缝处理。

(4)高温季节施工采取遮阳措施,防止砂石料受阳光暴晒,同时采用凉水降温拌和混凝土。

(5)在混凝土内埋设冷却管通水降温。

(四)模板拆除

非承重侧模板应在混凝土强度能保证其表面及棱角不致因拆模而受损害时方可拆除,一般应在混凝土抗压强度达到 2.5 MPa 时方可拆除侧模板。

拆模时应先将模板整体放松,拆除墩身模板垫块,然后从模板顶开始拆卸(图8-9);拆除模板时应专人指挥,以防模板碰撞而损伤桥墩。

(五)混凝土养护

一般气温情况下,混凝土浇筑完成表面收浆后,应尽快对混凝土进行养护,保证混凝土保持湿润状态,直到规定养护时间。现浇混凝土的养护时间应不低于表8-3的要求。墩身养护应用淡水。缺乏淡水时,应涂养护剂并采用塑料薄膜覆盖进行养护。用塑料薄膜养护时,模板拆除后应先将混凝土表面用清水浇湿,再用薄膜将该节墩(台)身包裹严密(图8-10),养护时间不得少于 7 d。

图 8-9 模板拆除

表 8-3 混凝土最短养护期限

大气湿度(50%<RH<75%)无风,无阳光直射		大气湿度(RH<50%)有风,或阳光直射	
日平均气温/℃	湿养护期限/d	日平均气温/℃	湿养护期限/d
≥5,<10	14	≥5,<10	21
≥10,<20	10	≥10,<20	14
≥20	7	≥0	7
注:一般应实测混凝土表面温度数据时,此时表中气温用实测表面温度代替。			

桥墩接触动水的部位应采取防水措施,保证混凝土浇筑后 7 d 之内不受水的冲刷。对浪溅区以下的新浇混凝土,应保证混凝土在养护期内并在其强度达到设计等级以前,不受海水与浪花的侵袭。应尽可能推迟新浇混凝土与海水接触时的龄期,一般宜不小于 6 周。

养护期间,混凝土强度达到 2.5 MPa 之前,不得承受人员、运输工具、模板、支架及脚手架等荷载。

(六)施工过程中需要注意的事项

1. 混凝土浇筑前准备工作要充分

在浇筑前用水冲洗净模板上的灰尘及杂物;并调试好振动器。如必须晚上浇筑时,要做好照明工作,防止因光线不足而发生漏振或水泡没有排净就停止振捣的现象。

图 8-10 墩身养护

2. 浇筑过程中，要防止过振和漏振

振捣时要防止过振，由于坍落度大、流动性好的混凝土具有一定的自密性，施工人员稍不注意，就会引起过振，造成局部浆皮太厚，形成黑斑，影响混凝土的外观质量；同时也要防止漏振。漏振会造成局部地方没有水泥浆，造成混凝土表面的跑砂现象。混凝土浇筑到位后，应排除混凝土顶部积水，在混凝土初凝前对顶部混凝土（约40 cm厚）进行复振，确保顶部混凝土密实以及减少模板接触面上的气泡。从以下几个方面进行控制：

（1）混凝土浇筑时采用分层浇筑，每层厚度控制在30 cm左右，上一层振捣要伸入下一层5～10 cm。振捣时振捣棒严禁碰触模板，应与模板保持10～15 cm距离，同时振捣棒禁止置于钢筋上进行混凝土捣固。

（2）混凝土振捣按先中间后两侧的顺序进行捣固，根据振捣棒的作用范围，确定捣固时振捣棒的捣固间距，一般考虑20 cm左右。

（3）混凝土振捣时以出浆而不再冒气泡时为准，不得出现漏振和过振现象。混凝土浇筑应连续进行，如果必须间断，其间隔时间应不大于混凝土初凝时间，防止混凝土表面出现冷缝现象。

（4）在浇筑混凝土时，混凝土捣固工人应认真、仔细，让具有丰富经验的人员操作，做到快插慢提，气泡放净，有序振捣，防止漏振、过振，减少气泡现象。

3. 混凝土养护

混凝土浇筑完成后，在收浆抹面后尽快进行覆盖养护。采用洒水外覆塑料薄膜的方法，养护用水与拌合用水相同，一般需养护7 d以上，根据气温确定洒水频率，初期养护要特别加强，防止水化热反应，使混凝土表面收缩裂纹。

4. 技术措施

墩柱钢筋采用机械连接，同一截面钢筋接头，不能超过规范50%的要求。钢筋按照结构要求进行绑扎，钢筋绑扎时应在周围绑扎垫块，保证浇筑混凝土时钢筋骨架有足够的保护层。模板采用脱模剂清理，保证混凝土脱模后表面平整，不粘结、不掉皮。采用对撑及多道斜撑加固模板，确保结构外观几何尺寸符合设计要求，保证结构施工期间模型的稳定性和垂直度。结构混凝土采取分层灌注，层高为0.3 m。当混凝土灌注落差≥2 m时，使用串筒将混凝土输送至结构浇筑部位。混凝土灌注完毕后，加强养护。

三、墩（台）帽施工

墩（台）帽是用来支承桥跨结构的，其位置、高程及垫石表面平整度等，均应符合设计要求，以避免桥跨结构安装困难，或使顶帽、垫石等出现破裂或裂缝，影响墩台的正常使用功能和耐久性。以下介绍墩（台）帽施工的主要工序。

（一）墩（台）帽放样

墩台混凝土（或砌石）浇筑至离墩（台）帽底下30～50 cm高度时，即需测出墩台纵横中心线，并开始竖立墩（台）帽模板，安装锚栓孔或安装顶埋支座垫板、绑扎钢筋等。台帽放样时，应注意不要以基础中心线作为台帽背墙线。浇筑前应反复核实，以确保墩（台）帽中心、支座垫石等位置方向与水平高程等不出差错。

（二）墩（台）帽模板

墩（台）帽是支撑上部结构的重要部分，其尺寸位置和水平高程的准确度要求较严，浇筑混凝土应从墩(台)帽下30~50 cm处至墩台帽顶面一次浇筑,以保证墩(台)帽底有足够厚度的紧密混凝土。图8-11所示为混凝土桥墩墩帽模板,墩帽模板下面的一根拉杆可利用墩帽下层的分布钢筋,以节省铁件。台帽背墙模板应特别注意纵向支撑或拉条的刚度,防止浇筑混凝土时发生鼓肚,侵占梁端空隙。

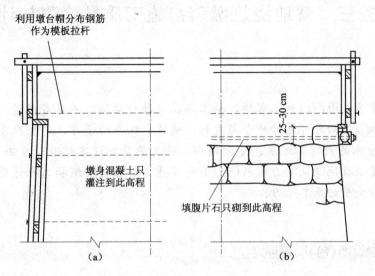

图8-11 混凝土桥墩墩帽模板
(a)混凝土桥墩顶帽模板;(b)石砌桥墩墩帽模板

(三)钢筋和支座垫板、预埋件、预留孔的安设

墩(台)帽钢筋绑扎应遵照《公路桥涵施工技术规范》(JTG/T 3650—2020)有关钢筋工程的规定。墩(台)帽上的支座垫板的安设一般采用预埋支座垫板和预留锚栓孔的方法。前者须在绑扎墩(台)帽和支座垫石钢筋时将焊有锚固钢筋的钢垫板安设在支座的准确位置上,即将锚固钢筋和墩(台)帽骨架钢筋焊接固定,同时将钢垫板做一木架,固定在墩(台)帽模板上。此方法在施工时垫板位置不易准确,应经常校正。后者须在安装墩(台)帽模板时安装好预留孔模板,在绑扎钢筋时注意将锚栓孔位置留出。此方法安装支座施工方便,支座垫板位置准确。

墩台的预埋件一般有盆式橡胶支座的固定锚栓、防振锚栓、防振挡块的预埋钢筋、供观测用的标尺、供运营阶段使用的扶手、检查平台和护栏等。

预埋件施工应注意下述要点:

(1)为保证预埋件位置的准确,应对预埋件采取固定措施,以免振捣混凝土时发生移动。

(2)预埋件在墩(台)帽上的外露部分要有明显标识,浇至顶层混凝土时,要注意外露部分尺寸的准确。

(3)预埋件下面及附近的混凝土应注意振捣密实,对具有角钢锚固钢筋的预埋件尤其应注意加强振捣。

(4)在已埋入墩(台)帽内的预埋件上施焊时,应尽量采用细焊条、小电流,分层施焊,以免烧伤混凝土。

(四)混凝土浇筑

同墩(台)身部分内容。

任务三　就地浇筑墩(台)施工质量检测与计量

※任务描述

就地浇筑重力式墩(台)施工完毕,施工单位应进行自检,并完成质量评定,才能申请交工验收。验收合格后方可进行计量与支付。通过本任务的学习,学生应掌握就地浇筑重力式墩(台)身检测的内容、方法、检测频率,施工质量的评定标准、方法,计量的内容、方法,能独立完成就地浇筑重力式墩(台)身施工质量的相关检测和工程计量的任务,具备桥梁检测员、计量员的基本能力。

一、就地浇筑墩(台)质量评定

(一)墩(台)身施工质量检测与评定

1. 基本要求

(1)模板及支架的强度、刚度、稳定性应符合施工技术规范的规定。
(2)施工缝设置及处理应符合施工技术规范规定。

2. 现浇墩(台)身实测项目(见表 8-4)

表 8-4　现浇墩(台)身实测项目

项次	检查项目		规定值或允许偏差	检查方法和频率
1△	混凝土强度/MPa		在合格标准内	按《公路工程质量检验评定标准 第一册 土建工程》(JTG F80/1—2017)附录 D 检查
2	断面尺寸/mm		±20	尺量:每施工阶段测 1 个断面,不分段施工的测 2 个断面
3	全高竖直度/mm	$H \leqslant 5$ m	$\leqslant 5$	全站仪或垂线法:纵、横向各测 2 处
		5 m$<H \leqslant 60$ m	$\leqslant \dfrac{H}{1\,000}$,且$\leqslant 20$	
		$H>60$ m	$\leqslant \dfrac{H}{3\,000}$,且$\leqslant 30$	全站仪:纵、横向各测 2 处
4	顶面高程/mm		±10	水准仪:测 3 处
5△	轴线偏位/mm	$H \leqslant 60$ m	10,且相对前一节段$\leqslant 8$	全站仪:每施工节段测顶面边线与两轴线交点
		$H>60$ m	$\leqslant 15$,且相对前一节段$\leqslant 8$	
6	节段间错台/mm		$\leqslant 5$	尺量:测每节每侧面

续表

项次	检查项目	规定值或允许偏差	检查方法和频率
7	平整度/mm	≤8	2 m 直尺：每侧面每 20 m² 测 1 处，每处测竖直、水平 2 个方向
8	预埋件位置/mm	满足设计要求，设计未要求时≤5	尺量：每件测

注：H 为墩、台身高度，计算规定值或允许偏差时以 mm 计。

3. 现浇墩(台)帽或盖梁实测项目(见表 8-5)

表 8-5　现浇墩(台)帽或盖梁实测项目

项次	检查项目	规定值或允许偏差	检查方法和频率
1△	混凝土强度/MPa	在合格标准内	按《公路工程质量检验评定标准 第一册 土建工程》(JTG F80/1—2017)附录 D 检查
2	断面尺寸/mm	±20	尺量：测 3 个断面
3	顶面高程/mm	±10	水准仪：测 5 点
4	轴线偏位/mm	≤10	全站仪：纵、横向各测 2 点
5	支座垫石预留位置/mm	≤10	尺量：每个检查
6	平整度/mm	≤8	2 m 直尺：顺盖梁长度方向每侧面测 3 处

4. 混凝土墩(台)外观质量鉴定

(1)混凝土表面不应存在《公路工程质量检验评定标准 第一册 土建工程》(JTG F80/1—2017)附录 P 所列限制缺陷。

(2)应无建筑垃圾、杂物和临时预埋件。

二、就地浇筑墩(台)施工计量

1. 计量

(1)混凝土墩(台)身工程量计量时依据图纸所示体积或监理人指示为依据，按现场已完工并经验收的混凝土，分别以不同结构类型及混凝土等级，以立方米(m^3)为单位计量。

(2)在计量时直径小于 200 mm 的管子、钢筋、锚固件、管道、泄水孔或桩所占混凝土体积不予扣除。

(3)台帽工程量计量时耳背墙混凝土计入本子目，桥台上的支座垫石、防振挡块混凝土计入附属工程混凝土。

(4)模板、脚手架或支架的工作内容包括就地浇筑和预制混凝土、钢筋混凝土和圬工结构所用的模板、支架、脚手架等的设计制作、安装、拆卸施工的有关作业。模板、脚手架或支架的各项工作，均不计量与支付。

(5)为完成结构物所用的施工缝连接钢筋、混凝土养护、混凝土表面修整等均作为各项相应混凝土工程的附属工作,不另行计量。

2. 支付

按上述规定计量,经监理人验收的列入了工程量清单的支付子目的工程量,其每一计量单位,将以合同单价支付。此项支付包括材料的采购、供应、加工、运输、设备、试验、安装等一切与此有关作业的价款(见表 8-6)。

表 8-6 支付细目表

编号	细目名称	单位
410—2	混凝土下部结构	
410—2—a	桥台混凝土	m^3
410—2—b	桥墩混凝土	m^3
410—2—c	盖梁混凝土	m^3
410—2—d	台帽混凝土	m^3
……		

任务四　编制就地浇筑墩(台)专项施工方案

※任务描述

本任务学习的基本目的是掌握就地浇筑重力式墩(台)的施工工序、施工方法,能统筹安排施工机械、人员、材料等,进一步提高学生的技能素质,使其具备桥梁施工员的基本能力。

本任务以钢筋混凝土重力式桥墩施工方案为例,说明就地浇筑重力式墩(台)专项施工方案的编制内容和编制要点。

一、工程概述

某装配式预应力混凝土空心板桥,标准跨径 $L_k=16.00$ m,计算跨径 $L_0=15.60$ m,桥面宽度为 11.25 m。采用圆端形钢筋混凝土实体桥墩(图 8-1),墩身高度为 8.7 m,墩帽和墩身采用 C25 钢筋混凝土,基础采用 C20 片石混凝土。地基为岩石地基。

根据以上资料编制此钢筋混凝土重力式桥墩专项施工方案。

二、编制依据

内容参考项目六任务五的相关知识。

三、施工准备

(一)技术准备

(1)认真审核设计图纸,编制分项工程施工方案,进行模板设计并经审批。
(2)已进行钢筋的取样试验、钢筋翻样及配料单编制工作。
(3)组织有关人员对模板进行进场验收。
(4)进行混凝土各种原材料的取样试验工作,设计混凝土配合比。
(5)对操作人员进行培训,向有关人员进行安全、技术交底。

(二)材料要求

(1)钢筋:钢筋出厂时,应具有出厂质量证明书和检验报告单。品种、级别、规格和性能应符合设计要求;进场时,应抽取试件做力学性能复试,其质量必须符合现行国家标准《钢筋混凝土用钢 第2部分:热轧带肋钢筋》(GB/T 1499.2—2018)、《钢筋混凝土用钢 第1部分:热轧光圆钢筋》(GB/T 1499.1—2017)等的规定。当发现钢筋脆断、焊接性能不良或力学性能显著不正常等现象时,应对该批钢筋进行化学分析或其他专项检验。

(2)电焊条:电焊条应有产品合格证,品种、规格、性能等应符合现行国家标准《非合金钢及细晶粒钢焊条》(GB/T 5117—2012)的规定。选用的焊条型号应与母材强度相适应。

(3)水泥:水泥宜采用硅酸盐水泥或普通硅酸盐水泥。水泥进场时应有产品合格证或出厂检验报告,进场后应对强度、安定性及其他必要的性能指标进行取样复试,其质量必须符合现行国家标准《通用硅酸盐水泥》(GB 175—2007)等的规定。

当对水泥质量有怀疑或水泥出厂超过3个月时,在使用前必须进行复试,并按复试结果使用。不同品种的水泥不得混合使用。

(4)砂:砂应采用级配良好、质地坚硬、颗粒洁净、粒径小于5 mm的河砂,也可用山砂或用硬质岩石加工的机制砂。砂的品种、质量应符合现行行业标准《公路桥涵施工技术规范》(JTG/T 3650—2020)的规定,进场后按现行行业标准《公路工程集料试验规程》(JTG E42—2005)进行取样复试。

(5)石子:石子应采用坚硬的碎石或卵石。石子的品种、规格、质量应符合现行行业标准《公路桥涵施工技术规范》(JTG/T 3650—2020)的规定,进场后按现行行业标准《公路工程集料试验规程》(JTG E42—2005)进行取样复试。

(6)外加剂:外加剂应标明品种、生产厂家和牌号。出厂时应有产品说明书、出厂检验报告及合格证、性能检测报告,有害物含量检测报告应由有相应资质等级的检测部门出具,其质量和应用技术应符合现行国家标准《混凝土外加剂》(GB 8076—2008)和《混凝土外加剂应用技术规范》(GB 50119—2013)的规定。进场应取样进行复试,并应检验外加剂与水泥的适应性。

(7)掺合料:掺合料应标明品种、等级及生产厂家。出厂时应有出厂合格证或质量证明书和法定检测单位提供的质量检测报告,进场后应取样进行复试。混合料质量应符合国家现行相关标准的规定,其掺量应通过试验确定。

(8)水:宜采用饮用水。当采用其他水源时,其水质应符合现行行业标准《混凝土用水标准》(JGJ 63—2006)的规定。

(9)片石：片石规格、尺寸要求见本项目任务二的相关内容。

(三)机具设备

(1)脚手架：$\phi48$ mm 扣件式钢管脚手架或碗扣式钢管脚手架、钢管扣件、脚手板、可调底托等。

(2)钢筋加工机具：钢筋弯曲机、钢筋调直机、钢筋切断机、电焊机、砂轮切割机等。

(3)模板施工机具：电锯、电刨、手电钻、模板、方木或型钢、可调顶托等。

(4)混凝土施工机具：混凝土搅拌机、混凝土运输车、混凝土输送泵、行走式起重机、混凝土振动器等。

(5)其他机具设备：空压机、发电机、水车、水泵等。

(6)工具：气焊割枪、扳手、铁楔、铁锹、铁抹子、木抹子、斧子、钉锤、缆风绳、对拉螺杆及 PVC 管、钉子、8 号钢丝、钢丝刷等。

(四)作业条件

(1)基础(承台或扩大基础)和预留插筋经验收合格。

(2)基础(承台或扩大基础)与墩台接缝位置按有关规定已充分凿毛。

(3)作业面已临时通水通电，道路畅通，场地平整，满足施工要求。

(4)所需机具已进场，机械设备状况良好。

(5)测量放样完成。

(五)人员组织

(1) 对所有参与施工的人员进行严格技术交底，使其充分掌握具体施工工艺，树立质量第一的意识。组织以项目总工为主的技术培训会，使操作工人对桥台结构形式等熟悉掌握，做到心中有数、施工中忙而不乱，保证现场施工受控、有序进行。

(2) 严格作业值班制度，保证现场每一作业时间段内都有主要施工负责人进行现场管理和技术指导工作，投入足够的施工一线人员，保证工人轮班作业，不搞疲劳战术。

四、施工方案

施工工艺流程图及施工要点见前面所述。

(1)施工工艺流程。

(2)操作工艺。

1)测量放线。

2)搭设脚手架。

3)钢筋加工及绑扎。

4)模板加工及安装。

5)混凝土浇筑。

6)混凝土成型养护。

7)模板及脚手架拆除。

(3)季节性施工。

1)雨期施工。

2)冬期施工。

五、质量控制指标、检验频率方法

内容参考本项目任务三所述的相关知识。

六、安全及环保要求

(一)安全操作要求

(1)编制专项安全技术方案,开工前对操作人员进行安全技术交底。

(2)现场施工必须戴安全帽。

(3)作业前必须检查工具,锤头必须牢固,作业时应戴防护目镜、护腿、鞋盖等防护用品。

(4)施工前应搭好脚手架及作业平台,脚手架搭设必须由专业工人操作。脚手架及工作平台外侧设栏杆,栏杆不少于两道,防护栏杆须高出平台顶面1.2 m以上,并用防火阻燃密目网封闭。脚手架作业面上脚手板与龙骨固定牢固,并设挡脚板。

(5)采用吊斗浇筑混凝土时,吊斗升降应设专人指挥。落斗前,下部的作业人员必须躲开,不得身倚栏杆推动吊斗。

(6)高处作业时,上下应走马道(坡道)或安全梯。梯道上防滑条宜用木条制作。

(7)混凝土振捣作业时,必须戴绝缘手套。

(8)暂停拆模时,必须将活动件支稳后方可离开现场。

(9)冬期施工时,脚手架上如有冰霜、积雪,应先清除后才能上脚手架进行操作。

(10)下列情况应停止砌筑作业:风力超过6级;大雨、大雾、大雪天气;夜间照明不足。

(二)环保措施

1. 施工垃圾及污水的清理排放处理

(1)在施工现场设立垃圾分拣站,施工垃圾及时清理到分拣站后统一运往处理站处理。

(2)进行现场搅拌作业的,必须在搅拌机前台及运输车清洗处设置排水沟、沉淀池,废水经沉淀后方可排入市政污水管道。

(3)其他污水也不得直接排入市政污水管道内,必须经沉淀后方可排入。

2. 施工噪声的控制

(1)要杜绝人为敲打、叫嚷、野蛮装卸噪声等现象,最大限度地减少噪声扰民。

(2)电锯、电刨、搅拌机、空压机、发电机等强噪声机械必须安装在工作棚内,工作棚四周必须严密围挡。

(3)对所用机械设备进行检修,防止带故障作业、噪声增大。

3. 施工扬尘的控制

(1)对施工场地内的临时道路要按要求硬化或铺以炉渣、砂石,并经常洒水压尘。

(2)对离开工地的车辆要加强检查清洗,避免将泥土带上道路,并定时对附近的道路进行洒水压尘。

(3)水泥和其他易飞扬的细颗粒散体材料,应安排在库房存放或严密遮盖。

(4)运输水泥和其他易飞扬的细颗粒散体材料和建筑垃圾时,必须封闭、包扎、覆盖,不得沿途泄漏遗撒,卸车时采取降尘措施。

(5)运输车辆不得超量运载。运载工程土方最高点不得超过槽帮上沿500 mm,边缘低于车辆槽帮上沿 100 mm，装载建筑渣土或其他散装材料不得超过槽帮上沿。石料堆放场地应平整，且比周边地面高出约 100 mm，并做好排水设施。

任务五　高桥墩施工

※任务描述

高桥墩施工通常为高空作业，要求在高空完成钢筋、模板、混凝土的施工工作。本任务就是以高桥墩施工引领教学活动，旨在让学生领会桥墩设计意图、明确工程内容、掌握工程特点的基础上，通过编制施工技术方案正确选择合适的方法，按照《公路桥涵施工技术规范》(JTG/T 3650—2020)和《公路工程质量检验评定标准 第一册 土建工程》(JTG F80/1—2017)的相关规定进行高桥墩施工工作。通过完成本任务，学生应掌握高桥墩施工工艺流程及施工要点，能结合工程根据图纸、规范等编制施工细则。

高桥墩可分为实体墩、空心墩与刚架墩，自 20 世纪 70 年代以后，较高的桥墩一般均采用空心墩。一般情况下，桥墩高度小于 25 m 时，空心桥墩采用现场立模施工[具体施工工艺、施工质量控制要点见就地浇筑墩(台)身施工]，超过 25 m 时宜采用滑升模板施工、爬模施工、翻板式爬模施工(即翻模)。

一、滑动模板的构造

滑动模板是将模板悬挂在工作平台的围圈上，沿着所施工的混凝土结构截面的周界组拼装配，并随着混凝土的浇筑由千斤顶带动向上滑动。滑动模板的构造，由于桥墩类型、提升工具的不同，模板构造也少有不同，但其主要部件与功能大致相同。一般主要由工作平台、内外模板、混凝土平台、工作吊篮和提升设备等组成，如图 8-12 所示。

(1)工作平台由外钢环、辐射梁、内钢环、栏杆、步板组成。除提供操作的场地外，还用它把滑模的其他部分与顶杆相互连接起来，使整个滑模结构支撑在顶杆上。可以说，工作平台是整个滑模结构的骨架，因此应具有足够的强度和刚度。

(2)内外模板采用薄钢板制作。用于上下壁相同厚度的直坡空心桥墩的滑模，内外模板均通过立柱固定在工作平台的辐射梁上。用于上下壁相同厚度的斜坡空心桥墩的收坡滑模，内外模板仍固定在立柱上，但立柱架或顶梁不是固定在辐射梁上，而是通过滚轴悬挂在辐射梁上，并可利用收坡丝杆沿辐射方向移动立柱架及内外模板位置。用于斜坡式不等壁厚空心桥墩的收坡滑模，则内外立柱固定在辐射梁上，而在模板与立柱间安装收坡丝杆，以便分别移动内外模板的位置。

(3)混凝土平台由辐射梁、步板、栏杆等组成，利用立柱支承在工作平台的辐射梁上，供堆放及浇筑混凝土的施工操作使用。

(4)工作吊篮是悬挂在工作平台的辐射梁和内外模板的立柱上。它随着滑模的提升而向上移动，供施工人员对刚脱模的混凝土进行表面修饰和养生等施工操作使用。

(5)提升设备由千斤顶、顶杆、顶杆导管等组成。通过提升工作平台的辐射梁，使整个滑模提升。

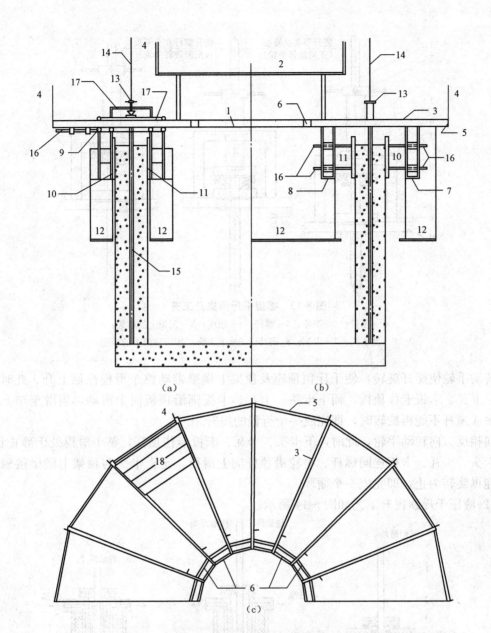

图 8-12 滑动模板构造示意图

(a)等壁厚收坡滑模半剖面图；(b)不等壁厚收坡滑模半剖面图；(c)工作平台半平面图

1—工作平台；2—混凝土平台；3—辐射梁；4—栏杆；5—外钢环；6—内钢环；
7、8、19—立柱；9—滚轴；10—内横板；11—外横板；12—吊篮；13—千斤顶；
14—顶杆；15—顶杆导管；16—收坡丝杆；17—顶梁；18—步板

二、滑动模板的提升工艺

滑动模板提升设备主要由提升千斤顶、支承顶杆及液压控制设备等组成。其提升方式分为螺旋千斤顶提升和液压千斤顶提升两种。

(1)螺旋千斤顶提升工艺如图 8-13 所示。

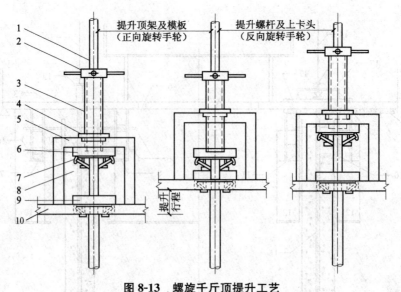

图 8-13 螺旋千斤顶提升工艺

1—顶杆；2—手轮；3—螺杆；4—顶座；5—顶架上的横梁；
6—上卡头；7—卡瓦；8—卡板；9—下卡头；10—顶架下的横梁

转动手轮使螺杆旋转，使千斤顶顶座及顶架上横梁带动整个滑模徐徐上升。此时，上卡头、卡瓦、卡板卡住顶板，而下卡头、卡瓦、卡板则沿顶板向上滑动，当滑至与上下卡瓦接触或螺杆不能再旋转时，即完成一个行程的提升。

向相反方向转动手轮，此时，下卡头、卡瓦、卡板卡住顶杆，整个滑模处于静止状态。紧上卡头、卡瓦、卡板连同螺杆、手轮沿顶杆向上滑行，至上卡头与顶架上横梁接触或螺杆不能再旋转为止，即完成一个循环。

(2)液压千斤顶提升工艺如图 8-14 所示。

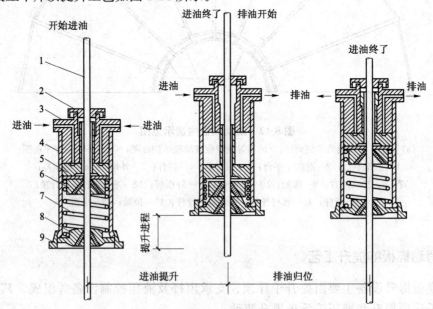

图 8-14 液压千斤顶提升工艺

1—顶杆；2—行程调整帽；3—缸盖；4—缸筒；5—活塞；6—上卡头；7—排油弹簧；8—下卡头；9—底座

1)进油提升。利用油泵将油压入缸盖和活塞之间,在油压作用下,上卡头立即卡紧顶杆,使活塞固定于顶杆上。随着缸盖与活塞间进油量的增加,使缸盖连同缸筒、底座及整个滑模结构一起上升,直至上、下卡头顶紧时,提升暂停。此时,缸筒内排油弹簧完全处于压缩状态。

2)排油归位。开通回油管路,解除油压,利用排油弹簧推动下卡头使其与顶杆卡紧,同时推动上卡头将油排出缸筒,在千斤顶及整个滑模位置不变的情况下,使活塞回到进油前的位置。此时,完成一个提升循环。为了使各液压千斤顶能协同一致工作,应将油泵与各千斤顶用高压油泵连通,由操纵台统一集中控制。

提升时,滑模与平台临时荷载全部由支承顶杆承受。顶杆多用 φ3 与 φ5 圆钢制作,直径 25 mmφ5 圆钢的承载力约为 12.5 kN(φ3 则为 10 kN)。顶杆一端埋置于墩、台结构的混凝土中,一端穿过千斤顶芯孔,每节长度 2.0~4.0 m,用工具式或焊接连接。为了节省钢材,使支承顶杆能重复利用,可在顶杆外安上套管,套管随同滑模整个结构一起上升,待施工完毕后,可拔出支承顶杆。

三、滑动模板施工工序要点

(一)滑模拼装

在墩位上就地进行拼装时,安装步骤如下:

(1)在基础顶面搭枕木垛,定出桥墩中心线。

(2)在枕木垛上先安装内钢环,并准确定位,再依次安装辐射梁、外钢环、立柱、顶杆、千斤顶、模板等。

(3)提升整个装置,撤去枕木垛,再将模板落下就位,随后安装余下的设施。内外吊架待模板滑升至一定的高度,及时安装。模板在安装前,表面需涂润滑剂,以减少提升时的摩阻力。组装完毕后,应进行全面检查,并及时纠偏。

(二)混凝土浇筑

滑模宜浇筑低流动度或半干硬性混凝土,浇筑时应分层、分段对称进行浇筑,分层厚度以 20~30 cm 为宜,浇筑后混凝土表面距模板上缘宜有不小于 10 cm 的距离;混凝土入模时,要均匀分布,应用插入式振动器振捣,振捣时应避免振动钢筋和模板,振捣棒插入下层混凝土的深度不得超过 5 cm;脱模时混凝土的强度应为 0.2~0.5 MPa,以防在其自重的作用下塌陷变形。为此,可根据试验掺入一定量的早强剂,以加速提升;脱模 8 h 后开始养护。

(三)提升与收坡

整个模板的提升可分为初次滑升、正常滑升和末次滑升三个阶段。从开始浇筑混凝土到模板首次提升为初次滑升阶段,初次浇筑混凝土的高度一般为 60~70 cm,分 3 次浇筑,在底层混凝土强度达到 0.2~0.4 MPa 时即试升。将所有千斤顶同时缓慢升起 5 cm,以观察底层混凝土的凝固情况。现场鉴定可用手指按刚脱模的混凝土表面,基本按不动,但留有指痕,砂浆不沾手,用指甲划过有痕迹,滑升时能耳闻"沙沙"的摩擦声,表明混凝土已具有 0.2~0.4 MPa 脱模强度,开始缓慢提升 20 cm 左右。初升后,经全面检查设备,即可进入正常滑升阶段,即每浇筑一层混凝土,滑模提升一次,每次浇筑的厚度和每次提升的高度基本一致。在正常气候条件下,提升时间不宜超过 1 h。末次滑升阶段是混凝土已浇筑到所需要的高度,不再继续浇筑,但模板需继续滑升的阶段。浇筑完最后一层混凝土后,每隔1~2 h将模板提升5~10 cm,滑动2~3次后即可避免混凝土与模板黏合。滑模提升时应做到垂直、均匀一致,顶架间高差不大于20 mm,顶架横梁水平高差不大于5 mm,并要求连续作业,不得随意停工。

随着模板的提升,应转动收坡丝杆,调整墩壁曲面的半径,使之符合设计要求。

(四)接长顶杆、绑扎钢筋

模板每提升到一定的高度,需穿插进行接长顶杆、绑扎钢筋等工作。为不影响提升的时间,钢筋接头均应事先配好,注意将接头错开。

(五)混凝土停工后的处理

在整个施工过程中,由于工序的改变,或发生意外事故,使混凝土浇筑工作停止较长时间,即需要进行停工处理。例如,每隔半个小时左右提升模板一次,以免粘结;停工时在混凝土表面插入短钢筋等,以加强新老混凝土的粘结;复工时需在混凝土表面凿毛,按施工缝处理。

爬模施工与滑动模板施工相似,不同的是支架通过千斤顶支承于预埋在墩壁中的预埋件上。待浇筑好的墩身混凝土达到一定强度后,将模板松开,千斤顶上顶,把支架连同模板提升到新的位置,模板就位后,再继续浇筑墩身混凝土。如此往复循环,逐节爬升,每次升高约2 m。

翻模施工是一种自下而上逐层上翻循环施工的特殊钢模,由三层模板(或两层模板)组成一个基本单元,并配有随模板升高的工作平台。当灌注完上层模板的混凝土后,将最下层模板拆除翻上来装在第三层(或第二层)模上而成为第四层(或第三层模),以此类推,循环施工,直至整个桥墩施工完毕。

高墩翻模施工

单元六 桥梁附属工程施工

单元简介

桥梁附属设施一般包括桥台搭板、桥台锥坡、台后泄水盲沟、台背回填、护坡和护岸、导流结构物等。墩、台附属设施应根据具体情况而定。本单元只有附属工程施工一个项目，主要介绍桥台锥坡、桥台搭板、台背回填的施工质量控制要点和质量检测。

项目九 附属工程施工

项目描述

桥梁下部结构中的附属工程主要是指桥台附属结构物，有锥形护坡、桥头搭板及台背回填等，它们能起保证桥台不受冲刷，免受土侧压力失稳以及承受运营荷载下台背填土与桥台沉降一致的作用。这样不仅增加了桥台的使用寿命，还保证了行车的舒适性。因此在施工中不容忽视。

本项目包括锥形护坡施工、桥头搭板施工和台背回填施工三个任务。学生学完本项目后，能正确开展附属工程的施工准备、组织施工并开展质量评定和验收工作。

任务一 锥形护坡施工

※任务描述

锥形护坡是保证桥台台背填土及桥头路堤填土部分稳定、防止桥台遭受冲刷的重要构造物。锥形护坡包括基础、填土及表面护面等主要部分，施工中其锥顶位置控制、平面线形、填土选择和密实性及表面护面牢固性都将影响到锥坡的施工质量及耐久性。通过本任务的学习，学生应能运用相关规范进行锥形护坡的施工质量控制并进行质量评定。

一、锥形护坡构造介绍

锥形护坡（锥坡）一般为椭圆形曲线，锥坡坡面沿长轴方向与路基边坡相同，一般为1：

1.5，沿短轴方向为 1∶1，锥坡顶与路基外侧边沿同高。当台后填土高度大于 6 m，路堤采用边坡时，锥坡也应做相应的变坡处理。

锥坡内部用砂土或卵砾石填筑夯实，表面用片石干砌或浆砌，一般砌筑厚度为 20～35 cm。坡脚以下根据地基情况及流速大小设置基础，或将坡脚伸入地面以下一段，并适当加厚趾部，如图 9-1 所示。

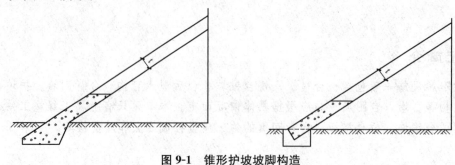

图 9-1　锥形护坡坡脚构造

在不受水流冲刷影响的地方，锥坡可以考虑用铺盖草皮或干砌片石网格代替满铺的片石铺砌，也可以将锥坡的下段用片石满铺，但上段铺草皮以节约圬工数量。

二、锥形护坡施工准备

在开展锥坡施工之前，需要进行施工准备，只有合理地做好材料准备、机械准备、人员准备以及施工前的测量准备等工作，锥坡施工才能顺利连续地按照要求进行。

(一)施工测量准备

由测量工程师根据图纸放出桥台锥坡的轴线控制桩，做好水准点，拉线确定好锥坡坡度，开挖前基础轴线控制桩应延长至基坑外，用木桩加以固定。

桥台锥坡一般在平面上呈 1/4 椭圆形，立面呈锥体，锥坡护坡放样，应先求出坡脚椭圆形的轨迹线，再将轨迹线测设到地面上。锥坡护坡及坡脚放样方法很多，如支距放样法、图解法、坐标值量距法、经纬仪设角法、放射线式放样法。对于斜桥锥坡还应考虑斜度系数，可以采用纵横等分图解法进行放样。以上方法均先求出坡脚椭圆形的轨迹线，测设到地面上，然后按规定的边坡放出样线，据以施工。这里只对常用的支距放样法、纵横等分图解法进行介绍。

(1)支距放样法。支距放样法适用于锥坡不高、底脚地势平坦、桥位中线与水流正交的情况，如图 9-2 所示。

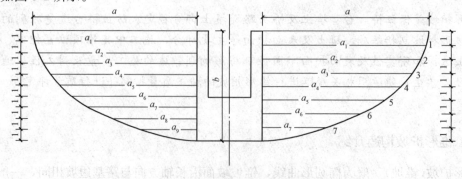

图 9-2　支距放样法示意图

将 b 分为 n 等份(一般为 10 或 8 等份),则可求得各点对应的支距 a 值,再根据各点在 b 方向的分量和在 a 方向的分量 a 值可在现场放出各点。

(2)纵横等分图解法。纵横等分图解法的做法如图 9-3 所示,按 a 和 b 的长度引一平行四边形;将 a' 和 b' 均分为 10 等份,并将各点顺序编号;由 b' 之 0 点连 a' 之 1 点,由 b' 之 1 点连 a' 之 2 点……以此类推,最后由 b' 之 9 点连 a' 之 10 点,即形成锥坡的底线。

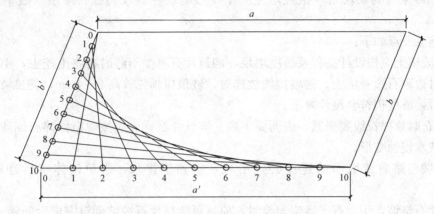

图 9-3　纵横等分图解法示意图

放出样线,主要是为在锥坡挖基、修筑基础以及砌筑坡面时,便于悬挂准绳,使铺砌式样尺寸符合标准。在施工过程中,应随时防止样线走动或脱开样线铺砌而进行必要的检查复核工作。

(二)现场布置

根据现场情况确定施工便道位置及走向,砂石材料等的分类堆码场地,机具设备、拌合站的摆放位置。便道选用桥台施工,材料堆放场地设在锥坡坡脚 5 m 以外,并将材料堆放场地硬化,材料堆放下垫上盖以保证施工材料不受污染。

(三)材料准备

(1)进场材料必须有出厂合格证及质量保证书,无合格证的材料不许进入工地。

(2)每批进场的水泥要提供供货抄件,说明厂名、水泥品种、强度等级、数量和出厂日期,并要提供出厂合格证及试验报告。每批水泥进场后,要对水泥做抽样检查试验,如试验不合格,严禁使用。

(3)细集料应按规定做筛分试验,符合要求再使用,并且不得含团块、软质或针片状颗粒,粗集料必须做筛分和强度试验,符合要求后才能使用。

(4)砂浆拌合用水,必须进行有害物质化学分析,水质化验符合要求,方可使用。

(5)片石等级应符合图纸规定。石料在使用前应按《公路工程岩石试验规程》(JTG E41—2005)进行试验,以确定石料各项物理力学指标值。立方体的极限抗压强度应不小于 40 MPa。同时石料应强韧、密实、坚固与耐久,质地适当、细致,色泽均匀,无风化剥落和裂纹及结构缺陷。此外,石料不得含有妨碍砂浆的正常粘结或有损于外露面外观的污泥、油质或其他有害物质。石料的运输、储存和处理,应不使有过量的损坏和废料。

三、锥形护坡施工

锥形护坡施工主要内容包括锥坡基础施工、锥坡填土施工、锥坡坡面铺砌施工。锥形护坡施工的主要工序：测放锥坡平面位置→锥坡基础开挖→基础标高复测→基础垫层施工→摊铺砂浆→码砌块石→锥坡填土→干砌预制块→砂浆勾缝、灌浆→坡率检查→锥坡养护。

锥坡施工要点如下：

(1)锥坡填土应按设计高程及坡度填足，砌筑片石厚度不够时再将土挖去，不允许填土不足，临时边砌石边补填土。锥坡拉线放样时，坡顶应预先放高 2~4 cm，使锥坡随同锥体填土沉降后，坡度仍符合设计规定。

(2)砌石时放样拉线要张紧，表面要平顺，锥坡片石背后应按规定做碎石倒滤层，防止锥体土方被水侵蚀变形。

(3)锥坡与路肩或地面的连接必须平顺，以利于排水，避免砌体背后冲刷或渗透坍塌。

干砌片石锥坡，用小石子砂浆勾缝时，应尽可能在片石护坡砌筑完成后间隔一段时间，待锥体基本稳定再进行勾缝，以减少灰缝开裂。

(4)锥体填土应分层夯实，填料一般以砂土为宜。锥坡填土应与台背填土同时进行，并应按设计宽度一次填足。

(5)勾缝一般可采用凸缝或平缝。浆砌较规则的块料时，可采用凹缝。干砌片石勾缝时，应嵌入砌缝内 20 mm 以上。干砌片石护坡、锥坡的勾缝，宜待坡体稳定后进行，除设计规定外，一般应做平缝。浆砌砌体，应在砂浆初凝后，覆盖养护 7~14 d。养护期间应避免碰撞、振动或承重。

四、锥坡施工质量检验与评定

锥坡施工质量检验与评定环节是中间交工的重要内容，它不仅关系到锥坡施工整个环节能否正常计量，还关系到后续作业能否如期正常开展。当锥坡施工完成后，施工技术人员以及项目工程部质检人员要及时进行质量自检，即完成工程施工质量的检验评定工作。当检验评定合格后即可报监理工程师进行质量抽检，以为后续工程的开工争取时间和资金。

对于锥坡施工质量检验评定，首先要做好各施工工序中所涉及的原材料、配合比、半成品及成品，以及施工工艺的自检、技术交底和相应的开工申请、监理抽检、中间交工等工作，并详细真实地完成各项工作资料的收集与整理。

锥坡施工质量基本要求如下：

(1)勾缝砂浆强度不得小于浆砌砂浆强度。

(2)坡面下端基础埋置深度及其地基承载力应满足设计要求。

(3)坡面下填土密实度应满足设计要求，对坡面刷坡整平后方可铺砌。

(4)砌块应相互错缝，咬扣紧密，嵌缝饱满密实。

(5)应按设计要求设置沉降缝、伸缩缝、泄水孔、坡面防排水设施。

锥、护坡实测项目见表 9-1。

表 9-1　锥、护坡实测项目

项次	检查项目		规定值或允许偏差	检查方法和频率
1△	砂浆强度/MPa		在合格标准内	按《公路工程质量检验评定标准 第一册 土建工程》(JTG F80/1—2017)附录F检查
2	顶面高程/mm	料、块石	±30	水准仪：长度不大于30 m时测5点，每增加10 m增加1点
		片石	±50	
3	表面平整度/mm	料、块石	≤25	2 m直尺：除锥坡外每50 m测3处，每处纵、横向各1尺；锥坡处顺坡测3尺
		片石	≤35	
4	坡度		≤设计值	坡度尺：长度不大于30 m时测5处，每增加10 m增加1处
5△	厚度或断面尺寸/mm		≥设计值	尺量：长度不大于50 m时测10个断面，每增加10 m增加1个断面

外观上要求：浆砌缝开裂、勾缝不密实和脱落的累计换算面积不得超过该面面积的1.5%，且单个最大换算面积不应大于0.08 m²。换算面积按缺陷缝长度乘以0.1 m计算。坡面不得出现塌陷、外鼓变形。

任务二　桥头搭板施工

※任务描述

桥头搭板位于桥台台背后侧引道路基段。桥头搭板的一端搭在桥台上，另一端搭在基层上。当发生不均匀沉降时，桥头搭板可以在其范围内起到过渡作用，从而起到防治桥头跳车的效果。通过给定施工方案，学生应能掌握桥头搭板施工的技术方法。

随着经济的逐步发展，公路建设逐步进入发展高潮。评价一条公路的使用质量和服务质量，有快速性、安全性、舒适性等指标，而是否舒适，桥头是否有跳车是一种很重要的评价标准。在南方软土地基地区，桥头跳车现象是一种比较常见的现象。如何解决桥头跳车问题，是很多公路设计与建设者所关注的课题，其中在桥台后设置有效的搭板，是一项重要的措施。

一、桥头搭板介绍说明

桥头搭板是用于防止桥端连接部分的沉降而采取的措施。它搁置在桥台或悬臂梁板端部和填土之间，随着填土的沉降而能够转动。可在车辆行驶时起到缓冲作用，即使台背填土沉降也不至于产生凹凸不平。图9-4所示为某桥桥头搭板布置构造。

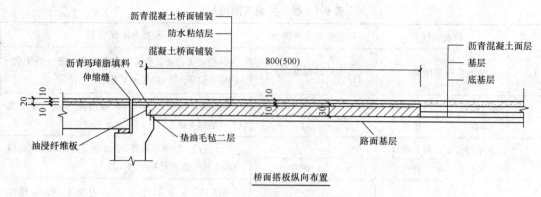

图 9-4　桥台搭板布置构造图(单位：mm)

二、台后搭板施工要点

(1)桥头搭板应设置一个较大的纵坡,以保证在台后长度方向上的沉降分布较均匀,并逐渐减小。搭板的末端顶面应与路基顶面齐平。搭板前端顶面应留有路面面层的厚度。

(2)对台后填土应有严格的压实要求。应先清理基坑,使其尺寸符合要求。接着进行基底压实,如压路机使用困难可用小型手推式电动振动打夯机压实,并用环刀法测定压实度。基底之上填筑并压实岩渣,其最大粒径应小于 12 cm,含泥量应小于 8%,压实后的干密度应不小于 2 t/m³。达到规定高程后,便可填筑并压实二灰碎石,一般可用 12～15 t 压路机压实,每层碾压 6～8 遍。对于边角部位,可用小型打夯机补压。可在填压达到搭板顶部的高程,压实或通行车辆一段时间后,再挖开浇筑搭板和枕梁。分层压实的厚度一般不大于 20 cm。

(3)对上述填筑台后路堤材料有困难时,至少应选用透水性良好的砂性土,或掺用 40%～70% 的砂石料。分层厚度为 20～30 cm,压实度不小于 95%,靠近后墙部位(1.5 m 宽)可用小型打夯机,也可填筑块、片石及级配砂砾石,用振动器振实。用透水性材料填筑时,应以干表观密度控制施工质量。

(4)台背填筑前应在土基上或某一合适高度设置泄水管或盲沟,并注意将泄水管及盲沟引出路基之外。

(5)钢筋混凝土箱形通道的搭板可水平设置,但其上应留出路面面层的厚度。路堤填筑的施工要求与台后搭板相同。

三、施工工艺流程方法

(一)工艺流程

测量定位→绑扎搭板钢筋→安装侧模→浇筑混凝土→拆模养护。

(二)操作工艺说明

(1)测量定位:采用全站仪坐标定位法测设路基中心位置。

(2)钢筋制作:钢筋在施工过程中要逐一核对设计的型号、规格、尺寸、数量,按设计要求在现场加工成型,并分类堆放,挂牌标识。

(3)钢筋绑扎要严格按图示规格、型号、数量、间距进行操作,做到横平竖直,间距准确。为使骨架有足够的刚度,采用绑扎、焊接相结合的方法施工,钢筋在绑扎前,用钢刷除去表面的铁锈。在浇筑混凝土时不得使钢筋错位和变形,在安装钢筋时不能让钢筋沾上油污。钢筋接头采用搭接电弧焊(搭接长度大于或等于 $5d$,d 为钢筋直径),两钢筋搭接端部应预先折向一侧,使两结合钢筋轴线一致;接头采用双面焊,焊缝长度不小于 $5d$(d 为钢筋直径),采用单面焊时,焊缝长度不小于 $10d$(d 为钢筋直径)。

(4)模板:模板采用钢模板。模板(板厚 5 mm)的加工几何尺寸应满足设计、施工规范要求,具有一定的刚度。模板接缝平整、严密、不漏浆。模板使用前应对其刚度、几何尺寸和平整度、严密性进行检查、校对,修正后方可使用。每次模板使用前应清除表面污垢,涂刷脱模剂。

(5)混凝土灌注:在钢筋、模板施工完成之后,自检合格,并报监理工程师检查合格,再进行混凝土施工。所用混凝土采用集中拌和,拌合站采用一台 750 型拌合机。混凝土运输采用两台混凝土罐车进行。混凝土运至现场后,采用起重机输送入模。混凝土采用分层插入式振动器振捣,混凝土振捣要充分,杜绝蜂窝麻面出现。混凝土拆模以后要及时进行浇水养护并覆盖,养护时间不小于 7 d。

四、施工质量检验标准

工程施工过程中要严格按照《公路工程质量检验评定标准 第一册 土建工程》(JTG F80/1—2017)进行施工,其对桥头搭板实测项目要求见表 9-2。

表 9-2 桥头搭板实测项目

项次	检查项目		规定值或允许偏差	检查方法和频率
1△	混凝土强度/MPa		在合格标准内	按《公路工程质量检验评定标准 第一册 土建工程》(JTG F80/1—2017)附录 D 检查
2	枕梁尺寸/mm	宽、高	±20	尺量:每梁检查 2 个断面
		长	±30	尺量:检查每梁中心线
3	板尺寸/mm	长、宽	±30	尺量:各测 2 处
		厚	±10	尺量:各测 4 处
4	顶面高程/mm		±5	水准仪:测四角及中心附近 5 处

任务三 台背回填施工

※任务描述

台背回填是防止桥头跳车的关键步骤,台背回填直接影响道路施工质量。在实际施工中,往往由于施工场地狭小、施工工期安排不当、施工工序安排不合理、台背回填材料使用不当、回填压实控制不严、压实机具与压实厚度不能配套等原因造成台背回填施工质量不过关。学生通过对本任务的学习，应能进行台背回填施工准备和开展施工工作，能进行台背回填施工质量评定。

一、施工准备工作

(一)技术准备

在桥(涵)台施工交工验收后，就可以着手台背回填施工了。开工前工程项目部需要确定以下技术参数信息：回填填料的松铺系数、压实厚度；所填材料的最佳含水率及控制范围；达到设计压实度后，明确压实度检测方法，确定所需碾压和夯实遍数；压路机碾压行走速度。

考虑到台背回填的重要性，施工前先做试验段，以作为台背回填工程全面施工的指导依据。要求参与桥涵工程施工的所有技术人员已熟悉了设计文件、图纸及有关资料，掌握了该工序的施工工艺及方法，同时项目部做好施工前工程技术交底和安全技术交底。除此之外，还应做到：

(1)回填前确认结构物的强度满足回填要求，隐蔽工程验收合格。

(2)完成施工场地的清理、挖掘，以及必要的场地平整等有关作业。完成施工范围内的淤泥、有机物残渣、原地面草皮等清理工作。

(3)用红油漆在结构物背墙上每隔15 cm由下至上水平标出层厚和导数，以利于控制填筑厚度。

(二)现场布置

根据现场情况确定施工便道位置及走向、回填材料等的拌制堆码场地、机具设备的摆放位置。便道可选用桥台施工，材料堆放场地设在桥(涵)台侧墙5 m以外，并将材料堆放场地整理干净，并做好特殊气候预防准备。

(三)材料准备

台背回填要按设计图纸要求的体积比(石灰和土)进行填筑。首先要对选定的石灰和土进行原材料、土工等各项试验，保证原材料的质量必须符合要求。经过试验主要确认填料的重型击实、CBR、含水率、颗粒分析等技术参数，配制时确保充分拌和及颜色均匀一致，确保灰土的含水率达到最佳。

灰土拌和按设计配合比要求采用现场集中机械拌和，运输车覆盖运输至施工现场。拌制灰土时，严格控制配合比、含水率和拌和的均匀性，避免出现含水率大形成大团粒或含水率小形成扬尘，污染环境。试验室要检测拌合物含水率和灰土含量，达到设计要求时方可运输至施工现场。

(四)施工人员和机械设备配置

设司机2人，负责石灰、土的拌和以及运输；设现场试验检测人员2人，负责灰土拌合站成品指标检测；设室内试验人员1人，负责原材料指标检验；设测量人员2人，负责施工中的测量工作；设质检人员1人，负责施工中的质量自检；设技术人员1人，负责施工中的技术交底；设施工管理人员1人，负责回填施工中的协调管理。机械设备配置见表9-3。

表 9-3　机械设备配置

序号	设备名称	规格型号	数量
1	振动压路机	LSS2101	1
2	振动压路机	SR22MP-2	1
3	打夯机	平板型	3
4	挖掘机	R225LC-7	1
5	装载机	ZL50	2
6	推土机	SD16	1
7	洒水车	8 m³	2
8	平地机	PY180	1

二、桥(涵)台背回填施工工艺流程

台背回填施工主要工序：施工准备→测量放样→桥台隐检(包括沉降缝防水等)→填前碾压→第 0 层验收(包括压实度等)→第一层填料→碾压→压实度检测→整平→第一层交验→拍摄工程照片→第二、三…层填料…交验→台背回填完成。

三、台背回填施工注意事项

(1)台背回填必须在隐蔽工程验收合格后方可进行，注意台背回填时，台身强度必须达到设计强度的 75% 以上。

(2)按设计做好过渡段，过渡段路堤压实度不小于 96%，并做好纵向和横向防排水系统。

(3)台背回填部分的路床宜与路堤路床同步填筑。

(4)桥台背和锥坡的回填施工宜同步进行，一次填筑到位并保证压实整修后能达到设计宽度要求。

(5)配备合理的碾压机械，压路机达不到的地方，使用小型机动夯具。作业面比较窄小的台背回填，对于台背、涵背碾压不到位的死角与构造物的结合部，配置合理的小型夯实机具(分层厚度小于 10 cm)，方可进行大面积回填，小型夯实机具机振力不小于 1 t。

四、施工质量控制要点说明

台背填土压实度除表 9-4 外，其余按路基要求进行评定。外观质量鉴定上，要求填土表面平整，边线直顺，同时边坡坡面平顺稳定，不得亏坡，曲线圆滑。

表 9-4　台背填土实测项目

项次	实测项目	规定值或允许偏差			检查方法和频率
		高速、一级公路	二级公路	三、四级公路	
1△	压实度/%	≥96	≥95	≥94	按《公路工程质量检验评定标准 第一册 土建工程》(JTG F80/1—2017)附录 B 检查，每桥台每压实层至少检查 1 点
2	填土长度/mm	≥设计值			尺量：每桥台测顶、底面两侧

单元七 涵洞认知与施工

 单元简介

在现代道路设计中，一般情况下山区道路的每条自然沟渠或者平原地区道路的每条灌溉渠均应设置桥涵，对全封闭、全立交、固定进出口和分道分向行驶特点的高速公路所增加的通道和桥涵则更多，使得涵洞的数量在整个路线工程中占有很大比例。因此科学合理地组织涵洞施工，是保证整条道路安全、稳定和正常运营的关键环节之一。

通过本单元的学习，学生应掌握涵洞的分类和适用范围，涵洞构造（圆管涵、拱涵、盖板涵、箱涵等），涵洞施工工艺、方法、质量控制要点，涵洞计算；能完成涵洞施工准备工作，对涵洞施工过程进行指导和控制，并完成施工质量检测评定和工程计量等工作，具有涵洞施工员、设计员、检测员、计量员的能力和素质。

本单元包括涵洞认知和涵洞施工两个项目。

项目十 涵洞认知

 项目描述

本项目主要掌握涵洞的分类，每种涵洞的特点、适用范围；涵洞洞身和洞口构造；涵洞长度计算和工程数量的计算，为涵洞的设计计算、施工提供依据，使学生具有涵洞施工员、设计员的能力和素质。

本项目主要包括涵洞分类、涵洞构造、涵洞长度计算和洞口建筑工程数量计算四个任务。

任务一 涵洞分类

※任务描述

涵洞分类的具体内容包括：按建筑材料、构造形式、洞顶填土情况、水力性能等进行分类，掌握每种涵洞的特点及适用范围，为涵洞的设计计算、施工提供依据，使学生具有涵洞施工员、设计员的能力和素质。

一、按建筑材料分类

(1)砖涵：主要是指砖拱涵。砖涵便于就地取材，但强度较低，在水流含碱量大时和冰冻地区不宜采用。

(2)石涵：包括石盖板涵和石拱涵。石涵造价和养护费用低，可节省钢材和水泥，经久耐用，在产石地区应当首先考虑采用石涵。

(3)混凝土涵：多用于四铰涵、拱涵，少量用于圆管和小跨径的盖板涵，可节省钢材，便于预制，但损坏后较难修复。

(4)钢筋混凝土涵：用于管涵、盖板涵、箱涵和拱涵。钢筋混凝土涵洞的洞身坚固，经久耐用，养护费用少。管涵和盖板涵的运输和安装均较便利，但耗用钢材较多，造价较高。

(5)其他材料：有陶瓷管涵、波纹管涵、铸铁管涵、石灰三合土拱涵等。

二、按构造形式分类

(1)管涵：受力性能和适应基础的性能较好，不需要墩台，圬工数量少，造价较低，适用于有足够填土高度的小跨径暗涵。

(2)盖板涵：构造简单，维修容易，有利于在低填土路基上设置，且能做成明涵。跨径较小时用石盖板，跨径较大时用钢筋混凝土盖板。

(3)拱涵：承载能力大，砌筑技术易掌握，但自重引起的恒载也较大，施工工序多，适用于跨越深沟或高路堤时采用。

(4)箱涵：整体性好，自重小，适用于软土地基。但施工困难，用钢量大，造价较高。

三、按洞顶填土情况分类

(1)明涵：洞顶不填土或洞顶填土厚度小于 50 cm，适用于低路堤及浅沟渠。

(2)暗涵：洞顶填土厚度大于或等于 50 cm，适用于高路堤及深沟渠。

四、按水力性能分类

(1)无压力式涵洞：入口处水深小于洞口高度，洞内水流均具有自由水面，适用于涵前不允许壅水或壅水不高，且涵顶高出水面的情况。

(2)半压力式涵洞：入口处水深大于洞口高度，水流仅在进水口处充满洞口，而在涵洞的其他部分都具有自由水面，适用于全涵净高相等，涵前允许一定的壅高，且略高于涵洞进口净高的情况。

(3)压力式涵洞：入口处水深大于洞口高度，在涵洞全长的范围内都充满水流，无自由水面，适用于深沟和高路堤。

(4)倒虹吸管：路线两侧的水深都大于涵洞进出水口高度，水流充满整个涵身，且进出水口必须设置竖井，适用于横穿沟渠的水面标高基本等于或略高于路基顶面标高的情况。

任务二　涵洞构造

※任务描述

洞身和洞口构造具体内容包括：洞身纵、横断面构造，正交涵洞和斜交涵洞的洞口构造，山坡涵洞的洞身构造和进、出水口河床加固处理措施。其为涵洞的设计计算、施工提供依据，使学生具有桥梁施工员、设计员的能力和素质。

涵洞是由洞身和洞口建筑组成的排水构造物。

洞身是涵洞的主体部分，承受活载压力和土压力等并将其传递给地基基础。它应该具有保证设计流量通过的必要孔径，同时本身要求坚固而耐用。

洞口建筑连接着洞身和路基边坡，应该与洞身较好地衔接并形成良好的宣泄水流的条件。位于涵洞上游的洞口称为进水口；位于涵洞下游的洞口称为出水口。

一、洞身构造

(一)涵洞的横断面

1. 拱涵

拱涵主要由拱圈和涵台(墩)组成(图 10-1)。

拱圈是拱涵的承重结构，可以由石料、混凝土、砖等材料组成。拱圈一般采用等截面圆弧拱。常用跨径 L_0 为 100 cm、150 cm、200 cm、250 cm、300 cm、400 cm、500 cm，相应拱圈厚度 d 为 25~35 cm。拱圈的矢跨比 f_0/L_0 常采用 1/3 和 1/4。

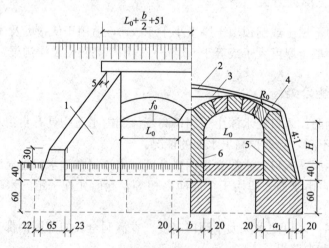

图 10-1　双孔石拱涵构造图(单位：cm)

1—八字翼墙；2—胶泥防水层；3—拱圈；4—护拱；5—台身；6—墩身

涵台(墩)临水面为竖直面，背面为斜坡，以满足拱脚有较大水平推力的要求。

基础视地基土壤情况，可以采用整体式和分离式两种。整体式基础主要用于卵形涵和小跨径的涵洞。对于松软地基上的涵洞，也可采用整体式基础。当跨径大于 2~3 m 时，采用分离式基础比较好。如果采用分离式基础，则基础之间的地面表层应加以铺砌，并且在铺砌层下垫 10 cm 的砂垫层，并在涵台基础与铺砌层之间设纵向沉降缝，避免基础沉陷时铺砌（涵底）受到破坏。

2. 盖板涵

盖板涵由盖板和涵台（墩）组成（图 10-2）。

盖板有石盖板、混凝土盖板、钢筋混凝土盖板等。跨径较小，洞顶具有一定填土高度时，可采用石盖板涵，常用跨径 L_0 为 75 cm、100 cm、125 cm，盖板的厚度 d 一般在 15~40 cm。做盖板的石料必须是不易粉化的、无裂缝的优质石板。跨径较大时，可采用钢筋混凝土盖板涵，常用跨径 L_0 为 150 cm、200 cm、250 cm、300 cm、400 cm，相应的盖板厚度 d 一般为 15~22 cm。

涵台（墩）的临水面一般为竖直面，背面采用垂直或斜坡面，涵台（墩）顶面可做成平面，也可做成 L 形企口，借助盖板的支撑作用来加强涵台的稳定性。同时在涵台（墩）帽内设置锚栓钉，以加强盖板和涵台（墩）帽的连接。

基础有整体式（涵台基础与河底铺砌连成整体）和分离式（涵台基础与河底铺砌分离）两种。前者适用于地基较差的情况下，后者适用于地基较好的情况下。为了加强涵台的稳定，基础与基础之间应设置支撑梁数道（沿涵长每隔 2~3 m 设一道）。

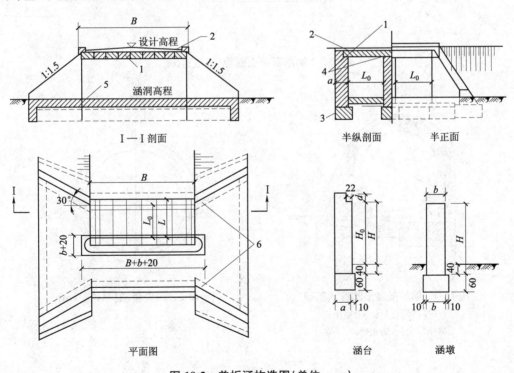

图 10-2 盖板涵构造图（单位：cm）

1—盖板；2—路面；3—基础；4—砂浆填平；5—铺砌；6—八字墙

3. 圆管涵

圆管涵洞身主要由各分段的圆管节和支承管节的基础垫层组成(图10-3)。它可分为刚性管涵(沿整个钢筋混凝土圆管无铰时)和四铰管涵(即柔性管涵,是指管节沿横截面圆周对称地加设4个铰时)。刚性管涵在横截面上是一个刚性圆环,环的厚度随圆管直径大小和填土高度而变,一般在8~15 cm。圆管的钢筋有内外两层,钢筋可加工成圆圈或螺旋筋。刚性管涵可根据地基土的性质安置在混凝土基础上或砂垫层上(图10-4)。四铰管涵通常设在弯矩最大处,即涵洞两侧和顶部、底部(图10-5)。四铰管涵是一个几何可变结构,只有当竖向作用力和横向作用力互相平衡时才能保持其形状,因此,要求四铰管涵四周的土具有相同的性质,使涵管可以随着土的变形而适应本身的受力,为此,四铰管涵可布置在天然地基或砂垫层上。

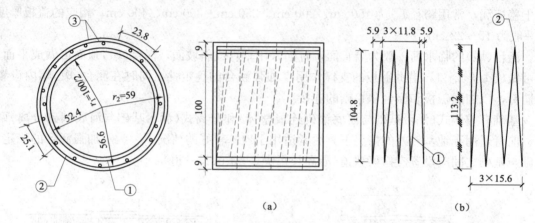

图 10-3 钢筋混凝土圆管(单位:cm)

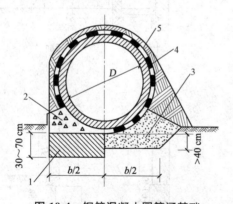

图 10-4 钢筋混凝土圆管涵基础

1—浆砌片石;2—混凝土;
3—砂垫层;4—防水层;5—黏土

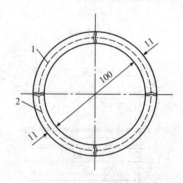

图 10-5 四铰管涵(单位:cm)

圆管涵常用孔径 d_0 为 50 cm、75 cm、100 cm、125 cm、150 cm,对应的管壁厚度 δ 分别为 6 cm、8 cm、10 cm、12 cm、14 cm。基础垫层厚度 t 根据基底土质确定,当为卵石、砾石、粗中砂及整体岩石地基时,$t=0$;当为粉质砂土、黏土及破碎岩层地基时,$t=15$ cm;当为干燥地区的黏土、粉质黏土、粉质砂土及细砂的地基时,$t=30$ cm。

4. 箱涵

箱涵又称为矩形涵，洞身可采用钢筋混凝土封闭式薄壁截面，根据需要可做成长方形或正方形断面(图 10-6)。箱涵的上下顶板、底板与左右墙身是刚性结构，适用于软土地基。

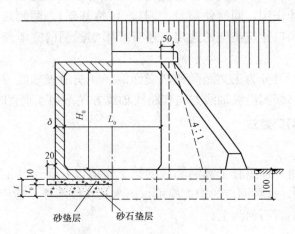

图 10-6 箱涵洞身(单位：cm)

L_0—跨径；H_0—净高；δ—箱涵壁厚；
t_0—砂石垫层厚度；t—垫层厚度

箱涵的常用跨径 L_0 为 200 cm、250 cm、300 cm、400 cm、500 cm，箱涵壁厚 δ 一般为 22~35 cm，垫层厚度 t 为 40~70 cm，箱涵内壁面 4 个角处往往做成 45°的斜面，其尺寸为 5 cm×5 cm。

(二)涵洞的纵断面

洞身较长的涵洞沿整个长度应分成数段，分段长度一般为 3~6 m，段与段之间用沉降缝分开，基础也应同时分开。这样可以防止由于荷载分布不均匀或基底土的性质不同引起的不均匀沉降，避免涵洞开裂。沉降缝间填塞浸涂沥青的木板或浸涂沥青的麻絮。对于盖板暗涵和拱涵，应在全部盖板或拱圈顶面及涵台背坡均填筑厚 15 cm 的胶泥防水层。对于圆管涵，应再在外面用涂满热沥青的油毛毡圈裹两道或用热沥青胶合的 8 层防水纸组成的绑带圈裹一道，再在圆管外圈填筑厚 15 cm 的胶泥防水层。

洞底坡度和标高在一般情况下应与天然河沟的坡度和标高相一致。当河床的坡度较小时，洞底坡度可以按最小纵坡 0.4％设置。当河床的坡度大于 5％时，洞底基础宜每隔 3~5 m 设置防滑横隔墙或把基础做成阶梯形(详见山坡涵洞)。

洞口建筑以及毗连洞口建筑管节的基础，埋深一般约 1 m，当土质较差时，可以适当加深。当基础设置在冻土层中时，除满足上述要求外，砌筑深度应在冻土线以下至少 0.25 m。中间管节的基础深度可以比进出口小一些。由于无压力式涵洞的水位跌落区发生在涵洞内部，因此其孔径不能充分利用，为了不增加涵洞高度，常设置专门的加高节段(图 10-7)，使水面在专门的加高节段跌落。

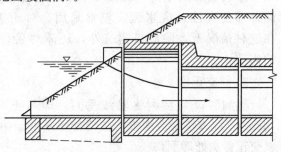

图 10-7 涵洞的加高节段

二、洞口建筑

洞口建筑由进水口和出水口两部分组成。洞口应与洞身、路基衔接平顺，并起到调节水流和形成良好流线的作用，同时使洞身、洞口（包括基础）、两侧路基以及上下游附近河床免受冲刷。另外，洞口建筑类型的选定，还直接影响涵洞的宣泄能力和河床加固类型的选用。

涵洞与路线相交，可分为正交涵洞和斜交涵洞。涵洞沿纵轴线方向和路线轴线方向相互垂直时为正交涵洞；涵洞沿纵轴线方向和路线轴线方向不相互垂直时为斜交涵洞。

(一)正交涵洞的洞口建筑

1. 端墙式

端墙式洞口建筑由一道垂直于涵洞轴线的挡土矮墙以及盖于其上的帽石和设在其下的基础组成[图10-8(a)]。这种洞口的构造简单，但水利条件不佳，适用于流速较小的人工渠道或不易受冲刷影响的岩石河沟上。

2. 八字式

在洞口设敞开斜置的翼墙，在平面上形成八字式[图10-8(b)]。为缩短翼墙长度，可将其末端建成与路线平行的矮墙。八字翼墙与涵洞纵轴线的夹角，按水利条件最适宜的角度设置，进水口为13°左右，出水口不宜大于10°，但为了施工方便，一般都按30°设置。这种洞口建筑的工程量小，水利性能好，施工简单，造价较低，因而是最常采用的洞口形式。

3. 走廊式

洞口设置两道平行的翼墙，其前端在平面上展开成八字形或流线形[图10-8(c)]。这种洞口使涵前壅水水位在洞口建筑部分，而不用专门设置增高节段。但由于施工困难，目前较少采用。

4. 水平式

水平式又称领圈式，常用于圆管涵[图10-8(d)]。因需要制作特殊的洞口管节，所以耗费的模板较多。但它较八字式洞口可节省材料45%～85%，而宣泄能力仅减少8%～10%。

(二)斜交涵洞的洞口建筑

1. 斜交斜做

涵洞洞身的端部与路线平行，这种做法称为斜交斜做（图10-9）。此方法费工较多，但外形美观且适应水流，较常采用。对于盖板涵和箱涵，运用斜交斜做法比较普遍。在这种情况下，除洞口建筑外，还需对盖板及箱涵涵身的两端进行设计，以适应斜边的需要。

2. 斜交正做

涵洞洞口与涵洞纵轴线垂直，即与正交时完全相同，这种做法称为斜交正做（图10-10）。此方法构造简单，在圆管涵或拱涵中，为避免两端圆管或拱的施工困难，可采用斜交正做法处理洞口。

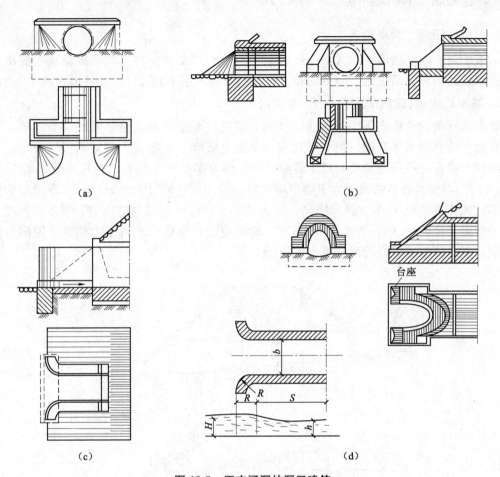

图 10-8 正交涵洞的洞口建筑
(a)端墙式；(b)八字式；(c)走廊式；(d)水平式

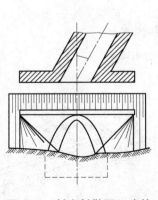

图 10-9 斜交斜做洞口建筑

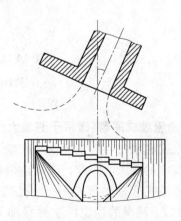

图 10-10 斜交正做洞口建筑

三、山坡涵洞的构造特点

(一)山坡涵洞的洞身构造

山坡涵洞的洞底坡度比较大,一般为 10%～30%或更大一些。洞底的纵坡主要由进水口和出水口的沟底标高决定。洞身的布置根据底坡的大小不同有以下几种形式。

1. 跌水式底槽(适用于底坡小于 12.5%)

跌水式底槽的总坡度等于河槽或山坡的总坡度。洞身由垂直缝分开的管节组成,每节有各自独立的底面水平基础。后一节比前一节垂直沉降一定高度,使涵洞得以稳定。为了防止因管节错台在拱圈或盖板间产生缝隙,错台厚度不得大于拱圈或盖板厚度 d 的 3/4[图 10-11(a)]。当相邻两节的高差大于涵顶厚度时,需加砌挡墙[图 10-11(b)],但两节间的高差也不宜大于 0.7 m 和 1/3 涵洞净高,以保证过水断面不受过大的压缩。管节的长度一般不大于台阶高度的 10 倍。若小于 10 倍时,涵洞应按台阶跌水进行水力验算。做成台阶形的涵洞,其孔径应比按设计流量算出的孔径大。

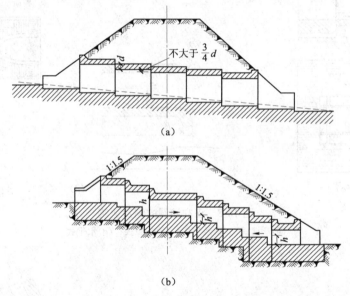

图 10-11 跌水式底槽的涵洞纵断面
(a)错台厚度不大于 $\frac{3}{4}d$;(b)加砌挡墙

2. 急流坡式底槽(适用于底坡大于 12.5%)

跌水式底槽每一管节的跌水高度太大,不能适应台阶高度的要求,因此,应建造带有急流坡的底槽。急流坡式底槽坡度应等于或接近于天然坡度(图 10-12)。涵洞的稳定性主要靠加深管节基础深度来保证,其形式一般为齿形或台阶形。

3. 小坡度底槽

如果地质情况不好,不允许修建坡度较大的涵

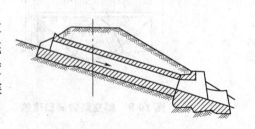

图 10-12 急流坡式底槽的涵洞纵断面

洞时,应改为小坡度底槽,在进出水口设置消能设备(图 10-13)。

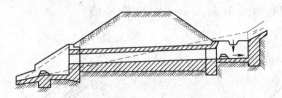

图 10-13　小坡度底槽的涵洞纵断面

(二)山坡涵洞进出水口河床加固处理方法

洞口的设施视地形、地质和水文条件的不同而有所差异,进出水口河床加固处理与涵洞本身设置的坡度和涵洞上、下游河沟的纵向坡度有关,凡涵洞坡度设置小于临界坡度,上、下游河沟纵向坡度也比较小,称为缓坡涵洞;反之,称为陡坡涵洞。

1. 缓坡涵洞进水口河床加固

(1)上游路基边沟坡度较大,水流挟带泥砂较多,可在进水口处设置深于涵底约 0.5 m 的蓄水井[图 10-14(a)],使其起到消能和沉淀泥砂的作用。

(2)当河沟纵坡小于 10%且河沟顺直时,涵洞顺河沟纵向设置,此时涵前河沟纵坡稍做开挖与涵洞衔接,开挖后纵坡可略大于 1∶10。新开挖部分是否需要加固,视土质和流速而定。

(3)涵前天然河沟纵坡为 10%~40%时,涵洞仍按缓坡设置,此时涵前可开挖沟槽,其纵坡率 P 值可取 4~10。除岩石地基外,新开挖的沟底和沟槽边坡以及路基边沟均需要铺砌加固[图 10-14(b)]。由于涵前沟底纵坡较大,水流在进口处产生水跃,所以应在进口前设置一段缓坡,其水平距离为 $(1\sim2)l_0$(l_0 为涵洞孔径,以 m 计)。

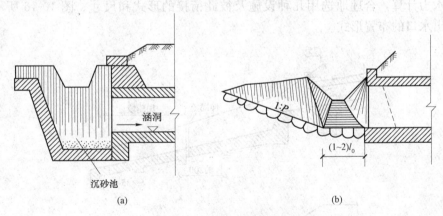

图 10-14　缓坡涵洞进水口沟底及沟槽边坡加固
(a)设沉砂池;(b)开挖沟槽

2. 陡坡涵洞进水口河床加固

(1)涵前河沟纵坡较大,但小于 50%时,涵洞可按陡坡设置,涵前坡度与涵前天然沟底纵坡可直接平顺衔接。除了人工铺砌外,无须采取其他措施。

(2)涵前的天然河沟纵坡大于 50%时,水流流速很大,进水口处需做跌水井或消力池、消力槛等,以减缓流速,削弱水能。上游沟槽开挖纵坡率应根据河沟地质情况决定,以保证土体不致滑移。图 10-15(a)为上游沟槽铺砌加固成梯形截面；图 10-15(b)为上游沟槽铺砌加固成矩形截面，槽底每隔 1.5～2 m 设一道防滑墙。

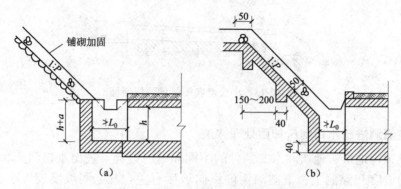

图 10-15　陡坡涵洞进水口的跌水措施(单位：cm)
(a)梯形截面；(b)矩形截面

3. 缓坡涵洞出水口河床加固

在坡度小于或等于 15%的天然河沟上设置缓坡涵洞(洞底坡度小于 5%)，出水口流速不大，下游洞口河床可采用一般铺砌形式，在铺砌末端设置截水墙。无压力式涵底下游，为了减小水流流速，可视情况与涵底出水口铺砌相结合，分别设置一级、二级或三级挑坎。

4. 陡坡涵洞出水口河床加固

天然河沟纵坡大于 15%时，须设置陡坡涵洞。此时出水口最容易遭到冲毁，一般采用八字翼墙、急流槽、跌水井、缓流井、消力槛、人工加糙等设施。但需视天然河沟坡度情况，根据水力计算，合理地选用几种设施及彼此衔接的形式和尺寸。图 10-16 所示为两种陡坡涵洞出水口的布置形式。

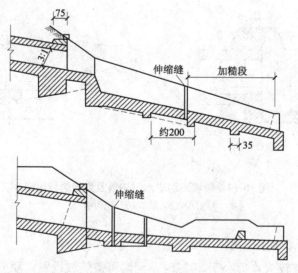

图 10-16　陡坡涵洞出水口的布置形式(单位：cm)

任务三 涵洞长度计算

※任务描述

本任务学习的主要目的是根据工程资料完成涵洞长度计算,为涵洞施工做好准备,使学生具有涵洞施工员、设计员的能力和素质。

一、正交涵洞的长度计算

涵洞的长度为上游半部的长度和下游半部的长度总和,即 $L=L_1+L_2$。而涵洞上游半部的长度和下游半部的长度并不相同,必须分别进行计算。由图 10-17 可得

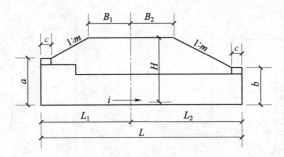

图 10-17　正交涵洞的长度计算

$$L_1 = B_1 + (H-a-iL_1)m + c$$

则
$$L_1 = \frac{B_1+(H-a)m+c}{1+im} \tag{10-1}$$

同理得
$$L_2 = \frac{B_2+(H-b)m+c}{1-im} \tag{10-2}$$

式中　L_1、L_2——涵洞上、下游半部的长度;

B_1、B_2——上、下游路基宽度;

a、b——进、出水口帽石顶面至基础顶面的高度;

c——帽石宽度;

H——路基边缘至涵底中心的距离。

二、斜交涵洞的长度计算

(一)斜交斜做(洞口与路线平行)

由图 10-18 可得
$$L_1\cos\alpha = B_1 + (H-a-iL_1)m + c$$

式中　α——涵洞中心线与路线中心线垂线间的夹角。

则
$$L_1=\frac{B_1+(H-a)m+c}{\cos\alpha+im} \quad (10\text{-}3)$$

同理得
$$L_2=\frac{B_2+(H-b)m+c}{\cos\alpha-im} \quad (10\text{-}4)$$

(二)斜交正做(洞口与洞身垂直)

由图 10-19 可得

$$L_1=A_1+A_2+A_3=c+\frac{d}{2}\tan\alpha+(H-a-iL_1)\frac{m}{\cos\alpha}+\frac{B_1}{\cos\alpha}$$

$$L_1=\frac{B_1+(H-a)m+\dfrac{d}{2}\sin\alpha+l\cos\alpha}{\cos\alpha+im} \quad (10\text{-}5)$$

同理得
$$L_2=\frac{B_2+(H-b)m+\dfrac{d}{2}\sin\alpha+c\cos\alpha}{\cos\alpha-im} \quad (10\text{-}6)$$

式中 d——帽石长度。

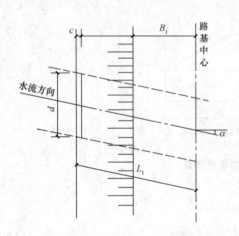
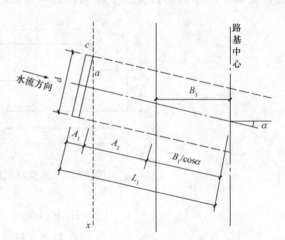

图 10-18 斜交斜做涵洞的长度计算　　图 10-19 斜交正做涵洞的长度计算

三、路基有超高加宽时正交涵洞的长度计算

(一)i_1 和 i 方向一致时

由图 10-20 可得

$$L_1=B_1+(H-a-iL_1+i_1B)m+c$$

则
$$L_1=\frac{B_1+(H-a+i_1B)m+c}{1+im} \quad (10\text{-}7)$$

$$L_2=B_2+W+(H-b+iL_2-i_1W)m+c$$

则
$$L_2=\frac{B_2+W+(H-b-i_1W)m+c}{1-im} \quad (10\text{-}8)$$

(二)i_1 和 i 方向相反时

由图 10-21 可得

$$L_1=B_1+W+(H-a-iL_1-i_1W)m+c$$

则
$$L_1 = \frac{B_1 + W + (H - a - i_1 W)m + c}{1 + im} \quad (10\text{-}9)$$

$$L_2 = B_2 + (H - b + iL_2 + i_1 B)m + c$$

则
$$L_2 = \frac{B_2 + (H - b + i_1 B)m + c}{1 - im} \quad (10\text{-}10)$$

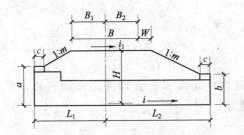
图 10-20　i_1 和 i 方向一致时涵洞的长度计算

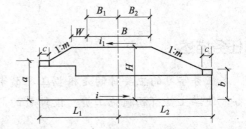
图 10-21　i_1 和 i 方向相反时涵洞的长度计算

四、涵洞与路线斜交，考虑路基纵坡影响时涵洞的长度计算

涵洞与路线斜交，且考虑路基纵坡影响时，无论上游或下游，涵洞的计算高度均与中心不同，近低点一侧应减小，近高点一侧应增加。

由图 10-22 可得
$$\Delta H = L_1 i_2 \sin\alpha$$

由式(10-3)可得
$$L_1 = \frac{B_1 + (H - a - L_1 i_2 \sin\alpha)m + c}{\cos\alpha \pm im}$$
$$(\cos\alpha \pm im)L_1 + L_1 i_2 m \sin\alpha = B_1 + (H - a)m + c$$

则
$$L_1 = \frac{B_1 + (H - a)m + c}{\cos\alpha \pm im + i_2 m \sin\alpha} \quad (10\text{-}11)$$

由式(10-4)可得
$$L_2 = \frac{B_2 + (H - b + L_2 i_2 \sin\alpha)m + c}{\cos\alpha \mp im}$$
$$(\cos\alpha \mp im)L_2 - L_2 i_2 m \sin\alpha = B_2 + (H - b)m + c$$
$$L_2 = \frac{B_2 + (H - b)m + c}{\cos\alpha \mp im - i_2 m \sin\alpha} \quad (10\text{-}12)$$

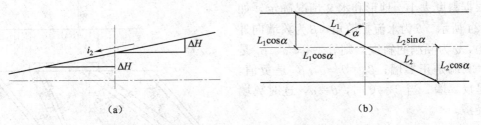

图 10-22　考虑路基纵坡影响时斜交斜做涵洞的长度计算
(a)路基纵断面；(b)涵洞平面布置

式(10-11)中的加号适用于 L_1 为上游半部长度，减号适用于 L_1 为下游半部长度。

式(10-12)中的加号适用于 L_2 为上游半部长度，减号适用于 L_2 为下游半部长度。

任务四　洞口建筑工程数量计算

※任务描述

本任务学习的主要目的是根据工程资料完成洞口建筑工程数量计算，为涵洞施工做好准备，使学生具有涵洞施工员、设计员的能力和素质。

一、八字翼墙

(一)八字翼墙的布置形式

(1)涵洞与路线正交时，八字翼墙布置成对称的正翼墙，即沿洞口向外扩散相同的 β 角，此时 β 角等于水流出入洞口的扩散角 θ，如图 10-23 所示。

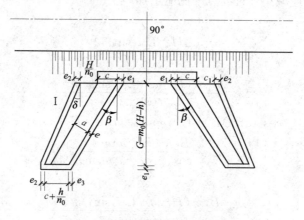

图 10-23　正交涵洞的八字翼墙图

(2)涵洞与路线斜交时，八字翼墙一般采用斜布置(也有采用正布置)。斜布置的翼墙角度应根据斜度大小、地形和水文情况确定，如图 10-24 所示。θ 为水流扩散角，β 为翼墙向外扩散角，α 为涵洞的斜度，则 $\beta_1=\theta+\alpha$，β_1 是正值，翼墙是正翼墙；$\beta_2=\theta-\alpha$，β_2 是负值，翼墙是反翼墙。当 $\beta_2=0$ 时，$\theta=\alpha$，这时翼墙为最经济。

(二)八字翼墙的体积计算

1. 墙身体积

单个翼墙外形如图 10-25 所示，其体积为

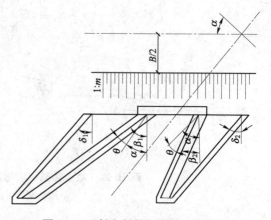

图 10-24　斜交斜做涵洞的八字墙图

$$V = \frac{1}{2}m_0(H^2-h^2)c + \frac{m_0}{6n_0}(H^3-h^3) \qquad (10\text{-}13)$$

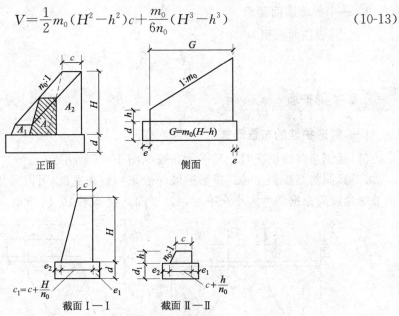

图 10-25 八字翼墙墙身体积计算

2. 墙基体积

单个翼墙（正翼墙和反翼墙）基础平面尺寸如图 10-26 所示，其体积为

正翼墙
$$V = m_0(c+e_1+e_2)(H-h)d + \frac{m_0}{2n_0}(H^2-h^2)d +$$
$$\left[e_2 + \frac{1}{2}(e_1+e_3) + c + \frac{h}{n_0}\right]ed \qquad (10\text{-}14)$$

反翼墙
$$V = m_0(c+e_1+e_2)(H-h)d + \frac{m_0}{2n_0}(H^2-h^2)d +$$
$$\left[e_1 + \frac{1}{2}(e_2+e_3) + c + \frac{h}{n_0}\right]ed \qquad (10\text{-}15)$$

式中 $n_{0反}^{正} = (n \pm \sin\beta/m_0)\cos\beta$; $\delta_{反}^{正} = \arctan(\tan\beta \mp 1/m_0 n_{0反}^{正})$;
$e_3^{正} = e(1-\sin\beta)/\cos\beta$; $e_3^{反} = e(1-\sin\delta_{反})/\cos\delta_{反}$。

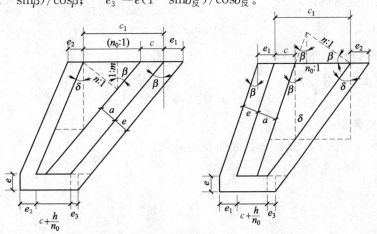

图 10-26 正、反八字翼墙基础体积计算

3. 一个翼墙顶面面积

一个翼墙顶面面积为

$$A = c\sqrt{1+m_0^2}(H-h) \tag{10-16}$$

二、锥形护坡

(一)锥形护坡的布置形式

(1)涵洞与路线正交时，其平面布置如图 10-27 所示。

(2)涵洞与路线斜交时，锥形护坡一般采用斜布置(也可以采用正布置)。斜布置的锥形护坡的角度应根据斜度大小来确定，其平面布置如图 10-28 所示。

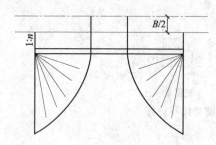
图 10-27 正交涵洞的锥形护坡

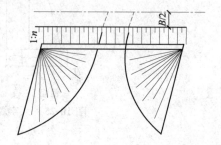
图 10-28 斜交斜做涵洞的锥形护坡

(二)锥形护坡的体积计算

1. 锥形护坡体积

(1)片石砌体。单个锥形护坡外形如图 10-29 所示，其体积为

$$V_1 = V_{外} - V_{内} = \frac{1}{12}\pi mn(H^3 - H_0^3) \tag{10-17}$$

式中 H_0——内锥平均高度，$H_0 = H - \sqrt{\alpha_0 \beta_0 t}$；
t——片石厚度。

$$\alpha_0 = (\sqrt{1+m^2})/m; \quad \beta_0 = (\sqrt{1+n^2})/n$$

(2)砂砾垫层，其体积为

$$V_2 \approx \frac{t_1}{t}V_1 \tag{10-18}$$

式中 t_1——砂砾垫层厚度。

(3)锥心填土，其体积为

$$V_3 = V_{外} - V_1 - V_2 \tag{10-19}$$

2. 锥坡基础体积

其值为椭圆周长的 1/4 和基础截面面积的乘积。

由图 10-29 可得：

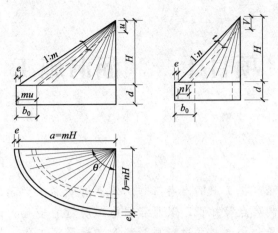

图 10-29 锥形护坡体积计算

$$V = \frac{S}{4}b_0 d = \frac{1}{4}\pi(a+b)Kb_0 d$$
$$= \frac{1}{4}K\pi[(m+n)H+2e-b_0]b_0 d \tag{10-20}$$

式中 K——椭圆周长系数，其值可从表 10-1 中查得。

表 10-1 椭圆周长计算系数 K

$\frac{a-b}{a+b}$	K	$\frac{a-b}{a+b}$	K
0.1	1.002 5	0.6	1.092 2
0.2	1.010 0	0.7	1.126 9
0.3	1.022 6	0.8	1.167 9
0.4	1.040 4	0.9	1.216 2
0.5	1.063 5	1.0	1.273 2

项目十一　涵洞施工

项目描述

涵洞施工要求掌握涵洞施工前的准备工作。掌握圆管涵、拱涵、盖板涵、箱涵等的施工工艺、方法、质量控制要点等知识，以及涵洞施工质量的检验、计量等内容，能使学生对涵洞施工过程进行指导和控制，并进行质量检测、计量等工作，具备桥涵施工员、检测员、计量员的基本能力。

本项目包括管涵施工、拱涵施工、盖板涵施工和箱涵施工四个任务。

任务一　管涵施工

※任务描述

管涵施工的主要内容是施工准备工作、管节预制和安装、基础施工等。要求学生能根据涵洞设计资料，结合现场情况，做出涵洞的施工方案，绘出施工详图，完成施工前的测量放样等工作[在实训场地完成涵洞中线和涵台(基础)位置的测量任务]，通过仿真模型、施工录像或在实训场地掌握管涵施工工艺、施工方法、质量控制要点，能对管涵施工过程进行指导和控制，具有施工员、测量员的基本能力。

公路工程中的管涵有混凝土管涵和钢筋混凝土管涵两种。目前我国公路工程中多采用钢筋混凝土管涵。公路管涵的施工多是预制成管节，每节长度多为 1 m，再运往现场安装。

圆管涵的施工主要由以下工序构成：测量放样→基坑开挖→地基处理→管座基础浇筑→管节安装(管节预制)→剩余的管座基础浇筑→接缝处理→洞口砌筑→涵背回填等。

一、管涵施工工艺

(一)准备工作

涵洞施工除应按照项目四进行准备外，还应注意下列事项。

1. 现场核对

涵洞开工前，应根据设计资料，结合现场实际地形、地质情况，对其位置、方向、孔径、长度、出入口高程以及与灌溉系统的连接等进行核对。核对时，还需注意农田排灌的要求，需要增减涵洞数量、变更涵形或孔径时，应向监理反映，按照合同有关规定办理。

2. 施工详图

若原设计文件、图纸不能满足施工需要时，如地形复杂处的陡峻沟谷涵洞、斜交涵洞、平曲线或大纵坡上的涵洞、地质情况与原实际资料不符处的涵洞等，应先绘出施工详图或变更设计图，然后依图放样施工。

3. 施工放样

圆管涵在施工之前，首先要通过测量放样来确定涵洞平面轴线位置、涵洞长度以及施工宽度，并用石灰放出边线。涵洞中线和涵台位置的测定应按本书项目四办理。

4. 涵洞长度、工程数量的复核

涵洞长度、工程数量复核计算参考项目十的相关知识。

(二) 涵管的预制和运输

预制混凝土涵管可采用振动制管法、离心法、悬辊法和立式挤压法。鉴于公路工程中涵管一般为外购，故对涵管预制不再进行详细说明，但涵管进场后必须对其质量进行检验。

预制管节混凝土应满足耐久性(抗冻、抗渗、抗侵蚀)等设计要求，不得出现露筋和空洞现象。同时管节端面应平整并与其轴线垂直，斜交管涵进出水口管节的外端面，应按斜交角度进行处理。混凝土涵管管节成品质量要求及尺寸允许偏差见表11-1。

表11-1 混凝土涵管管节成品质量要求及尺寸允许偏差

项次	检查项目	规定值或允许偏差	检查方法和频率
1△	混凝土强度/MP	在合格范围内	按《公路工程质量检验评定标准 第一册 土建工程》(JTG F80/1—2017)附录D检查
2	内径/mm	不小于设计值	尺量；抽查10%管节，每管节测2个断面，且不少于5个断面
3	壁厚/mm	−3	尺量；抽查10%管节，每管节测2个断面，且不少于5个断面
4	顺直度	矢度不大于0.2%管节长	抽查10%管节，沿管节拉线量，取最大矢高
5	长度/mm	+5, 0	尺量；抽查10%管节，每管节测1点，且不少于5点

在北方冬季寒冷冰冻地区的混凝土的涵管还应进行吸水率试验，要求钢筋混凝土和无筋混凝土涵管的吸水率不得超过干管质量的6%。

管节运输与装卸过程中，应注意下列问题：

(1) 待运的管节，其各项质量应符合前述的质量标准，应特别注意检查待运管节的顶填土高度是否符合设计要求，防止错装、错运。

(2) 运输管节的工具，可根据道路情况和设备条件采用汽车、拖拉机拖车，不通公路地段可采用马车。

(3) 管节的装卸可根据工地条件，使用各种起重设备：龙门式起重机、汽车式起重机和小型起重工具滑车、链滑车等。

(4)在装卸和运输过程中,应小心谨慎。运输途中每个管节底面宜铺以稻草,用木块圆木搂紧,并用绳索捆绑固定,防止管节滚动、相互碰撞破坏。固定方法如图11-1所示。

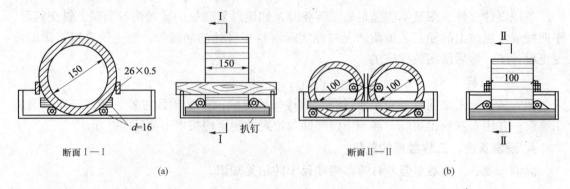

图11-1 涵管固定在车身内的方法(单位:cm)

(a)固定方法(一);(b)固定方法(二)

(5)从车上卸下管节时,应采用起重设备。严禁由汽车上将管节滚下,造成管节破裂。

(三)管涵施工程序

管涵可分为单孔、双孔的有圬工基础管涵和单孔、双孔的无圬工基础管涵,本任务以单孔管涵为例,现将其施工程序简介如下。

1. 单孔有圬工基础管涵

单孔有圬工基础管涵施工程序如图11-2所示。

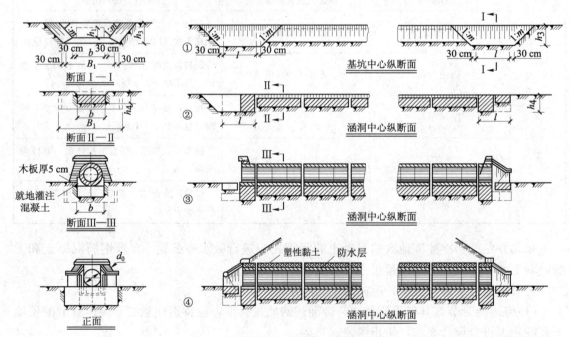

图11-2 单孔有圬工基础管涵施工程序

(1)挖基坑并准备修筑管涵基础的材料;
(2)砌筑圬工基础或浇筑混凝土基础;

(3)安装涵洞管节,修筑管涵出入口端墙、翼墙及涵底(端墙外涵底铺装);
(4)铺设管涵防水层及修整;
(5)铺设管涵顶部防水黏土(设计需要时),填筑涵洞缺口填土及修建加固工程。

2. 单孔无垱工基础管涵

单孔无垱工基础管涵洞身施工程序如图11-3所示。

(1)挖基与备料与图11-2相同,图11-3中未示出。

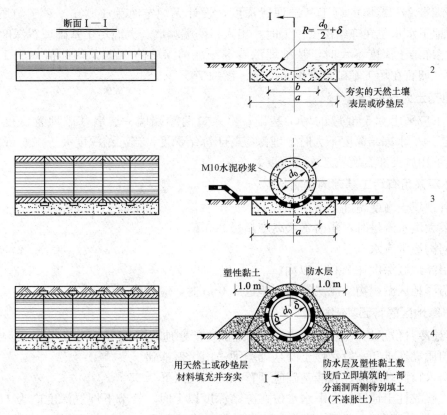

图 11-3 单孔无垱工基础管涵洞身施工程序

(2)在捣固夯实的天然土表层或矿砂垫层上,修筑截面为圆弧状的管座,其深度等于管壁的厚度。

(3)先在圆弧管座上铺设垫层的防水层,然后安装管节,管节间接缝宜留1 cm宽。缝中填防水材料。

(4)在管节的下侧再用天然土或砂砾垫层材料做培填料,并捣实至设计高程,切实保证培填料与管节密贴。再将防水层向上包裹管节,防水层外再铺设黏质土,水平径线以下的部分特别填土,应立即填筑,以免管节下面的砂垫层松散,并保证其与管节密贴。在严寒地区这部分特别填土必须填筑不冻胀土料。

(5)修筑管涵出入口端墙、翼墙及两端涵底和整修工作(图中未示出)。

(四)管涵基础修筑

1. 地基土为岩石

管节下采用无垱工基础,管节下挖去风化层或软土层后,填筑0.4 m厚砂垫层;出入口两端墙、翼墙下，在岩石层上用 C15 混凝土做基础，在埋置深度至风化层以下 0.15～0.25 m 并不小于管壁厚度加 5 cm。风化层过深时，可改用片石圬工，最深不大于 1 m。管节下为硬岩时，可用混凝土抹成与管节密贴的垫层。

2. 地基土为砾石土、卵石土或砂砾、粗砂、中砂、细砂或匀质黏性土

管节下一般采用无圬工基础，对砂砾、卵石土先用砂填充地基土空隙并夯实，然后填筑 0.4 m 厚砂垫层；对粗、中、细砂地基土表层应夯实；对匀质黏性地基土应做砂垫层。出入口两端端墙、翼墙的圬工基础埋置深度，设计无规定时为 1.0 m。对于匀质黏性土，负温时的地下水水位在冻结深度以上时，出入口两端端墙、翼墙圬工基础埋置深度为 1.0～1.5 m；当冻结土深度不大时，基础埋深宜等于冻结深度的 70%；当此值大于 1.5 m 时，可采用砂夹卵石在圬工基础下换填至冻结深度的 70%。

3. 地基土为黏性土

管节下应采用 0.5 m 厚的圬工基础，出入口两端端墙、翼墙基础埋置深度为 1.0～1.5 m；当地下水冻结深度不大时，埋深应等于冻结深度；当冻结深度大于 1.5 m 时，可在圬工基础下用砂夹卵石换填至冻结深度。

4. 必须采用有圬工基础的管涵

(1) 管顶填土高度超过 5 m。
(2) 最大洪水流量时，涵前壅水高度超过 2.5 m。
(3) 河沟经常流水。
(4) 沼泽地区深度在 2.0 m 以内。
(5) 沼泽地区淤积物、泥炭等厚度超过 2.0 m 时，应按特别设计的基础施工。

5. 严寒地区的管涵基础施工

常年最冷月份平均气温低于 $-15\ ℃$ 的地区称严寒地区。
(1) 匀质黏性土和一般黏性土的基础均须采用圬工基础。
(2) 出入口两端端墙、翼墙基础应埋置在冻结线以下 0.25 m。
(3) 一般黏性土地区的地下水水位在冻结深度以上时，管节下埋置深度应为 $H/8$（H 为涵底至路面填土高度），但不小于 0.5 m，也不得超过 1.5 m。

6. 基础砂垫层材料

基础砂垫层可采用砂、砾石或碎石，但必须注意清除基底植物层。为避免管节承受冒尖石料的集中应力，当使用碎石、卵石做垫层时，要有一定级配或掺入一定数量的砂，并夯捣密实。

7. 软土地区管涵地基处理

管涵地基土如遇到软土，应按软土层厚度分别进行处理。当软土层厚度小于 2.0 m 时，可采取换填土法处理，即将软土层全部挖除，换填当地碎石、卵石、砂夹石、土夹石、砾砂、粗砂、中砂等材料并碾压密实，压实度要求在 94%～97%。如采用灰土（石灰土、粉煤灰土）换填，压实度要求在 93%～95%，换填土的干密度宜用重型击实试验法确定。碎石或卵石的干密度可取 2.2～2.4 t/m^3。换填层上面再砌筑 0.5 m 厚的圬工基础。

当软土层超过 2 m 时，应按软土层厚度、路堤高度、软土性质做特殊设计处理。

(五) 管节安装

管节安装应从下游开始，使接头面向上游；每节涵管应紧贴于垫层或基座上，使涵管受力均匀；所有管节应按正确的轴线和图纸所示坡度敷设。如管壁厚度不同，应使内壁齐平。在敷设过程中，要保持管内清洁无脏物、无多余的砂浆及其他杂物。

管节的安装方法通常有滚动安装法、滚木安装法、压绳下管法、龙门架安装法、起重式安装法等，可根据施工现场实际情况选用。

(六) 接头处理

为防止接头漏水，应对接缝处进行防水处理。

一般圆管涵采用平口接缝，缝宽宜为 10~20 mm，其接口表面应平整，其接缝通常先用热沥青浸透过的麻絮填塞，然后用热沥青填充，最后用涂满热沥青的油毛毡裹两层(图 11-4)。接缝处理完毕后即可进行洞口的砌筑工作。

当管节采用承插式接缝时，其承口端应平直，环形间隙应均匀，并应安装特制的胶圈或用沥青麻絮等防水材料填塞；或在承口端先坐一层硬性水泥砂浆，在管节套接以后再在承口端的环形空隙内塞以砂浆，以使接头部位紧密吻合，并将内壁表面抹平(图 11-5)。

图 11-4　平口接缝处理

(七) 涵背回填

经检验证实圆管涵安装及接缝符合要求，并且其砌体砂浆或混凝土强度达到设计强度的 85% 时，方可进行涵洞洞身两侧的回填作业。回填土的施工作业按规范的规定进行。

涵洞处路堤缺口填土的每侧长度均应符合设计规定；设计未规定时，应不小于洞身填土高度的 1 倍。填筑应在两侧同时对称、均衡地分层进行，填筑的压实度应不小于 96%。

图 11-5　承插式接缝处理

用机械填土时，除应按照上述规定处理外，涵洞顶部的填土厚度必须大于 0.5 m 后方可允许车辆或机械通过。

(八) 管涵施工注意事项

(1) 有圬工基础的管座混凝土浇筑时应与管座紧密相贴，浆砌块石基础应加做一层混凝土管座，使涵管受力均匀，无圬工基础的涵管基底应夯填密实，并做好弧形管座。

(2) 无企口的管节接头采用顶头接缝，应尽量顶紧，缝宽不得大于 1 cm，严禁因涵身长度不够，将所有接缝宽度加大来凑足涵身长度。管身周围无防水层设计的接缝，须用沥青麻絮或其他具有弹性的不透水材料从内、外侧仔细填塞。设计规定管身外围做防水层的，按前述施工工序施工。

(3) 长度较大的管涵设计有沉降缝的，管身沉降缝应与圬工基础的沉降缝位置一致。缝宽为 2~3 cm，应用沥青麻絮或其他具有弹性的不透水材料，从内、外侧仔细填塞。

(4) 长度较大、填土较高的管涵应设预拱度。预拱度大小应按设计规定设置。

(5) 各管节设预拱度后，管内底面应成平顺圆滑曲线，不得有逆坡。相邻管节如因管壁厚度不一致(在允许偏差内)产生台阶时，应凿平后用水泥环氧砂浆抹补。

二、管座及涵管安装质量的检测

1. 基本要求

(1)地基承载力应满足设计要求,涵管与管座、垫层或地基紧密贴合,垫稳坐实。
(2)接缝、沉降缝填料应嵌填密实,表面平整。
(3)不得安装破损的涵管。
(4)管座沉降缝应与涵管接头平齐,无错位现象。
(5)每节涵管底坡度均不得出现反坡。
(6)防渗漏的倒虹吸涵管应做渗漏试验,渗漏量应满足相关技术规范的规定。

2. 实测项目(见表 11-2)

表 11-2 管座及涵管安装实测项目

项次	检查项目		规定值或偏差	检查方法和频率
1△	管座或垫层混凝土强度		在合格标准内	按《公路工程质量检验评定标准 第一册 土建工程》(JTG F80/1—2017)附录 D 检查
2	管座或垫层宽度、厚度		≥设计值	尺量:测 5 个断面
3	相邻管节底面错台/mm	管径≤1 m	≤3	尺量:测 5 个接头最大值
		管径>1 m	≤5	

3. 外观鉴定要求

涵管线形不应出现反复弯折;接缝不得出现脱落、间断、空鼓及宽度超过 0.5 mm 的裂缝。

任务二 拱涵施工

※任务描述

拱涵施工的主要内容是现场浇筑时支架和拱架的制作与安装,基础施工,涵台、拱圈浇筑等。要求学生能根据涵洞设计资料,结合现场情况,做出涵洞的施工方案,绘出施工详图,完成施工前的测量放样等工作[在实训场地完成涵洞中线和涵台(基础)位置的测量任务],通过仿真模型、施工录像或在实训场地掌握拱涵施工工艺、施工方法、质量控制要点,能对拱涵施工过程进行指导和控制,具有施工员、测量员的基本能力。

一、拱涵施工工艺

混凝土和钢筋混凝土拱涵施工分为现场浇筑和在工地预制安装两大类。本任务主要介绍拱涵的现场浇筑施工,预制安装施工方法参考盖板涵施工的内容。

(一)施工准备

拱涵施工除了与管涵一样进行相同的施工准备外,还需进行支架和拱架制作。

1. 钢拱架和木拱架

钢拱架是用角钢、钢板和钢轨等材料在工厂(场)制成装配式构件,在工地拼装使用。图 11-6 所示是用钢轨制成的跨径 1.5～3.0 m 的钢拱架。

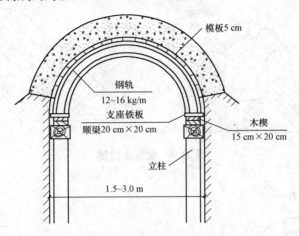

图 11-6　跨径 1.5～3.0 m 钢拱架

木拱架主要由木材组合而成,拆装比较方便。图 11-7 所示为跨径 2.0～3.0 m 的木拱架。但这种拱架浪费木材,应尽量避免使用。

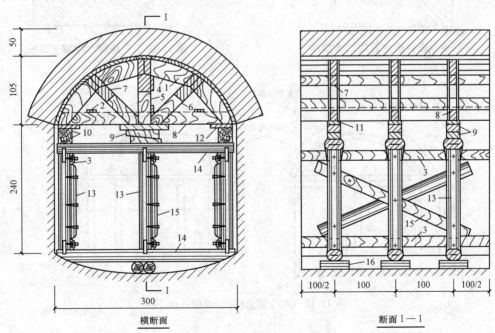

图 11-7　跨径 2.0～3.0 m 木拱架(单位:cm)
1—模型板;2、3—平连系木;4—弓形板;5、6—撑木;7—夹板;8—拉杆木;
9、10—楔木;11、12—楔顶板;13—柱木;14—槛板;15—斜连系木;16—垫木

2. 土牛拱胎（土模）

在水流不大的情况下，小桥涵施工可以用土牛拱胎代替拱架，这种方法既能节省木料，又有经济、安全的特点。

根据河流水流情况，土牛拱胎有全填土拱胎（图 11-8）、设有透水盲沟的土拱胎（图 11-9）、三角形木拱架土拱胎（图 11-10）、木排架土拱胎（图 11-11）等形式。

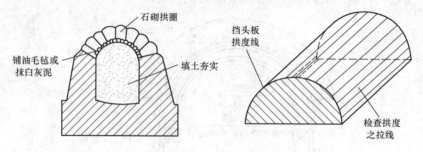

图 11-8 全填土拱胎

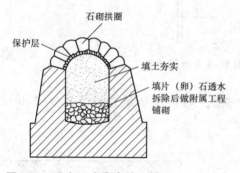

图 11-9 设有透水盲沟的土拱胎

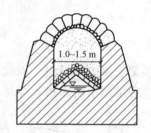

图 11-10 三角形木拱架土拱胎

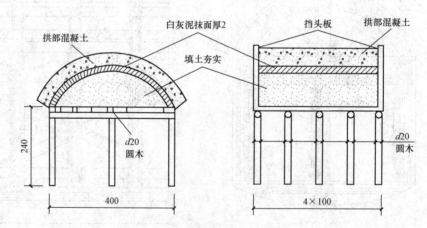

图 11-11 木排架土拱胎（单位：cm）

全填土拱胎施工步骤如下：拱胎填土应在边墙圬工强度达到设计强度等级的 70% 后，分层浇水夯填，每层厚度 0.2～0.5 m，跨度小的可以厚一些，但应视土质情况决定。

填土在端墙外伸出 0.5～1.0 m，并保持 1∶1.5 的边坡，填土将达拱顶时，分段用样板校正，每隔 30 cm 挂线检查。

土胎表面应设保护层，可以铺设一层油毡或抹一层 15 mm 厚的水泥砂浆(1∶4～1∶6)作为保护层。较好的保护层常用砖或片石砌筑，厚约 20 cm，抹厚 2 cm 的黏土，再铺油毡。最好的方法是石灰泥筋抹 20 cm 厚(石灰∶黏土∶麻筋＝1∶0.35∶0.03，质量比)，抹后 3 d 即可浇筑混凝土。

对砌石拱圈，土牛拱胎上若不设保护层时，可用下述方法砌筑拱圈：在涵台砌筑好后，利用暂不使用的石料，把涵孔两端堵住，干砌一道宽 40～50 cm 的拱形墙(上抹青草泥)作为拱模，以便砌拱时挂线用，再在涵孔中间用土分层填筑密实，如图 11-12 所示。

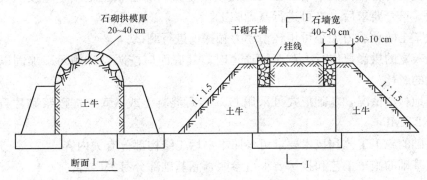

图 11-12　石块干砌配合土牛拱模

如洞身很长，超过 20 m 或拱形复杂时可用木料做 3 个合乎要求的标准模，两端及中间各设置一个，两端的拱模可以支靠在石模上，中间的可按标准高度支于两旁涵台上并埋置于土中。填筑土牛时不必将土牛的规定高度一次填足，可预留 2～3 cm 空隙，待砌拱石时，边砌边填筑。

起拱线以上 3～4 层拱石不受拱胎支撑，可直接砌起。再往上砌时，因拱石的部分重力由拱胎支撑着，可用木板顺拱石灰缝按规定拱度放在拱石灰缝处的土牛上，木板下面以土石垫好，随即开始安砌这一层的拱石。砌好后将垫板取出，并将空隙用土填满捣实，再把垫板按规定拱度垫在上一层拱石砌缝处的土牛上，继续砌上一层拱石。如有较充分的木板时，木板可不抽出周转。拱石砌至拱顶附近时，应先将这部分的土模夯打坚实，填到与标准拱模相差 3～5 cm 为止。土牛拱胎虽经夯实仍不够坚硬，当拱石放上去时极易压缩，拱石的高度及位置不易正确，因此需要在拱石下面的四角垫上片石，使土牛与拱石保持一定的空隙以便校正拱石位置。拱石位置校正后，将其下面的空隙填砂捣实，再在砌缝中灌以砂浆，这样可以保持不漏浆，同时挖去土牛后，灰缝中预填的砂子自然脱落，省去勾缝时剔灰缝的麻烦。

在施工过程中预计有洪水到来的河沟中不能采用土牛拱胎法砌筑拱圈。

若用土牛拱胎浇筑盖板涵，其土牛填至涵台顶面高程即可，施工方法与拱涵相同。

(二)拱涵基础施工

(1)整体式基础。两座涵台的下面和孔径中间使用整块混凝土浇筑的基础称为整体式基础。其地基土的承载力应满足设计文件规定。若设计无规定，则填方高 H 为 1～12 m 时，必须大于 0.2 MPa；H 大于 12 m 时，必须大于 0.3 MPa。湿陷性黄土地基，无论其表面承载力为多少，均不得使用整体式基础。

(2)非整体式基础。两座涵台的下面为独立的现浇混凝土或浆砌片石基础,两者之间不相连的称为非整体式基础(分离式基础)。其地基土要求的容许承载力较上述的基础高,当设计文件无规定时,一般应大于 0.5 MPa。

(3)板凳式基础。两座涵台下面的混凝土基础之间用较薄的混凝土或钢筋混凝土板在顶部连接,一起浇筑,类似板凳。其地基土容许承载力的要求处于前两者之间,设计文件无规定时,应为大于 0.4 MPa 的砂类土或"中密"以上的碎石土。

无论是圬工基础或砂垫层基础,施工前必须先对下卧层地基土进行检查验收。地基土承载力或密实度符合设计要求时,方可进行基础施工。对于软土地基,应按照设计规定进行加固处理,符合要求后,方可进行基础施工。

上述地基土的承载力大小可用轻型动力触探仪进行测试。

对孔径较宽的拱涵兼作行人和车辆通道时,其底面应按照设计用圬工加固以承受行人和车辆荷载的磨耗。

根据当地材料情况,基础形式可采用 C15 片石混凝土或 M5 水泥砂浆砌片石。石料强度不得低于 25 MPa。

圬工基础的施工工艺和技术要求可参照本书圬工结构部分有关内容。

砂垫层基础的施工工艺和技术要求可参照管涵基础部分有关内容。

(三)涵台、墩施工

涵台、墩的施工工艺和技术要求可参照本书桥梁墩台部分的有关内容。

(四)拱架、支架的安装

拱架和支架支立牢固,拆卸方便(可用木楔做支垫),纵向连接应稳定,拱架外弧应平顺。拱架不得超越拱模位置,拱模不得侵入圬工断面。

拱架和支架安装完毕后,应对其位置、顶部高程、节点联系纵横向稳定性进行检查,不符合要求者,立即进行纠正。

(五)钢筋混凝土拱圈的浇筑

拱圈浇筑或砌筑施工应注意:拱圈和端墙的施工,应由两侧拱脚向拱顶同时对称进行;拱圈混凝土的现场浇筑施工,应连续进行,尽量避免施工缝;当涵身较长时,可沿涵长方向分段进行,每段应连续一次浇筑完成;施工缝应设在涵身沉降缝处。

(六)拱架和支架的拆卸及拱顶填土

拱架和支架的拆除及拱顶填土,在具备下列条件之一时方可进行:

(1)拱圈圬工强度达到设计值的 70% 时,即可拆除拱架,但必须达到设计值后方可填土。

(2)当拱架未拆除,拱圈强度达到设计值的 70% 时,可进行拱顶填土,但应在拱圈达到强度设计值时,方可拆除。

(3)拱涵拆除拱架可用木楔,木楔用比较坚硬的木料斜角对剖制成,并将剖面刨光。两块木楔接触面的斜度为 1∶6~1∶10。在垫木楔时应使上面一块的楔尖伸出下面一块楔尾以外,这样在拆架时敲击木楔比较方便。木楔垫好后将两端钉牢。

(4)拆卸拱架时应沿桥涵整个宽度将拱架同时均匀降落,并从跨径中点开始,逐步向两边拆除。

二、拱涵质量检测

(一)涵台质量检测

1. 基本要求

(1)地基承载力及基础埋置深度须满足设计要求。

(2)沉降缝应竖直、贯通,填缝密实、饱满。

(3)砌块应错缝、坐浆挤紧,砌块间嵌缝料和砂浆饱满。

(4)勾缝砂浆强度不得小于砌筑砂浆强度。

2. 实测项目(见表11-3)

表11-3 涵台实测项目

项次	检查项目		规定值或偏差	检查方法和频率
1△	混凝土或砂浆强度/MPa		在合格标准内	按《公路工程质量检验评定标准 第一册 土建工程》(JTG F80/1—2017)附录D或附录F检查
2	断面尺寸/mm	片石砌体	±20	尺量:测3个断面
		混凝土	±15	
3	竖直度/mm		≤0.3%H	铅锤法:测3个断面
4	顶面高程/mm		±10	水准仪:测5处

(二)拱涵浇(砌)筑质量检测

1. 基本要求

同涵台的基本要求。

2. 实测项目(见表11-4)

表11-4 拱涵实测项目

项次	检查项目		规定值或偏差	检查方法和频率
1△	混凝土或砂浆强度/MPa		在合格标准内	按《公路工程质量检验评定标准 第一册 土建工程》(JTG F80/1—2017)附录D或附录F检查
2△	拱圈厚度/mm	砌体	+50,-20	尺量:测拱脚、1/4跨、3/4跨、拱顶5处两侧
		混凝土	+30,-15	
3	内弧线偏离设计弧线/mm		±20	样板:测拱圈1/4跨、3/4跨、拱顶3处两侧

3. 外观鉴定

(1)混凝土表面不应存在《公路工程质量检验评定标准 第一册 土建工程》(JTG F80/1—2017)附录P所列限制缺陷。

(2)砌缝开裂、勾缝不密实和脱落的累计换算面积不得超过该面面积的1.5%,单个换算面积不应大于 0.04 m²，且不应存在宽度超过 0.5 mm、长度大于砌块尺寸的非受力砌缝裂隙。换算面积应按缺陷缝长度乘以 0.1 m 计算。

(3)砌缝应无空洞、宽缝、大堆砂浆填隙和假缝。

任务三　盖板涵施工

※任务描述

盖板涵施工的主要内容是基础施工，涵台(墩)施工，装配式盖板预制、安装等。要求学生能根据涵洞设计资料，结合现场情况，做出涵洞的施工方案，绘出施工详图，完成施工前的测量放样等工作[在实训场地完成涵洞中线和涵台(基础)位置的测量任务]，通过仿真模型、施工录像或在实训场地掌握盖板涵施工工艺、施工方法、质量控制要点，能对盖板涵施工过程进行指导和控制，具有施工员、测量员的基本能力。

一、盖板涵施工工艺

混凝土和钢筋混凝土盖板涵施工分为现场浇筑和在工地预制安装两大类。本任务主要介绍盖板涵的预制安装施工，现场浇筑施工方法参考拱涵施工的内容。

(1)施工准备。盖板涵施工准备可参考管涵施工准备。
(2)基础施工。同拱涵的基础施工。
(3)涵台、墩施工(图 11-13)。同拱涵的涵台、墩施工。

图 11-13　涵台、墩

(4)盖板的预制与安装。

(一)预制构件结构的要求

(1)拱圈、盖板、箱涵节等构件预制长度，应根据起重设备和运输能力决定，但应保证结构的稳定性和刚性，一般不小于 1 m，但也不宜太长。

(2)盖板构件上应设吊孔，以便起吊。吊孔应考虑平吊及立吊两种，安装后可用砂浆将吊孔填塞。盖板和半环节等构件，可设吊孔，也可于顶面设立吊环。吊环位置、孔径大小和制环用钢筋应符合设计要求，并要求吊钩伸入吊环内和吊装时吊环筋不断裂。安装完毕，吊环筋应锯掉或气割掉。

(3)若采用钢丝绳捆绑起吊可不设吊孔或吊环。

(二)预制构件的模板

预制构件的模板有木模板、土模板、钢丝网水泥模板、拼装式模板等。无论采用何种模板都应保证满足规范要求，尤其是有预埋件时，应采取措施，确保预埋件的正确预埋位置。

(三)构件运输

构件必须在达到设计强度后，经过检查质量和大小符合要求，才能进行搬运。搬运时应注意吊点或支承点的设置，务必使构件在搬运过程中保持平衡、受力合理，确保构件在搬运过程中的安全。

(四)盖板安装

盖板的安装技术要求如下：

(1)安装之前应再检查构件尺寸、涵台尺寸和涵台间距离，并核对其高程，调整构件大小、位置使其与沉降缝重合。

(2)构件砌缝宽度一般为1 cm，拼装每段的砌缝应与设计沉降缝重合。

(3)构件可用扒杆、链滑车或汽车式起重机进行吊装。

二、盖板涵施工质量检测

(一)盖板制作

1. 基本要求

(1)安装前，盖板，涵台、墩及支承面应检验合格。
(2)盖板就位后，盖板与支承面应密贴。
(3)板与板之间接缝填充材料的品种和性能应满足设计要求，并应填充密实。
(4)接缝应与沉降缝在同一平面内。

2. 实测项目(见表11-5)

表11-5　盖板安装实测项目

项次	检查项目	规定值或允许偏差	检查方法和频率
1	支承中心偏位/mm	≤10	尺量：每孔抽查3块板
2	相邻板最大高差/mm	≤10	尺量：抽查20%，且不少于6块板，测相邻板高差最大处

3. 外观质量要求

板的填缝不得出现脱落及超过0.5 mm的裂缝；吊孔应填塞密实。

(二)涵台、墩

涵台、墩的验收标准同拱涵的验收标准。

任务四　箱涵施工

※任务描述

箱涵施工的主要内容是现场浇筑时箱涵的基础施工、箱涵身浇筑，装配式箱涵的施工等。要求学生能根据涵洞设计资料，结合现场情况，做出涵洞的施工方案，绘出施工详图，完成施工前的测量放样等工作[在实训场地完成涵洞中线和涵台（基础）位置的测量任务]，通过仿真模型或在实训场地掌握箱涵的施工工艺、施工方法、质量控制要点，能对箱涵施工过程进行指导和控制，并完成计量和质量检测评定工作，具有施工员、测量员的基本能力。

一、箱涵施工工艺

混凝土和钢筋混凝土箱涵的施工分为现场浇筑和在工地预制安装两大类。

（一）现场浇筑的箱涵

箱涵又称为矩形涵，它与盖板涵的区别是：盖板涵的台身与盖板是分开浇筑的，台身还可以采用砌石圬工，为简支结构。而箱涵的上下顶板、底板与左、右墙身是连续浇筑的，为刚性结构，如图 11-14 所示。

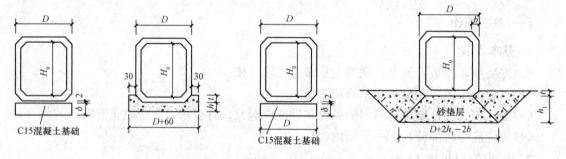

图 11-14　箱涵基础类型（单位：cm）

1. 箱涵基础

箱涵基础分为有圬工基础和无圬工基础两种。

2. 箱涵身和底板混凝土的浇筑

箱涵身的支架、模板可参照现浇混凝土拱涵和盖板涵的支架、模板制造安装。浇筑混凝土时注意事项与浇筑拱涵和盖板涵相同。

（二）装配式箱涵施工

当箱涵的基础施工完毕后，即可对预制好的箱涵节进行安装，箱涵节的预制和安装施工基本同于盖板涵施工。

二、箱涵施工质量检测

1. 基本要求

(1)支架和模板的强度、刚度、稳定性应符合施工技术规范的规定。

(2)地基承载力及基础埋置深度应满足设计要求。

(3)预计的支架变形及支承的下沉量应满足施工后梁体设计高程的要求,需要消除支承不均匀沉降、非弹性变形的支架应进行预压。

(4)预埋件的设置和固定应满足设计要求并符合施工技术规范的规定。

2. 实测项目(见表 11-6)

表 11-6　箱涵浇筑实测项目

项次	检查项目		规定值或允许偏差	检查方法和频率
1△	混凝土强度/MPa		在合格标准内	按《公路工程质量检验评定标准 第一册 土建工程》(JTG F80/1—2017)附录 D 检查
2	净高、宽/mm	高度	+5, −10	尺量:测 3 个断面
		宽度	±30	
3△	顶板厚/mm	明涵	+10, 0	尺量:测 5 处
		暗涵	≥设计值	
4	侧墙和底板厚/mm		≥设计值	尺量:各墙、板测 5 处
5	平整度/mm		≤8	2 m 直尺:每侧面每 10 m 测 2 处,每处测竖直及水平 2 个方向

3. 外观鉴定要求

(1)混凝土表面平整,棱角顺直,无严重啃边、掉角。

(2)蜂窝、麻面面积不得超过该面总面积的 0.5%,深度超过 1 cm 的必须处理。

(3)混凝土不出现非受力裂缝。裂缝宽度超过设计规定或设计未规定时超过 0.15 mm 必须处理。

参 考 文 献

[1] 中华人民共和国行业标准.JTG B01—2014 公路工程技术标准[S].北京：人民交通出版社，2015.

[2] 中华人民共和国行业标准.JTG D60—2015 公路桥涵设计通用规范[S].北京：人民交通出版社，2015.

[3] 中华人民共和国行业标准.JTG 3362—2018 公路钢筋混凝土及预应力混凝土桥涵设计规范[S].北京：人民交通出版社，2018.

[4] 中华人民共和国行业标准.JTG D61—2005 公路圬工桥涵设计规范[S].北京：人民交通出版社，2005.

[5] 中华人民共和国行业标准.JTG 3363—2019 公路桥涵地基与基础设计规范[S].北京：人民交通出版社，2019.

[6] 中华人民共和国行业标准.JTG/T 3650—2020 公路桥涵施工技术规范[S].北京：人民交通出版社，2020.

[7] 中华人民共和国行业标准.JTG F80/1—2017 公路工程质量检验评定标准 第一册 土建工程[S].北京：人民交通出版社，2017.

[8] 中华人民共和国行业标准.JTG F90—2015 公路工程施工安全技术规程[S].北京：人民交通出版社，2015.

[9] 中华人民共和国行业标准.JTG E30—2005 公路工程水泥及水泥混凝土试验规程[S].北京：人民交通出版社，2005.

[10] 中华人民共和国行业标准.JTG E42—2005 公路工程集料试验规程[S].北京：人民交通出版社，2005.

[11] 中华人民共和国行业标准.JTG B02—2013 公路工程抗震规范[S].北京：人民交通出版社，2013.

[12] 中华人民共和国行业标准.JTG/T B02—01—2008 公路桥梁抗震设计细则[S].北京：人民交通出版社，2008.

[13] 中华人民共和国行业标准.JTG G10—2016 公路工程施工监理规范[S].北京：人民交通出版社，2016.

[14] 中华人民共和国交通运输部.公路工程标准施工招标文件(2018 年版)[S].北京：人民交通出版社，2018.

[15] 中交第一公路工程局有限公司.公路工程施工工艺标准(桥涵)[S].北京：人民交通出版社，2008.

[16] 马国峰，王保群.桥梁工程[M].北京：机械工业出版社，2007.

[17] 李辅元.桥梁工程[M].2 版.北京：人民交通出版社，2013.

[18] 秦溱，段树梅．桥梁下部施工技术［M］．北京：高等教育出版社，2011．
[19] 张辉．桥梁下部施工技术［M］．2版．北京：人民交通出版社，2015．
[20] 于忠涛，朱芳芳．桥梁下部施工技术［M］．北京：北京邮电大学出版社，2014．
[21] 李世华，刘赞勋．市政工程施工图集-2-桥梁工程［M］．北京：中国建筑工业出版社，2001．
[22] 范智杰．公路工程计量与造价控制［M］．北京：人民交通出版社，2008．